U0799196

HOW TO TURN DOWN A BILLION DOLLARS
The Snapchat Story

阅后即焚
Snapchat传

[美] 比利·加拉格尔
（Billy Gallagher）
著

陈召强
译

中信出版集团 | 北京

图书在版编目（CIP）数据

阅后即焚：Snapchat 传 /（美）比利 · 加拉格尔著；
陈召强译，-- 北京：中信出版社，2021.5
书名原文：How To Turn Down A Billion Dollars:
The Snapchat Story
ISBN 978-7-5217-2472-1

Ⅰ. ①阅… Ⅱ. ①比… ②陈… Ⅲ. ①网络公司—企
业管理—概况—美国 Ⅳ. ① F279.712.444

中国版本图书馆 CIP 数据核字（2021）第 041931 号

Copyright © 2021 by William Gallagher
Simplified Chinese translation copyright © 2021 by CITIC Press Corporation
ALL RIGHTS RESERVED

本书仅限中国大陆地区发行销售

阅后即焚——Snapchat 传

著　　者：[美] 比利 · 加拉格尔
译　　者：陈召强
出版发行：中信出版集团股份有限公司
（北京市朝阳区惠新东街甲 4 号富盛大厦 2 座　邮编　100029）
承 印 者：北京诚信伟业印刷有限公司

开　　本：787mm × 1092mm　1/16　　印　　张：22.5　　字　　数：347 千字
版　　次：2021 年 5 月第 1 版　　印　　次：2021 年 5 月第 1 次印刷
京权图字：01-2019-3753
书　　号：ISBN 978-7-5217-2472-1
定　　价：69.00 元

版权所有 · 侵权必究
如有印刷、装订问题，本公司负责调换。
服务热线：400-600-8099
投稿邮箱：author@citicpub.com

献给妈妈艾琳，谢谢您！

目 录

2 玩具是严肃思考的序曲

序　言

我第一次采访 Snapchat（色拉布）公司联合创始人兼首席执行官埃文·斯皮格尔（Evan Spiegel）是在 6 年多前，那时 Snapchat 刚刚起步，埃文和我尚是斯坦福大学的本科生。自此之后，我就一直追踪与之相关的报道。我在本书中偶尔会使用第一人称。在这里，我先介绍一下自己的情况：我和埃文·斯皮格尔、雷吉·布朗（Reggie Brown）是大学校友，但比他们晚两届；他们是 2012 届的，我是 2014 届的。Snapchat 的另一位创始人博比·墨菲（Bobby Murphy）是斯坦福大学 2010 届毕业生。本书所述主要人物，特别是 Snapchat 早期团队成员，大多毕业于斯坦福大学，毕业时间大致在 2010—2013 年。

在斯坦福大学读书时，我也加入了埃文、雷吉和博比所在的那家兄弟会，只不过在我加入时他们已经离开了（关于这一点，稍后详述）。我是校报的总编辑，同时是主要的科技类博客 TechCrunch 的撰稿人。在 2012 年 Snapchat 发展之初，我代表 TechCrunch 多次采访过埃文，不过，自从我 2013 年报道了被赶走的联合创始人雷吉·布朗诉 Snapchat 一案后，他不再接受我的采访。从斯坦福大学毕业后，我进入科斯拉风险投资公司（Khosla Ventures），从事投资的相关工作。科斯拉风险投资是一家知名的硅谷风险资本公司（但它不是 Snapchat 的投资者）。

本书基于近 200 次采访、数千页法庭文件，以及数百篇文章而成。书中提及的很多地方，我都拜访过（也曾在其中的一些地方生活过）。

我还回顾了书中主要人物的邮件、文本信息、Snapchat 内部文件、日程安排等。遗憾的是，埃文、博比和 Snapchat 拒绝了与本书有关的多次采访请求。当然，这是他们的权利。为什么他们不想有一本与自己有关的书呢？显然，这个问题你得去问他们，但我猜测，有两个原因：一是严守秘密的公司文化；二是在撰写本书期间，他们基本处于连轴转的工作状态，既要应对来自竞争者的挑战，又要推动必要的创新，以确保 Snapchat 顺利上市。在后面的章节中，这两方面的内容还会有进一步阐述。

对于本书中的主要人物，我尽可能通过他们自己的语言，以演讲、电子邮件和采访等形式分享他们的故事。在少数情况下，我对他们的文字做了一些小改动，主要涉及拼写或语法错误。本书中引用的资料均源于访谈记录、诉讼文件、电子邮件、文本信息，以及其他固定记录，另外也有一些引用的资料，依靠的是多个信息源的交叉印证，证明某个人在某个时间点说过这样的话。除了这些固定记录，本书还不可避免地采用了一些匿名信息源，这是非常必要的。我需要通过各种信息源获得真相。由于书中主要人物不愿意参与，并要求他们的雇员和朋友亦不要参与，所以那些接受我采访的人冒着个人生计和损失大量金钱的风险，同时也冒着职业和个人关系受损的风险。在这些信息源中，很多人只同意接受匿名采访。由于担心通过排除法可能会让那些选择匿名采访的人暴露身份，所以我在本书中并没有公开任何受访者的名字。

我想提醒读者一点：不要仅仅因为我写了某个人的想法或行动，就假定这个人是直接信息源。人们经常会与朋友和同事分享自己的想法和感受，尤其是在压力大和名声大的时候，而本书中的很多场景亦是如此。不同信息源之间的记忆通常会存在差异，因为他们对真相有着不同的回忆和看法。我已尽我所能，对证人的回忆及其他文件进行了交叉印证。在某些情况下，我不得不用我的最佳判断，从已知信息推断所发生的事情。我更改了一些次要人物的名字以及相关个人资料，既是为了保护信息源，也是为了保护那些与我们的故事主线无关的普通公民。

还有许多优秀记者也通过自身努力敲开了 Snapchat 的坚硬外壳。对于所引用的文章，我在书中附了一个详细的参考文献列表。在此，我特别感谢乔希·康斯廷、乔丹·克鲁克、艾莉森·肖恩特尔、迈克·艾萨克、奥斯汀·卡尔和库尔特·瓦格纳，感谢他们的卓越作品。

我不敢说这就是不偏不倚的记述，这只是关于 Snapchat 故事的一个版本。不可否认，它受到了我个人经历的影响，以及我诸多信息源的个人经历的影响。如果埃文愿意，那么市面上将会有很多关于 Snapchat 和他本人的书。

像Snapchat这样清晰可见的媒介工具，如何写好它是一个巨大挑战，尤其是很多读者从来都没有使用过这一应用。如果你没有使用过，我强烈建议你下载 Snapchat 应用，在阅读本书的过程中尝试使用它，至少，你会了解那些青少年在做什么。

前　言

首次公开募股

2017 年 3 月 2 日，

纽约证券交易所，纽约州纽约市

在纽约证券交易所的阳台上，身穿藏青色西装的埃文·斯皮格尔和博比·墨菲站在交易所主席托马斯·法利身旁，脸上挂满微笑。他们背后是一块巨大的黄色屏幕，上面显示着黑色的字母——Snap Inc.，它是热门应用 Snapchat 的母公司。在交易所内的每一块屏幕上，似乎都闪耀着这家公司的标志。在几个简短发言之后，Snap 将在纽约证券交易所挂牌交易。

在埃文和博比朝着人群微笑时，托马斯转身用 Snapchat 拍下了一张自拍照。埃文的未婚妻、超级名模米兰达·可儿站在交易所大厅，与她在一起的还有 Snapchat 的早期雇员德娜·加卢奇和尼克·贝尔，以及 Snap 首席战略官伊姆兰·汗。博比和埃文共同按下一个按钮，然后传来一记响亮的钟声，预示着一天的交易正式拉开序幕。现场的 Snap 雇员、朋友和记者欢呼起来。托马斯鼓励他们喊得更响亮一些。身着白色衬衫、打着金色领带的埃文和身着蓝色衬衫、打着深蓝色领带的博比朝着人群微笑，然后转身发了一条 Snapchat 信息。博比向埃文表示庆贺，托马斯则分别与他们两个人握手。

Snap 的发行价是每股 17 美元，但开盘后价格飙升至 24 美元。Snap 首席财务官德鲁·沃雷洛看到股价高开后惊呼："这太疯狂了！"

在 Snap 开始交易后，埃文、博比、米兰达和伊姆兰一同前往位于韦斯特街 200 号的高盛集团 4 楼的股票交易柜台。在 Snap 股价飙升至 24 美元后，高盛交易大厅传出了欢呼声。截至当天收盘，Snap 报收 24.48 美元，较发行价上涨 44%，市值达到 340 亿美元，比肩万豪国际集团和塔吉特百货。埃文和博比的身价也分别超过 60 亿美元和 50 亿美元。

先前，从未有一款消费品创造过如此高的经济价值。它的每日用户数量高达数百万，至今仍让人难以理解。

Snapchat 原本是一个微不足道的图片分享应用，且充斥着色情信息，而今摇身一变，成为世界上最受追捧的初创公司之一。由此，它也成为一个日益普遍的话题，尤其是在媒体圈，但外界对它知之甚少。《纽约客》杂志 2016 年刊登过一幅漫画，画中是一名头部已爆掉的男子，手里拿着一部手机，手机屏幕显示为 Snapchat 画面；配图文字中，验尸官向警察解释说，"看似又是一起 40 多岁的人试图了解 Snapchat 的案子"。《纽约时报》2015 年刊发了一篇题为《Snapchat 的竞选报道或对 2016 年大选产生重大影响》的文章，作者在论及 Snapchat 平台的严肃性时，认为它仍是"一家以青少年相互发送各种'自焚式'裸体照片而闻名的公司"。《纽约时报》的另一位作者评论说，"用户界面及设计看起来就像是一部怪诞的日本动画与一部 20 世纪 80 年代情景喜剧的混合体"。

有时，埃文会试图控制与 Snapchat 有关的叙事。2015 年 6 月，他在 YouTube（油管）上传了一段题为《Snapchat 是什么？》的视频。在该视频中，埃文穿着惯常的 V 领 T 恤，坐在一间看似没有窗户的房间里。在 4 分钟的时间里，他颇为笨拙地利用写在硬纸上的文字和图片来说明社交媒体的历史，以及如何使用 Snapchat。在澄清与之相关的困惑方面，这段视频并没有起到太大的作用。

同时，埃文也会对 Snapchat 的这种不透明性持支持态度。它是为现有用户而非新用户设计的，这对它的早期成长起到了帮助作用，因为用户会向朋友演示如何使用它的所有功能。然而，这种困惑和混乱也保证了 Snapchat 工作的私密性：他们秘密开发硬件，开发可分析 Snapchat 图片的计算机视觉软件，并开展对公司未来发展至关重要的"登月计划"。这种态度，再加上 Snapchat 聚焦年轻人的设计风格，让外界对这家公司的严肃性产生了怀疑。

在着手安排 IPO（首次公开募股）路演时，埃文、博比和公司团队发现，他们关注的潜在投资者与 Snapchat 用户的核心人群毫不相干。按照 Snapchat 的演示，这两个群体之间存在着一个世代鸿沟。同很多新的社交应用一样，Snapchat 的用户群体呈低龄化特征，部分原因是它本身就是以年龄为基础的——年轻人通常更乐于尝试新事物，也有着更广泛的社交圈——但更多的是与一个人最初加入脸书或 Myspace（聚友网）的年龄有关，年长的脸书用户根本不理解 Snapchat 的吸引力在哪里。说实话，写这本书比教我妈妈使用 Snapcha 还容易。

那么，Snapchat 是一家什么样的公司呢？要想完全了解这家公司，你必须先了解埃文 · 斯皮格尔以及他的想法。埃文和 Snapchat 是密不可分的，所以，我们必须回到起点，对埃文早前的创业历程、Snapchat 的创建及其诞生环境进行考察。比如在资源极其有限的情况下，Snapchat 团队是如何渡过难关的？而随着资产的指数级增长，他们的方法路径又发生了什么样的变化？在了解了该公司面临的挑战和所做的决定之后，我们就可以探究技术界最具创造性的大脑是如何走向未来的通信世界的。

时至今日，Snapchat 的故事让人津津乐道，但要想实现埃文的远大目标，这家公司还有很长的路要走。在 IPO 前夜，埃文给公司的 200 名雇员群发了一封邮件，指出 IPO 只是一个里程碑，今后公司还有很多事情要做。次日，在距离纽约证券交易所 3 000 英里[①]之外的加利福尼亚州威尼斯[②]——Snapchat 的总部所在地，公司雇员在工作之前，用甜甜圈和香槟进行了庆祝。

一位知名人物没有参加这次庆祝活动，他就是提出创建 Snapchat 创意的人——雷吉 · 布朗。

① 1 英里约等于 1.6 千米。——编者注

② 本书下文还将多次提及威尼斯，除特殊说明外，指的都是 Snapchat 的总部所在地、加利福尼亚州的威尼斯。——编者注

第一部分
埃文·斯皮格尔的作品

第一章

招新

2010 年 4 月

斯坦福大学，加利福尼亚州

萨姆推着一辆手推车，双臂肌肉鼓起，正准备从小跑加速到全力冲刺。在大多数时间里，他是斯坦福大学橄榄球队的外接手，崇尚运动。今晚，他同样在发挥这种运动精神，用一辆手推车推着朋友斯图亚特。作为大一新生，他们希望通过这种方式引起兄弟会招新现场的成员的注意。

用手推车推着斯图亚特穿过专为兄弟会成员设计的临时坡道，似乎是一个容易给人留下深刻印象的方法。事实证明，的确如此。在他们抵达卡帕·西格玛兄弟会停车场拐角时，多名站在混凝土台阶和过道处的兄弟会成员已经意识到，这两个人用的并不是塔吉特那种常见的购物推车。

他们是从哪里搞了这么一辆手推车呢？一名新加入兄弟会的家伙心中暗想，而当萨姆推着车出现在停车场时，他开始欢呼起来。

斯图亚特又瘦又呆，留着深棕色的碗盖头。与朋友萨姆相比，坐在手推车里的他显得很渺小。他在想为什么自己会认为这是一个好主意。起初，杰克丹尼威士忌一度平复了斯图亚特的紧张情绪，但萨姆推车的速度实在是太快了，他连继续思考的时间都没了。

萨姆推着车呼啸而来，直达停车场拐角，车轮轧过地面上散落的啤酒瓶碎片时咯咯作响。停车场的单一照明灯发出昏暗的橙色亮光。在三轮手推车转弯时，只有两个轮子着地，斯图亚特差一点儿被甩到车外，但萨姆迅速牢牢控制住它，把它重重停了下来。

萨姆稳住了车子，随即发起冲刺，连人带车推向临时搭建的坡道，然后将手推车抛向温暖的加利福尼亚的夜晚。

这条胶合板坡道的顶端是以煤渣砌块为支撑的。手推车并没有像他们两个人想象的那样优雅地飞向高空，而是径直滑向了尽头，破旧的车轮重重落到了沥青路面上，发出刺耳的声音；车斗内的“货物”被猛烈抛出，斯图亚特飞到空中，然后重重地跌在坚硬的沥青路面上。

周围的旁观者愣住了。

就地翻滚之后，斯图亚特颤颤巍巍地站了起来。他转过身，望向看他的人群，然后握起双拳举过头顶，就像是单板滑雪运动员刚刚赢得奥林匹克金牌一样。

人群发出阵阵欢呼声。这名新生获得了兄弟会的入场券。

埃文·斯皮格尔一边微笑，一边呷了一口红色独奏杯里的啤酒，看着吵闹的人群。身材高瘦的埃文，留着短短的棕色头发，脸颊消瘦且棱角分明。他经常穿着背心和短裤参加校园里的各种派对活动。作为招新会的主席，大学二年级的埃文掌握着新成员入会的钥匙。在他周围，焦虑不安的新生跟活跃的成员闲聊，话题基本都是一样的：你来自哪里？你住哪个新生宿舍？你在高中时参加什么体育活动？大学一年级的生活是怎么度过的？

招新现场总共有100多人，他们徘徊在停车场的简易坡道和联谊会会堂中间的空地上。大一新生服饰各异，从身着polo衫的东海岸人到身着背心的南加利福尼亚人，他们大多想让自己看起来更酷一些，更休闲一些。所有的兄弟会成员都穿着黄色的T恤衫。T恤衫正面是“好奇的乔治”躺在一瓶倾倒的乙醚瓶旁；背面右下方有一个小主持人和兄弟会的字母标志“KΣ”，两边是埃文的签名。小主持人用他的方式说：“这是埃文·斯皮格尔的作品。”

埃文出生于1990年6月4日，父母都是极为成功的律师。他的母亲梅丽莎·托马斯毕业于哈佛法学院，早前在芝加哥一家知名公司担任合伙人，从事税法相关工作，后在埃文年幼的时候辞职，成为一名家庭主妇。他的父亲约翰·斯皮格尔先后毕业于斯坦福大学和耶鲁法学院，后成为芒格–托雷斯–奥尔森律师事务所（Munger, Tolles & Olson LLP）的合伙人。这是一家著名的律师事务所，发起者为伯克希尔–哈撒韦公司的查理·芒格。约翰·斯皮格尔的客户包括华纳兄弟和谢尔盖·布林等。

埃文和他的两个妹妹劳伦和卡罗琳是在太平洋沿岸的宝马山花园（Pacific Palisades）长大的。这是一个富人住宅区，毗邻洛杉矶西部的圣莫尼卡。约翰让孩子们参加志愿活动，帮助墨西哥贫困地区建造房子。在埃文读高中的时候，梅丽莎和约翰离婚，结束了近20年的婚姻生活。埃文选择随父生活，住在宝马山花园。这套房子价值400万美元，而这里距离他童年时代的家仅有几个街区，他的母亲依旧住在那里。约翰让年轻的埃文装饰新房，电视情景喜剧《老友记》的布景设计师格雷格·格兰德为他提供指导。按照埃文的布置，房间内安放了一张白色皮革特大双人床、两把设计师办公桌椅和定制壁橱；墙壁采用意大利威尼斯石膏涂料，设有悬浮书架；当然，房间内还有一台全新计算机。

从幼儿园到高中毕业，埃文一直就读于十字路艺术与科学学校（以下简称十字路学校）。这是一所位于圣莫尼卡、男女同校的私立精英学校，以积极进取而闻名。该校一年学费不低于 2.2 万美元，而且好像学费每年都涨。学生以老师的名而非姓称呼老师，每个教室都是以重要历史人物而非数字命名的，比如阿尔伯特·爱因斯坦和乔治·米德等。十字路学校十分重视数学和历史教育，并在上面投入了大量时间。对于人类发展这门学科，学校也非常重视并投入了大量时间。这门学科主要是教学生如何变得成熟、宽容以及充满信心。该校强调创造性、个人沟通、身心健康和文学艺术，其对艺术的重视超过体育运动。在一些校队的体育比赛中，观众人数往往只有十几个人。[①]

2005 年，也就是埃文就读高中一年级的时候，《名利场》杂志刊发了一篇关于该校的内容翔实的特写文章——《为酷而生的学校》。[②] 十字路学校的校名取自罗伯特·弗罗斯特写的一首诗，题为《未选择的路》。该校吸引了众多好莱坞类型的学生，这一点儿也不奇怪，校友中包括艾米莉·丹斯切尔、佐伊·丹斯切尔、格温妮丝·帕特洛、杰克·布莱克、凯特·哈德森、乔纳·希尔、迈克尔·贝、玛娅·鲁道夫和斯宾塞·普拉特等。而这仅仅是校友而已，这所学校学生的父母更是名人云集。演

---

① 该校篮球校队一度走红：1996—1997 赛季，十字路学校走鹃队在拜伦·戴维斯的带领下夺得加州冠军。戴维斯后来成为美国职业篮球联赛（NBA）全明星赛球员。

② 有趣的是，十字路学校的创建者保罗·卡明斯在斯坦福大学一年级的时候曾经有过一次顿悟，并深深地影响了他的一生。他每年都会在全校大会上对学生讲这个故事。他说："在斯坦福大学办理入学手续时，有个人问我正在读什么。我回答说，'你问我正在读的吗？还没有开始上的课程'。他翻了翻白眼，好像是说，'这真是个白痴'。"后来，这名新同学买了一本乔治·奥威尔的《动物庄园》送给他。"我觉得这本书太棒了，从那时起，我每天都对学习充满了兴趣。"卡明斯说。

员丹泽尔·华盛顿曾担任八年级篮球队助理教练，编剧罗伯特·汤给学生上过影视课，大提琴演奏家马友友与该校室内管弦乐团进行过专业交流。

埃文很早就对科技产生了浓厚兴趣，在六年级的时候组装了自己的第一台计算机，并在十字路学校的计算机实验室里试验了 Photoshop（图像处理软件）。后来，他称计算机老师丹为自己最好的朋友。

埃文对新闻也有着浓厚兴趣，为校报《十字火》撰写文章。学校开设的新闻课程要求学生为《十字火》吸引一定数额的广告，并将其作为分数的一部分。在当地社区，埃文走街串巷，请企业购买他们的广告；在完成自己的销售目标之后，他又指导同学如何向企业推广，以及如何从成人那里拿到广告费。

到高中时，埃文的同学已经从幼儿园时的 20 人增加到 120 人左右。埃文是一个有魅力、有感召力和思维敏捷的人，他经常在家中举办派对，用他自己的话说，这些派对有点“臭名昭著”（从另一个角度理解就是名气很大）。埃文超自负的性格有时会惹恼别人，但他的精力、组织能力和热情让他成为一名出色的派对召集者。他一贯的虚张声势会给人一种挫败感，令人不舒服，但也足以让所有人相信，晚上的派对活动将会是有史以来最棒的。

埃文被功能饮料红牛及该品牌培养的生活方式吸引，在高中最后一年的时候特地到该公司实习。他的工作职责是举办由红牛赞助的派对和其他活动。公司安保主管克拉伦斯·卡特曾给过埃文一个建议，而这个建议对他未来的发展是相当有益的：留意在派对后清理现场的人。埃文后来回忆说：“在每个人都很疲倦的时候，在黎明已经到来的时候，谁会留下来帮你？那些留下来的是你真正的朋友。他们不辞辛劳，并认为这样做是对的。”

2008 年秋，埃文出现在斯坦福大学校园。斯坦福大学亦称“农场”；该名源于创建者利兰 · 斯坦福和简 · 斯坦福，因为他们把这所学校建在了他们古老的帕洛阿尔托农场。斯坦福大学位于加利福尼亚北部，在旧金山的正南方，校园占地 8 000 英亩（约 48 562 亩），一派田园风光。埃文住在唐纳楼的顶层。唐纳楼是一座三层的大一新生宿舍楼。很快，他就和住在正对面宿舍的雷吉 · 布朗成了朋友。对埃文来说，遇到雷吉是他在斯坦福大学求学期间最重要的事情之一，不过当时他可能也未曾预料到这一点。

雷吉于 1990 年 1 月 17 日出生于棕榈岛。棕榈岛是一个富足的海滨小镇，位于南卡罗来纳州的查尔斯顿城郊。雷吉拥有娴熟的社交技巧，他会让身边的人觉得他们是受欢迎的，让他们感到轻松自在。他会给人一副真诚的、想认识他们的样子。初次见面，他看起来像是一个“怪人”，既抽烟又喝酒，还讲低俗笑话；但他是一个非常聪明的人，也很有创造力。自踏入斯坦福大学的那一天起，雷吉就希望读英语专业，并专注于写作。他是一个身材健硕、相貌英俊的人，一头乱蓬蓬的金发压在帽子底下，帽子还经常反着戴。他的脸上常常挂着灿烂、羞涩的笑容。他的南方礼仪与北加利福尼亚截然不同，因为他总是以更正式的方式称呼教授以及朋友的父母。

埃文和雷吉大部分时间都在一起。在那一年的唐纳楼，这种情况是很少见的，特别是这两个迅速熟悉的朋友经常在宿舍举办派对。大一新生一般不会在宿舍闹腾，因为这会惹人厌。这些聚会活动通常以酩酊大醉结束，酒水和饮料是埃文提供的伏特加和红牛，因为当时埃文还在红牛公司担任品牌经理，会有免费样品。

大一新生大多没有车，并开始按照各自习惯调整离开父母后的生活节奏。埃文有一辆凯迪拉克凯雷德，这让他在新环境中如鱼得水。通过派对活动，埃文认识了越来越多的朋友。此外，埃文还开始同一个名叫莉莉的医学院预科生约会，并很快坠入爱河。

莉莉对埃文产生了稳定而积极的影响。她是一个很有耐心、善解人意的女朋友，对埃文的一些荒唐事也保持了宽容，因为相爱的时候总是有太多的乐趣：从大学兄弟会到两人一起探险旅行——他们在春假的时候去了墨西哥的卡波圣卢卡斯。

整整一年，埃文都在为唐纳楼的同学设计和印制背心。他和印刷厂的老板成为朋友，不仅能够拿到优惠的折扣价格，而且订单的印制周期也更短。埃文设计了一款背心，图案模仿的是斯坦福大学运动员的装备。背心胸前印着“STANFORD”（斯坦福），但字母下面印的并不是某项团体运动，而是“HUSTLING”（努力）。转年开春，一个朋友建议在背心上印制“Sun’s Out, Guns Out”[①]；当天晚些时候，埃文发送了一封附带谷歌文档的邮件，向宿舍同学收集订单及相关尺码，到周五的时候，每个付款的人都拿到了印有该图案的背心。

到春季时，埃文被越来越多的人熟知，在大家的印象中，他是一个来自洛杉矶、喜欢举办派对的年轻人。唐纳楼里的新生大多加入了兄弟会或姐妹会。雷吉、埃文以及他们的朋友威尔迫切想加入卡帕·西格玛兄弟会。

卡帕·西格玛兄弟会的成员崇尚“好好学习，尽情玩乐”的理念。他们以学习和玩乐两不误为傲，既能取得优异成绩，又能开办各种主题荒诞的派对。该兄弟会的负责人通常是学习优异、擅长体育运动或其他课外活动，并能豪饮的学生。斯坦福大学备受喜爱的讽刺刊物《另面斯坦福》——类似于《洋葱新闻》——刊登过一篇文章，标题是《身边呕

---

① 直译是“太阳出来了，枪也出来了”，实际意思是：冬天终于过去了，太阳出来了，天气好了，可以穿短袖露出胳膊了。在美国俚语中，guns 代指 arms。——编者注

吐的年轻人将来会成为〈财富〉500强公司的负责人》，正是对这一组织文化的最好诠释。

2009年4月，埃文、雷吉和威尔在唐纳楼被卡帕·西格玛兄弟会的成员叫醒，后者给他们带来了自然光啤酒（Natural Light）和小登记卡，邀请他们加入兄弟会。他们三个人就此成为该组织成员。

在立誓入会过程中，埃文和雷吉走的是两条极为不同的路线。大多数新成员在此过程中都会随大溜，按照老成员的吩咐去做，但埃文总是问：为什么我们要这么做？为什么我们要让其他人告诉我们做什么？为什么我们不能这么做？相反，雷吉根本没把入会过程当回事，也不想抛头露面。在此期间，老成员经常会把立誓入会者的名字写在一块大的白板上，并按照他们完成的任务、参加的活动，以及受活跃成员喜爱的程度给予评分。雷吉总是排在靠后或垫底的位置。

雷吉虽然不参与派对的布置、清扫和策划等工作，但他擅长于派对本身。所有的立誓入会者都要接受相关任务，比如有人必须带着饭盒去班上走一遭，有人必须踩着直排轮滑去校园，有人必须戴着单车头盔参加所有派对活动，等等。与此同时，每个人也会得到一个绰号。雷吉的绰号是“蓝色套装”，专授予每年度参加派对活动最厉害的立誓入会者。他得到的是一件淡蓝色的男士套装，这件套装可能从来都没有洗过或者很少洗过。他必须穿着它参加所有的派对活动，让更多酒渍为之增添更多“光彩”。

埃文在大二时搬到了卡帕·西格玛公寓楼，住进“中室”的一个房间。之所以叫“中室”，是因为它刚好位于公寓楼的正中位置，其卧室与厨房、客厅以及分会室相连，形成一个T字形。5名立誓入会者分别住在两个小的卧室里，而这两个小的卧室中间是一个与之相连的宽敞的公共休息室。

住进“中室”，意味着在整个学季[①]中，喝酒都要排在学业之前。“中室”的入住者要想完成作业，就得避开兄弟会，躲进图书馆。而且大多数时候，在凌晨两点之前上床睡觉是不太可能的，因为兄弟会的成员或在那里喝酒、开派对，或在那里抽烟、玩《任天堂明星大乱斗》——房间内有一台老旧的任天堂 N64 游戏机。在宽敞的公共休息室，埃文和他的朋友会定期举行非周末的晚间派对活动，并尽可能多地邀请他们认识的人参加。

埃文有一个私密的信息群，群内成员是与他年龄相仿的女性。他会定期给她们群发信息，比如，“今晚在卡帕·西格玛狂欢，一定要来”。基本上，埃文每周四晚举行的派对活动都会成为校园活动。姐妹会的女生、热切的大一新生，以及疲惫的、喝醉了酒的高年级学生会涌入“中室”；他们喝啤酒，喝伏特加，一直喝到忘记第二天上午的课。在这些派对活动中，埃文如鱼得水，身着背心的他经常出现在 DJ（打碟者）台前，调动参与者的情绪，确保每个人都玩得开心。他甚至还联系嘻哈双人组“笑本部”参加兄弟会派对活动的演出，该组合以《派对摇滚赞歌》最为知名。

对埃文来说，兄弟会的生活是一种持续挑战，因为他总是想把事情办得更好，使之更上一个台阶。他要办的并不仅仅是派对活动，而是不断地提升这些活动的想象力和规模，让它们成为事件，以配合特地打造的道具和特别设计的背心。“斯皮格尔，我们不能这么做”成为活动会议上最常用的语言。在通过邮件和脸书发邀请时，埃文会以最荒诞、最引人瞩目的方式对派对活动进行夸张性描述。

埃文当选为活动部长，而相关开支很快就超出了预算。当时斯坦福

---

① 斯坦福大学实行学季制，分为秋季、冬季和春季三个学季，而不是秋季和春季两个学期的学期制。

大学橄榄球队正在进行 9 年来的首次募捐活动，这个繁忙的学生团体将目光转向了他们的赛事活动。埃文大力推进车尾派对活动，使之成为一道壮观景色。每到主场比赛时，他都会载着自己的大型音响设备前往斯坦福体育场旁边那个尘土飞扬的停车场。卡帕·西格玛兄弟会的成员邀请他们认识的每一个女生，参加在该停车场举办的大型派对活动。埃文熟练地应对人流，和离开的人们一一打招呼，脸上总是挂着灿烂的笑容。在不接待人的时候，他通常用自己的红色独奏杯喝酒，或伸出瘦长的胳膊，用各种手势表明自己的观点。随着时间的推移，受校橄榄球队不断取得胜利的影响，再加上埃文举办活动的敏锐头脑，车尾派对的规模越来越大。

除了沉迷于自己举办的派对活动，埃文也开始思考他的未来。他决定学习产品设计，学习如何看待日常生活中的事物，以及如何让这些事物变得更好、更酷。斯坦福大学享誉全球的设计学院的负责人戴维·凯利是埃文的授课老师。有一点非常明确，正如他经常说的，“我不打算为其他人工作”。这让埃文从斯坦福大学繁重的课业中解脱出来，没有人会看到他的简历或成绩单，所以他选的都是他真正想学的课程。

在斯坦福这样一个汇聚优秀学子且大多思想独立的校园里，埃文是一个真正特立独行的人。

大二的时候，一位家族的亲戚将埃文介绍给了席拉风险资本公司（Sierra Ventures）的创始人彼得·温德尔。温德尔在斯坦福大学商学院任教 20 余年，为攻读 MBA（工商管理硕士）的二年级学生讲授“创业与风险资本”课程。斯坦福大学读 MBA 的学生希望通过这门课学习如何创业。温德尔安排埃文参加了旁听，并让埃文坐在正对嘉宾演讲人的位置。埃文非常兴奋，因为这让他与著名的风险投资人和创业家有了近距离接触的机会，如谷歌的埃里克·施密特、YouTube 的查德·赫尔利，而这门课也进一步激发了埃文的创业欲望。他直接受教于硅谷超级明星，这些明星取得的成就也正是他所期望的。

从红牛到大学宿舍的背心生意，从兄弟会派对到温德尔的课堂，埃文努力保持着自己的兴趣。而对斯坦福大学的大多数学生来说，这些项目都不是他们感兴趣的。

有一天下课后，财务软件公司财捷的联合创始人斯科特·库克告诉温德尔，埃文的聪明才智和推理能力给他留下了深刻印象。温德尔回答说："如果我告诉你他不是 MBA 学生，你一定会感到惊讶吧。他是一名本科生，是来旁听的。"温德尔将库克介绍给斯皮格尔，斯皮格尔立即表示希望加入库克的团队。就这样，他加入了财捷公司一个名为 txtWeb 的小型项目团队，该项目旨在通过手机短信在印度传播在线信息，团队成员包括库克、斯皮格尔和一名工程师。埃文并没有在那里工作很久，但他由此知道了如何通过小团队实现目标的方法，更坚定了自己创业的信念。对他来说，这段工作经历具有战略意义。

一天，埃文在和彼得·温德尔一起喝咖啡时谈起了他为库克工作时的感受，以及关于自己创业的想法。"自己做老板很棒。"彼得说，"在这个世界上，没有比你自己更好、更慷慨的老板了。"

如果把由斯坦福大学校友创建的所有公司组成一个国家，那么它的 GDP（国内生产总值）将会达到约 2.7 万亿美元，为世界第十大经济体。斯坦福大学校友创建的公司包括谷歌、雅虎、思科、太阳微系统（Sun Microsystems）、亿贝、网飞、艺电（Electronic Arts）、财捷、仙童半导体、领英和亿创理财（E Trade）等。其中，很多公司都是由在校本科生和研究生创建的。就像电视节目《周六夜现场》中的角色一样，那些取得巨大成功的人会被人们记住，但同时，那些有可能取得下一次成功的新手也会被密切关注。

坐拥 170 亿美元捐赠基金的斯坦福大学有资源在课堂上为学生提供非凡的教育，而在为本科生上课的造诣精深的学者中，从诺贝尔奖获得者到前美国国务卿，不一而足。与此同时，硅谷的生态系统也保证了学生在课堂外的大量机会。马克·扎克伯格作为客座讲师为研习基础计算机科学的学生上过课；推特和移动支付公司 Square 的创始人杰克·多尔西到校园发表演讲，欢迎学生们加入他的公司。每个学季都会有大量客座讲师排成长队，为学校开设的诸多创业及技术课程授课。从地理上讲，斯坦福大学也正处于硅谷的核心地带。脸书位于校园正北，苹果在校园南面稍远一点的地方，谷歌在东面，而西面则是与校园紧邻的沙山路，这里被称为“风险资本的华尔街”。

硅谷和斯坦福大学一直在相互影响。但从进入新世纪的第一个十年的后期开始，技术逐渐主导了这所大学。2010 年秋，也就是埃文进入大三的那一年，我成为斯坦福大学的一名新生。作为一个来自东海岸的人，我知道斯坦福大学和硅谷之间的密切关系，也知道西海岸的技术公司了不起，只是那时候我还不知道它们到底有多么了不起。我同宿舍的一名同学开发了一款新的社交网络应用，试图通过一个名叫 TechCrunch 的科技博客撰写这些故事。我和朋友一起去山景城看影片《社交网络》，而那座影院就在谷歌园区边上。你可能从未想过你的朋友中会有人创建一家估值 10 亿美元的公司，但在看了《社交网络》之后，我们都有一种强烈的感受：这种事可能会再次发生，而且就在我们中间。

创业者并不仅仅是怪咖，即便兄弟会或姐妹会的成员也有开发应用和创建公司的想法。特别是这些联谊会的成员，他们本身就是更爱社交的学生，性格开朗，而且注重职业道德准则。或许正是他们的加入，让斯坦福大学成为大众消费公司的强大的创建基地。在线图片及视频分享的社交应用 Instagram（照片墙）的联合创始人凯文·斯特罗姆是西格玛·纽兄弟会的成员，比埃文、雷吉和博比早几年进入斯坦福大学；其他知名公司，如男士短裤及生活方式品牌 Chubbies 和估值超过 10 亿美元的股票交易应用 Robinhood 等，也都是由兄弟会成员创建的，只不过成立时间要晚一些。惠普公司的创始人是斯坦福大学卡帕·西格玛兄弟会的成员，但那是很多年前的事情了。

校园里的大多数创意听起来都很愚蠢。如此多的同学推销如此多的应用，的确会让人产生一种疲劳感。但不管怎么说，大学里总有一种力量存在，人们在不断地创造和开发新事物。

第二章

未来新生

2010 年 10 月

斯坦福大学，加利福尼亚州

上次提及斯图亚特时，他还是一名大一新生，试图通过手推车活动实现加入卡帕·西格玛兄弟会的目标。6 个月后，他已经进入大二，不仅加入了卡帕·西格玛兄弟会，而且还住进了兄弟会公寓楼。那是一个典型的周三的晚上，斯图亚特显得颇为焦虑，他原本要和部分同学去做一个团体项目，但现在，他和二十几个兄弟会的立誓入会者却不得不待在“末室”（End）——新成员入住的三个房间之一，相比于“中室”，这里更安静一些。如同“中室”一样，这个房间的命名也是很有讲究的，因为它刚好位于公寓楼的最东端，窗外是庞大的停车场。

“末室”主卧很宽敞，呈大长方形，天花板为拱形设计，室内摆放着长沙发和矮桌。住在这里的大二学生还摆放了一台大的投影仪，可以在房间内最大的那面墙上看电影。他们还在房间一角安置了一张写字台，那些不想舍近求远去图书馆的人就可以在这里做作业了。还有人会穿过房间，到阳台上吸大麻或抽烟。与主卧相连的是两个小房间，各在一侧；一个房间内放着两张双层床及衣柜，另一个房间内放着三张双层床及衣柜。由于醉酒，睡在上铺的人有时会径直滚到床下，让同居一室的人胆颤不已，赶忙跑去查看。

这些新成员正在等待埃文·斯皮格尔的到来。在他们中间，斯图亚特并不是唯一对最终结果感到焦虑的人。那个秋天，埃文带头发起了一系列考验活动，比如兄弟会中的活跃成员半夜叫醒新入会者，让他们表演各种饮酒特技等。埃文的考验活动让人害怕，因为这涉及各种复杂任务和拼酒。在卡帕·西格玛公寓楼，活动中的恶作剧越来越多，因为该兄弟会为新成员设立了长达一年的考察期，其间禁止他们参加埃文举办的任何大型派对活动。

但埃文今晚的重点并不是进行考验。走进“末室”之后，他颇为兴奋地和房间里的人谈起了他正在搞的创业项目。

“我们搭建的这个平台，可以让高中生了解不同大学的信息。”他一脸激情地对他们说，“学生把资格证书上传到平台后，这个系统会给出建议，告诉他们该申请什么样的学校。”

那时候，苹果公司才推出 iPhone 的第三代手机，即 iPhone 3GS，而移动应用的开发也还没有普及，所以学生和创业者首先想到的是建立网站。埃文解释说，他和博比·墨菲一整个夏天都在搭建一个网站。墨菲亦是卡帕·西格玛兄弟会成员，去年春季已经毕业。埃文说，现在高中生搜索大学信息的方法不仅枯燥乏味，而且缓慢低效。为查找相关信息，他们必须登录每一所学校的官方网站。他和博比设计的这个网站可以解决这一问题。“未来新生”（Future Freshman）这个平台将汇集美国大多数高等院校的信息，还提供其他辅助资料，比如大学升学顾问讲解校园生活的视频等。家长和指导顾问可以通过按月付费的方式访问网站数据库。这是一个潜在的金矿。

遗憾的是，这个平台首先需要有人把所有数据汇聚起来，即通过人工方式将高校网站的信息整理出来，然后输入“未来新生”的数据库中。这就是新成员要做的事情。他们每个人都必须收集整理大量的大学信息，比如在校生人数、学校所处位置、有无兄弟会和姐妹会等，然后添加到一个共享的电子表格中。

在一番简短介绍之后，埃文向每名新成员发了一张纸，上写 25 所大学的名称，并告诉他们开始工作，然后转身离去。

斯图亚特脱口而出一句脏话。

一些人认为他们应该立刻离开，因为埃文完全是滥用立誓入会程序。他们需要花费大量时间和精力为埃文的初创公司录入数据，这根本不是他们这些大二学生该做的，他们还有各自的作业和学生社团。科尔第二天要早起练足球，克里斯要参加一个无伴奏合唱团的排练，萨姆准备申请转学哈佛法学院，杰里米正面临着医学院预科核心课程的沉重压力。不过，也有一些人认为这比其他入会考验活动要好得多。

房间里的人分成了不同的派别。有的人是埃文的好朋友，对他带有一种崇敬之情。埃文善于与女生交往，有能力举办大型派对，有搞笑天赋，这也让他有了巨大的社会资本。另外也有人认为他是令人厌恶的小丑，把太多时间和精力放在了聚会活动的激情演讲上，而他所谈的也都是一些无关紧要的事情，比如派对主题等。

他们围在一个尚未喝完的啤酒桶旁，一半人一边喝酒一边抱怨埃文以及入会程序，另一半人一边喝酒一边录入数据，室内弥漫着大麻和啤酒的混合味道。还有几个学生刚从健身房回来，如果他们能有时间冲个澡，那是再好不过的事情了。有的人坐在那里，或用黑莓手机与女朋友聊天，或在查看兄弟会邮件，看看有没有人发过有趣的信息。有的人勤勤恳恳地录入信息，他们中甚至有人看好埃文的梦想，认为“未来新生”这个网站或许会改变学弟学妹看待大学的方式。

这些大二学生在拥挤的“末室”里一坐就是几个小时，焦虑不安的埃文定时过来查看他们的录入情况。最终，他们只完成了大约 1/4 的工作。埃文非常恼火，但一名老成员把他拉到一旁，告诉他说让他们走。

几天之后，埃文向少数帮他录入数据的大二学生展示了他的网站。不可否认，网站看起来很专业，背景色和缠结在一起的“FF”标识引人注目。在埃文看来，这是一个了不起的新事物。有几名学生对网站的发展前景充满信心，决定继续帮助埃文录入大学信息。在卡帕·西格玛兄弟会仅有的一个小自习室，他们坐在那里一起录入信息，每次工作两三个小时。几个星期后，“未来新生”网站已经收录了全美各主要高校的信息。

埃文和博比已经做好了发布这一网站的准备。博比比埃文大两岁，在加利福尼亚州的埃尔塞里托长大，这是一个与伯克利相邻的地方。他的父母都是加州雇员，其中一个是菲律宾移民。同埃文和雷吉一样，在 2006—2007 学年，当时还是大一新生的博比就住在唐纳楼的三层。① 他和同住该楼的伙伴一起加入卡帕·西格玛兄弟会，而且和埃文一样，也是住在“中室”。博比和埃文几乎一样高，但博比的脸更圆一些，不像埃文那样棱角分明。另外，博比一头黑发，留着偏分发型。

在最初学习计算机科学时，埃文经常凌晨两点跑去博比的房间，向正在玩《星际争霸》的博比请教有关编码的问题。虽然与博比相差两级，但那时的埃文已经将学习重点转向计算机科学。他放弃了传统的职

① 加入卡帕·西格玛兄弟会是一种个人选择。埃文、雷吉和博比都曾住在唐纳楼的三层，完全是一种巧合。或许，这里面也是一种缘分的存在……

业路径，开始为毕业后的创业做准备。在接下来的几年里，他的这种信念越来越强烈。在“未来新生”之前，博比曾招募埃文共同开发一个不同于“谷歌圈子”的新的社交网络，但无果而终。

博比是一个安静、内向和低调的人。在埃文广而告知之前，兄弟会的大多数成员甚至都不知道他是“未来新生”的一分子。博比非常乐意让埃文走上前台，比如由他与非营利组织“为美国而教”（Teach for America）进行对话，由他向客户推广服务项目，以及由他带领兄弟会新成员录入数据，等等。他愿意待在幕后，安静地做公司的技术骨干。有时候，埃文也会让他感到厌烦，但他们两个人合作得很好，而且埃文尊重博比的意见。

在秋学季结束后，埃文前往南非开普敦学习，他将在那里度过一个冬学季，而雷吉在这个学季则去了英国牛津大学。在南非，埃文有了新的想法和新的项目，因为在拥有雄厚资金和庞大销售团队的老牌公司面前，“未来新生”面临着强大的竞争压力。

此外，种种迹象显示，他们推出的这个产品与目标用户之间并没有太多的关联性。“无论是博比的学弟学妹还是我的学弟学妹，他们在申请大学时都没有使用这个网站。”埃文后来说，“这表明它可能不是一条正确的道路。”最终，他们放弃了“未来新生”这个项目。虽然结果令人失望，但埃文由此得到了一个宝贵教训：为避免遭到大公司的打压，他的下一个项目必须更具初创性。

好像初创公司的失败还不足够一样，在大三的那个冬学季期间，也就是埃文和雷吉还在国外的时候，斯坦福大学完成了对卡帕·西格玛兄弟会入会过程的评估。学校管理人员表示，兄弟会毫无节制的嗜酒文化产生了种种事故，已“远超恶作剧”的范畴。这一警告一时间也成为这一学生团体的口头禅。为恢复原有权利，兄弟会的成员必须证明这个组织已经做出了改变。在 2011—2012 学年，也就是埃文和雷吉就读大四的那年，卡帕 · 西格玛兄弟会将搬离原有的会所。在 2011 年 6 月之前，兄弟会成员可以继续住在那里，但不得举行任何派对。

由于帕洛阿尔托的租金高昂，斯坦福大学 96% 的本科生都住在校园里。因此，学校的整改要求对卡帕 · 西格玛兄弟会来说是一个沉重打击，对这个组织，埃文投入了巨大的精力。少数人甚至质疑它是不是该继续存在下去。很多兄弟会的成员似乎已经做好了搬离会所的准备，他们把重点放在了各自的创业梦、就业前景和学术生涯上。兄弟会的领导层组织了一次会员资格审查，与每一位会员进行会谈，并清理出被认为不适合继续住在会所的成员。埃文和雷吉成为公认的害群之马，最终被踢出兄弟会。

在雷吉被开除会籍这件事情上，了解内情的人一点儿也不感到吃惊。

他是一个典型的垃圾制造者和公物破坏者，而厨房也经常被他搞得一团糟。他的房间里总是弥漫着大麻和烟草的味道，总是堆着从厨房拿来的杯子和盘子，却从不放回原处。他从不参加活动和会议，从不帮忙打扫房间，也从不参与派对活动的布置工作。虽然他是一个学霸，虽然他对每一个人都超级友好，但没有人愿意和这样的人住在一起。

人们对待埃文的态度就没有这么鲜明。若问 10 个人为什么埃文会被踢出兄弟会，你会得到 10 个不同的答案。有人说他是自愿做替罪羊，因为埃文知道，无论如何大四这一年他都不会住在那里了；也有人说埃文是代人受过，因为在会所被托管期间，他发起的各种派对活动惹怒了年轻的成员；还有人说埃文应该被踢出兄弟会，因为他没有向学校据理力争要回会所，而对于兄弟会面临的问题，他也没有表现出积极态度。

但不管是什么原因，埃文最终还是出局了。兄弟会的成员将会所被学校收回的责任推到他身上，而那些他认为会支持他的朋友，也没有站在他这一边。

对埃文来说，可谓祸不单行。他创办的“未来新生”网站已经关闭，还被踢出了兄弟会，他交往两年多的女朋友莉莉告诉他，说她已经受够了，并结束了他们的恋情。

第三章

百万美元的创意

春学季

2011 年 4 月

斯坦福大学，加利福尼亚州

雷吉小心翼翼地摆弄着手里的大麻雪茄，对它完美的工艺钦佩不已。抽这样一个“艺术作品”简直是一种糟蹋。在金博尔公寓楼，他倚靠在房间的沙发上，同一个兄弟会的两名前成员戴维和扎克谈论着周末的社交活动。

现在的雷吉已进入大三的春学季，无论是在学术上还是在社交上，他都进入了稳定期。

此外，他似乎一点也不担忧自己的未来——除了享受生活和上课，他没有任何关于未来的计划。在斯坦福大学，大多数学生会投入到学术研究、学生组织、体育运动或兼职工作中，而且通常也会保持着他们在上大学之前的一贯优异表现，但雷吉并非如此。在很多朋友看来，他就像是一个平庸版的留级之王范·怀尔德——一个只想出去闲逛、玩乐却从不担心未来的人。

谈论的主题转移到了女孩身上，雷吉看上去一脸恍惚。

“我希望能发送那种可以自行消失的照片。”他若有所思地自语道，脸上则是近乎茫然的表情。

戴维和扎克听后笑了起来，并表示赞同，认为如果照片可以消失，那么会很有趣。他们又谈起了周末派对的参加者，雷吉退出了谈话，他在想自己的事情。

在烟雾萦绕中，戴维和扎克的讨论已接近尾声。雷吉在专心致志地想这个新创意——一种可发送自行消失的照片的方式——的效用，这样一来，在给人发送不雅图片时，他就不用担心了，而女孩们也更有可能向他发送不雅图片。

他突然站了起来，然后匆匆忙忙冲下公寓楼去找埃文。埃文和雷吉都是近期从国外学习归来，而现在，他们在卡帕·西格玛兄弟会的生活也已经结束。因此，他俩都搬进了金博尔公寓楼，这里距离他们在大一时居住的唐纳楼并不远。在下楼时，雷吉一路小跑，平底鞋飞快地掠过陈旧的深蓝色地毯。他边跑边思考着如何向埃文讲清楚自己的想法。

在冲进埃文的房间后，雷吉喊叫着：“兄弟，我有一个特别棒的想法。”在雷吉还没有说完时，埃文脸上就露出喜色，他立马打起了精神，兴奋之情溢于言表。这就像过去他们一起参加派对的夜晚一样，只不过这次他们“消费”的是雷吉的创意。

“这是一个价值百万美元的创意。”埃文听后大声喊道。

雷吉舒了一口气，觉得这件事有戏，更重要的是，他看到了希望。虽然“未来新生”失败了，但埃文并没有放弃创建一家卓越的技术公司的梦想。他是雷吉认识的最优秀的经营者，也有能力将雷吉的创意转化为现实。而现在，他们有了一个颇为新颖的想法、一个独一无二的想法。

两人兴奋地谈起了所有被媒体曝光过裸体照片的名人，他们的应用将会解决这一问题！埃文边说边用手势快速而生动地向雷吉描述人们发送这种可消失的照片时的场景。那时候，我们大多数人使用的还是过去的那种翻盖手机或黑莓手机，而不是 iPhone。当我们把通话和信息转向应用的时候，人们已经着手开发与性相关的应用。一年后，基于地理位置的约会应用 Tinder 问世，随后出现了大量的模仿者。基于这一早期的照片分享创意，雷吉和埃文设想的是一个可供情侣或夫妻发送亲密照片的隐秘花园。

对于公司股份，他们两个人将各占 50%，公司一切事项将通过民主表决，而所有的亏损或收益则对半分。因为埃文运营过“未来新生”和其他一些项目，所以由他出任公司首席执行官，雷吉担任首席营销官。

但他俩都不知道如何打造好这样一个应用，他们需要招募一位朋友加入其中。他们从兄弟会中拉了一个修过计算机科学课程的成员名单。那时的大四学生，毕业后的首选仍是华尔街和大型的咨询公司，而直到几年之后，大多数毕业生才将创造财富的目光转向硅谷。不过，他们还是想到了几个人，并前往兄弟会与他们面谈。

埃文是一个特别有说服力的推销员，但即便如此，他最初的游说也没有得到很好的回应。

埃文和雷吉沿着卡帕·西格玛公寓楼的混凝土台阶拾级而上，然后推开前厅的大门。在休息厅，他们遇到了兄弟会的几名满身酒气的成员。打过招呼后，他们左转，路过“中室”，沿着走廊径直前行。在进入尽头的“末室”后，埃文和雷吉发现杰克·杜比坐在室内唯一的写字台前做作业。

来自佛蒙特州的杰克身高体壮，性格活泼，留着一头浅咖色的长发，有时也会蓄起胡须。他是一个聪明的编码员，在接下来的两年里他将在斯坦福大学完成包括数学和计算机科学在内的三个学位。他是兄弟会中最友善的成员之一，除了开玩笑，他还常常帮助朋友完成计算机科学作业，是计算机科学系被请教次数最多的学霸。杰克经常穿篮球运动短裤和印有高中体育队标志或家族枫糖企业标志的 T 恤。

他们三个人坐在“末室”的沙发上，而早在几个月前，也正是在这套长沙发上，杰克和兄弟会的其他新成员一起为“未来新生”网站录入数据。埃文开门见山，说他们有一个想法，而且可能是一个宏大的想法，因为在兄弟会成员中，不止一人表示担心早前发送的不雅照片会成为未来工作或生活中的隐患。

如果人们在发送露骨的派对照片时不用担心将来可能出现的后果，那会怎样？埃文飞快地讲着，杰克认真地听着，并不停地点头。埃文说，创建互联网和脸书的人真是奇怪，他们为什么要让网上的一切永远存在。雷吉时不时地插话，谈起他发过的那些醉酒的照片，并表示如果那时有这样一个应用就好了。埃文对杰克说，他们计划在春季开始这个项目，并尽可能地推进开发进度，然后在夏季全力以赴，因为到那时课程就结束了。而在他们看来，课程与过去相比也没有那么重要了。

杰克用力往后靠了靠身子，然后考虑了一会儿。埃文是对的，如果一切都是永恒的，那看起来确实不太正常，但这个想法的最终落脚点可能是一个色情应用。在那个夏天，杰克已经同另外一家初创公司签了工作意向书。这是一个名为 Mailbox 的邮件应用，后来被 Dropbox（多宝箱）以 1 亿美元的价格收购。杰克解释说，虽然这是一个很有趣的项目，但并不适合他，他会帮忙介绍会写代码的同学给他们认识。

雷吉和埃文转而找到朱利安·奥库伊加——一名来自休斯敦的大二学生。朱利安的搞笑天赋不亚于埃文，他身着浅色裤子和 polo 衫，看起来就像服装品牌 J. Crew 的模特。他是一名黑人，短发，个子略矮。朱利安以擅长写各种代码而闻名，后来就职于高盛，再后来自己创业。

在与杰克会面之后，转眼几天已经过去。一天中午，在午餐后的休息时间，埃文在兄弟会公寓楼找到朱利安，然后两个人一起去了“中室”，不过这次雷吉并不在场。在那里，埃文向朱利安讲了自己的想法。此次游说中，他所说的和上次对杰克说的基本相同。朱利安似乎有所心动，但他并没有给出承诺。埃文离开“中室”时竭力压制心中的兴奋之情，希望一切准备就绪后再向全世界公布自己的这个宏大创意。在穿过走廊时，他看起来就像是在掩盖这个世界上最好的惊喜派对。

但他的这种兴奋之情很快就破灭了。第二天，朱利安告诉埃文，在那段时间，他自己还有很多事情要做。事实上，朱利安不想和埃文一起工作，在他看来，埃文做事专断，过于极端；此外，他也不看好这个想法，认为它不会获得成功。朱利安认为，难道人与人之间只会发照片吗？再说，人们每天都在脸书和 Instagram 上传照片，他们真的还需要另外一种方式来分享照片吗？

在听到朱利安的答复之后，雷吉感到气馁，但这只是暂时的。他仍认为这个想法是好的，但如果杰克和朱利安都认为它没有太大价值，那么他可能就是错的。不过，不管怎么说，如果没有编码员，一切都无从谈起。

幸运的是，埃文并不是一个轻言放弃的人。他心中还有一个最理想的人选，那就是他的老朋友、“未来新生”的联合创始人博比。埃文确信他能够说服博比参与这个项目。他在电话中向博比讲了雷吉的想法，但博比并不看好。博比质疑，人们真的会使用这样一个应用吗？埃文颇为紧张地告诉他，这个想法不同于其他人所做的任何应用，它不会像“未来新生”一样遇到那么多的竞争者。他们已经从过去的两个项目中学到很多经验和教训，而现在的这个想法是最独特的。博比最终被说服了，他同意为这个应用写代码，也希望这第三个项目能够给他和埃文带来好运。

在这个项目上，埃文、雷吉和博比的首次尝试可以说非常糟糕：他们创建了一个笨拙、臃肿的网站，用户上传照片后可以设定一个时间，而在该时间之后，图片会消失。很快，他们就意识到，如果他们开发一个可替代网站的移动应用，那么对用户来说，使用起来会更容易、更私密，也就会被更广泛地应用。直到今天，Snapchat 也没有提供网站产品。

他们在宿舍展开了讨论：用户会用什么方式与他们的朋友互动，以及什么样的功能会让用户向他们的朋友推荐下载这样一个应用。埃文担任小组负责人，确保相关事项按时推进，确保每个人都专注其中，而喧闹的雷吉则提出各种想法，以便于人们使用这个应用。与他俩相比，博比是一个安静的、不爱张扬的人，他负责团队计划的落地，对埃文提出的发展方向基本保持赞同。

在接下来的一个星期里，博比每天用 18 个小时来写代码，希望尽快推出一个产品原型。雷吉为这个应用取了一个名字：Picaboo。它源于 Peek-a-boo（即儿童游戏《躲猫猫》）一词。埃文设计了应用的界面，从数字层面阐述了它的外观以及用户如何与之互动。这样一来，博比就可以把他的构想转变为现实。

当用户打开应用时——当时这一应用仅适用于 iPhone——界面展示的是一个相机屏幕，以便于用户直接拍照。[①] 拍照之后，他们可以设置一个从 1 秒到 10 秒不等的定时器，然后点击右侧，选择 Picaboo 朋友并发送照片。在他们的朋友打开照片时，照片会在设定的秒数内显示，然

① 这样一个视觉媒介，本身就很难描述。如果你还没有下载 Snapchat，那我建议你下载一个，在阅读本书的过程中，你可以进一步了解这一应用。

后消失。如果用户点击左侧，会看到朋友发过来的照片。应用界面虽然简单，但草图却丑陋不堪，屏幕上不仅有各种大的方形按钮，而且还有一堆图标。

在期末考试前几天，他们完成了一个产品原型。他们需要人们下载和测试这个应用，并希望人们把这个应用告诉他们的朋友。埃文决定接触一下早前兄弟会的成员。尽管已经被开除会籍，但他和同年级的大多数人仍保持着良好关系，而这些人也都是校园中的活跃分子。埃文需要受欢迎的人群使用这个应用，看能否流行起来。

埃文为这个应用迅速敲下了几行推荐词。此前，他已经向很多人透露过这个想法，但从未以这样一种大规模的、公开的方式进行推荐。在他的想象中，人们会转发他的邮件，会下载应用，并很快上瘾。仅仅是7年前，发轫于哈佛大学的脸书以星火燎原之势扩展到其他校园，进而走向全世界。《斯坦福日报》当时就写过，很多学生因沉溺于脸书而逃课。再比如Instagram，在首次发布当日，下载量就超过了4万次。埃文通过一个名为Flurry的分析平台追踪下载应用的人数、用户打开应用的频次以及用户发送图片的频率。该是Picaboo在全世界亮相的时候了。在对邮件进行了最后润色之后，埃文点击了发送键。

然后，没有激起任何波澜。这是个无用的东西！

对第一个星期就下载了这一应用的兄弟会成员来说，他们用得很开心，彼此发送上课时的幼稚图片或派对时的照片。而更重要的是，这在他们看来是一件很酷的事，因为捧在他们手里的、出现在他们手机里的，是他们的朋友开发的应用。对他们来说，这还是第一次。但这个应用并没有得到严肃对待，它只是埃文的小玩具。少数人下载并尝试这个应用，是因为这是他们的朋友开发的，但他们并没有完全搞清楚这个应用是什么，以及该如何使用它。如果就此宣称Picaboo失败了，还为时尚早。这个应用才刚刚发布，功能也不全，但无论如何，这都与埃文梦想的轰动性发布有很大距离。

埃文选修了一门名为“设计与商业因素”的机械工程课程，该课程鼓励产品设计专业的高年级学生为应用或其他产品建立模型并撰写商业计划书。期末项目，即提交的模型和商业计划书，占课程总分数的 1/3。雷吉的想法比埃文先前的想法更具吸引力，所以埃文就把它作为了课程项目。该课程的大多数同学都是三五人一组，共同完成一个项目，而埃文则选择独自一人完成。

在结课时，每个人都要将他们的模型提交给一个由风险投资人组成的小组进行评估。在斯坦福大学，类似的创业课程有数十门。学生的创业项目，有少数可能被评估团队看中，并发展壮大，但大多数同学只不过是参与而已。大多数初创公司都以失败而告终；同样，这些课程项目的大多数连初创公司的舞台都没有登上过。

在校园科技展上，每个人都要把他们的视觉演示模型放到后面的桌子上；这门课也一样，每组都要派一名演示者向评委推荐他们的项目，并获点评。埃文坐在教室的后面，看着同学们推荐自己的创意。兴奋的学生照例用过于花哨的演示寻求认可，并会将演示时间用到极致。埃文第一次开始担心人们对他的这个应用的看法：兄弟会的成员喜欢这个应用，想必自己的同学和这些风险投资人也会知道他努力打造的这个应用的价值所在；他们一定会知道，对吧？

终于轮到埃文出场了，这是他的表演时间。他昂首阔步地走到教室前面，就像进入派对现场一样，充满了自信；他要在众人面前演示由他、雷吉和博比在过去 6 个星期里辛苦打造的成果。面对 30 名同学、2 名教授和 6 名风险投资人，自信、自在的埃文饱含激情地说，不是每一张照片都注定要永远存在下去。他热切地认为，人们会在图片分享中获得乐趣。

反应呢？从现场来看，反应并不热烈。

为什么人们会用这个应用？“这是最愚蠢的项目”——这似乎是现场每个人的弦外之音。一名风险投资人建议埃文永久保留照片，并与百思买就储存照片进行合作。该门课程的助教颇为紧张地把埃文拉到一旁，问他是不是在开发一个色情应用。

现场的画面让人想起了半个世纪前另一名斯坦福大学学生的课堂演示。1962 年，一个名叫菲尔 · 奈特的斯坦福大学商学院研究生提交了一篇题为《日本运动鞋能不能像日本相机战胜德国相机那样战胜德国运动鞋》的期末论文。对于这篇论文，奈特的同班同学深感无趣，他们甚至都没有向他提问。但正是基于这篇论文，奈特创建了耐克公司。

那天坐在埃文课堂上的风险投资人，可能错失了至少 10 亿美元的投资回报，但这都是后话。对于那些非凡的想法，并不是所有人一开始就认为它们注定会被成功实现。从在场的风险投资人的角度来看，Picaboo 的推荐基本就是：“给你的重要的另一位发送阅后即焚的照片。”非永久性会让人产生一种恐怖情绪，因为只有政府特工人员和反常者才会这样做。事后看来，是脸书的疏漏为 Snapchat 的发展壮大提供了条件，但从 2011 年埃文的推荐中，人们还很难看到它对脸书发起挑战的潜质，也很少有人认为它的发展会超出斯坦福大学小小的社交圈。

如果有人正在寻找下一个脸书杀手，那么他们最好去看一看一个名为 Instagram 的图片分享应用；彼时，该应用刚刚获得 A 轮融资，公司估值 2 500 万美元。在人们眼里，那时的 Instagram 再普通不过，就像很多已经倒闭的、不知名的应用或网站一样。

尽管过去的三次推荐均以失败告终，但埃文并没有气馁。为让雷吉和博比继续参与并推进该项目，他告诉他们，所有的人都很喜欢他们的创意。

埃文和雷吉的大多数同级同学都在寻求实习机会，而博比的大多数同级同学则在寻求全职工作，目标均是知名银行和大型技术公司。但埃文和博比向来不守常规，仍致力于打造他们的初创公司。雷吉也坚定参与其中，最重要的是，他们真的喜欢这个应用。虽然它还很粗糙，但使用起来很有趣。而且，他们也真的相信，人们愿意发送可以自动删除的照片，无论是出于色情还是其他目的。

他们三个人一致同意，到夏天时搬往南边的宝马山花园，也就是埃文爸爸的房子。在那里，他们将开发应用，赢得用户，并建立起斯坦福大学的下一个大型初创公司。在就夏天的后勤保障问题达成一致意见后，雷吉愈加兴奋，因为他知道，只有要埃文在，一切都错不了。

第四章

另一家初创公司

2011 年 6 月

斯坦福大学，加利福尼亚州

大约是在雷吉想到照片阅后即焚这个应用的同一时间，斯坦福大学的大二学生卢卡斯 · 杜普兰想到了另外一个更宏大的创意。

卢卡斯是西格玛 · 纽兄弟会的成员，比埃文和雷吉小一岁。他成长在加利福尼亚州的奥林达，紧邻伯克利，2010 年入读斯坦福大学，大一结束后留学伦敦。其间他深受挫折，因为他可以用手机发送信息，用手机播放音乐，用手机做各种各样的事情，却无法用手机付款买一个三明治。钱也应该能够像信息一样转来转去。于是，卢卡斯就想，为什么在手机上购物比在手机上做其他任何事情都难得多?

卢卡斯招募了斯坦福大学的两名工程师——弗兰克 · 李和詹森 · 里格斯，并与他们联合创建了一家新公司。尽管卢卡斯比李小一岁、比里格斯小两岁，但两个人还是同意与其合作。他们建立的这家名为 Clinkle 的新公司将会完全取代你的钱包。你向朋友或企业付款所用的各种方式，从信用卡到借记卡、支票再到现金，都会因这个神奇的新应用而过时。

卢卡斯请求他的教授帮忙联系最优秀的设计师和工程师。有些教授推辞了，表示他们没有这样的目标计划，但最终，他们还是发了善心，给他介绍了一些有才华的学生。当时正在读大二的卢卡斯招募了两名大四学生：负责设计的罗布·赖安和负责工程的约翰·罗特费尔斯。

对这些在校大学生来说，2008 年的金融危机记忆犹新，他们决定改变金融世界。这个体系是不公平的，兑换货币的流程烦琐而落后。他们准备建立的是一个适用于 21 世纪的金融体系，而最终还有可能扩张到小微信贷领域。相比于他们的同学正在开发的那些幼稚的照片分享应用，这个项目显然更有意义。

他们想做下一代的“贝宝党”（PayPal Mafia）。“贝宝党”是一个由 20 余名创业家组成的团体，2002 年亿贝收购贝宝后他们离开了公司。该团体成员后来创建了特斯拉、太空探索技术公司（SpaceX）、领英、YouTube、Yelp（美国最大的点评网站）和帕兰提尔（Palantir）等诸多成功公司和风险资本公司。无独有偶，“贝宝党”的很多成员都毕业于斯坦福大学，且大多是同学。

卢卡斯从他父母那里获得了一些资金，另外通过一个夏季项目，从风险资本公司高原资本（Highland Capital）那里获得了 1.5 万美元的资助金。对学生来说，为初创项目筹集资金是一件相当容易的事情。风险投资人经常来校园，而且通常是以教授或客座讲师的身份前来。沙山路横穿 280 号公路，恰好位于斯坦福大学门洛帕克办公区右侧，亦毗邻帕洛阿尔托，是全球主要风险资本公司的聚集地，被誉为“风险资本的华尔街”。2011 年夏，也就是埃文、雷吉和博比搬到斯皮格尔家中创建 Picaboo 的那个夏天，卢卡斯和 Clinkle 团队的 10 名成员在帕洛阿尔托租了一间房子，开始打造公司的第一个产品。

我第一次听说 Clinkle 这个项目是在 2012 年，时间稍晚于 Snapchat 项目，那时我正在斯坦福大学读大二。Clinkle 的功能非凡，它就像你手机上的漂亮钱包，你可以用它来取钱，也可以用它向朋友转账。无论是拆分账单还是欠朋友钱，你都可以通过手机转账，钱款会即时转入另一个账户。对现在的读者来说，这听起来可能缺乏新意，但要知道，它早于 Venmo 支付、苹果支付（Apple Pay），以及其他众多支付服务平台。它预示着未来。

那是一段美妙的大学校园时光。我们知道有些人会取得巨大成功，只是还不知道他们是谁。这是一种美妙的感觉，这里有无限的可能性和无穷的潜力，这将是值得我们回忆的日子，因为在最初相遇的时候，我们还不知道彼此未来发展成什么样子。

在卢卡斯看来，要想实现大规模应用，Clinkle 必须从一开始就能完全取代用户的钱包。由此，他们团队推迟了点对点支付应用的发布，全力打造支付业务解决方案，而这则涉及高频声波在智能手机和支付终端之间的传输。此外，卢卡斯也不愿意看到用户下载 Clinkle 后却发现它无法在他们最喜欢的餐馆或酒吧使用。基于此，他计划先从校园开始，在这个相对封闭的社区，Clinkle 团队可以在产品发布前签下所在区域的所有业务。如同之前的脸书，Clinkle 将首先占领校园，并建立校园网络，然后再走向更广阔的市场。

2012 年春，Clinkle 的设计负责人罗布·赖安已经是一门名为“CS 183：创业”课程的助教，授课人是贝宝公司的联合创始人彼得·蒂尔，也是“贝宝党”最主要的成员，他为学生讲授“如何打造未来”。由于这门课太受欢迎，蒂尔和他的学生布莱克·马斯特斯后来联合出版了《从 0 到 1》一书，这本书的基础就是蒂尔的讲课内容和马斯特斯的笔记。[①]

蒂尔对助教说，每个学生都有一张黄金入场券，即他们各有一次机会向蒂尔推荐他们的创业想法，以获取风险资本支持。罗布和卢卡斯一起报名参加，他们预约了30分钟的时间，在蒂尔创建的风险资本公司创始人基金办公室向蒂尔推荐了他们的Clinkle项目。

卢卡斯向蒂尔谈起Clinkle以及他们致力打造的无钱包的新未来。蒂尔听得入了迷，他取消了其他安排，会谈时间也从30分钟延长到了90分钟。卢卡斯讲完后，蒂尔停顿了近一分钟，坐在那里一言不发，房间里一时陷入死寂般的沉默。然后，蒂尔问卢卡斯："我现在最多可以投多少？"

卢卡斯回答说，在25万~200万美元之间，投多少都可以。就在那个房间里，他们就交易原则达成了一致意见。这就像影片《社交网络》中的场景：2004年，蒂尔向脸书投资50万美元，这也是脸书获得的首笔外部投资。[②]现在，他要投资Clinkle。在蒂尔投资之后，无论是寻找资金、投资者，还是寻找顾问、雇员，一切都变得容易起来。

让我们先简单了解一下大多数初创公司的融资情况。一天，一位英雄般的天才创始人走在路上，大脑中突然闪过一个绝妙的想法，创世神话由此拉开序幕。然后，他开始四处募集资金。资金或多或少，从数千美元的天使投资到数百万美元的风险投资不等。各个部门和各个公司所需的创业融资额各有不同，但通常来说，种子基金可以维持一家初创公司正常运营6个月到两年的时间。

如果种子基金能帮助初创公司度过最初的发展期，那么接下来，创始人将从风险投资人那里寻求A轮融资。之后的融资则以字母顺序排

---

① 《从0到1》是一本非常好的书，任何对创业和未来感兴趣的读者，都可以找来读一读。

② 这笔50万美元的投资的确是《社交网络》中的一个场景。

序，直至公司倒闭、被并购、上市，或者能够赚到足够多的资金来拒绝投资者。

平均来看，在100家成功获得种子基金的初创公司中，仅有31家会获得A轮融资，17家会获得B轮融资，7家会获得C轮融资，2家会获得D轮融资。成功获得C轮融资的公司降至个位数，这并不奇怪，或者至少不应感到奇怪，因为这时生存下来的都是极其成功的公司，而融资的金额也是以数千万美元计算的。不过，种子基金的规模与A轮、B轮融资的规模差距之大，通常超出人们的想象。为某个想法筹集部分资金并不困难，困难的是在这个不断变化的世界里生存下去，且无论发展目标实现与否，都能不断获得融资。

在每一个阶段，公司都会获得一个估值，人们通常会把它与公司的实际“价值”相混淆。评论人士抨击的往往就是这个估值：一个没有收入的应用凭什么“价值”数亿美元？不过话说回来，它们都是非上市公司，估值只是私人投资者愿意支付的价格。几乎可以确定的是，如果将公司资产细分，那么它的实际价值将远低于它的估值。而在接下来的几年里，这个估值有很大可能归零或趋于零。但同时，也有数量极少的公司会实现爆炸式增长，即便不会成为价值数千亿美元的公司，也能达到数十亿美元。

这里再强调一点，估值与上市公司的市值是不同的。投资初创公司后，风险投资人会一直持有它们的股权，直至它们上市或被并购。从长远来看，当前估值对风险投资人来说并不重要，重要的是公司的成长和风险投资人所持公司股权的比例。所以，一家初创公司或许会在估值上讨价还价，比如说估值8 000万美元还是9 000万美元，但风险投资人更关心的是他所持的股权比例是18%还是19%。

以硅谷著名的风险资本公司红杉资本为例。这家公司成立于1972

年，当时风险资本公司还远未盛行，它投资了苹果、谷歌、甲骨文、贝宝，以及其他很多公司。2011 年，红杉资本以 800 万美元投资通信应用 WhatsApp（网络信使）。在接下来的 3 年里，红杉资本又两次领投 WhatsApp，金额达 6 000 万美元。2014 年 2 月，WhatsApp 以 190 亿美元的价格被脸书收购，红杉资本赚了大约 30 亿美元。

在获得彼得·蒂尔的投资之后，卢卡斯·杜普兰继续寻求其他投资者。他取得了极大的成功，投资方包括阿克塞尔合伙公司（Accel Partners）、英特尔、财捷、安德森·霍洛维茨、高通联合创始人安德鲁·维特比，以及赛富时（Salesforce）的创始人兼首席执行官马克·贝尼奥夫等。

威睿（VMWare）联合创始人孟德尔·罗森布拉姆、黛安·格林夫妇在斯坦福大学给卢卡斯上过课后，也投资了 Clinkle。

斯坦福大学校长、著名企业家，同时担任谷歌和思科董事会成员的约翰·亨尼西是卢卡斯的计算机科学顾问，后成为 Clinkle 的顾问。斯坦福大学教授迈赫兰·沙哈米开设了一门广受欢迎的计算机科学基础课程，在给卢卡斯和 Clinkle 早期团队的多名成员上过课后，他投资了 Clinkle。斯坦福大学商学院前院长鲍勃·乔斯也投资了 Clinkle。

总的算下来，Clinkle 的个人投资者和机构投资者约为 60 个，总投资额为 3 000 万美元，而这时的 Clinkle 甚至还没有向这个世界表明他们正在做什么。可见，它采用的一直都是“隐身模式”，即没有告诉任何人他们正在做什么。

在过去的 100 多年里，斯坦福大学和硅谷一直交织在一起。1909 年，斯坦福大学的一名毕业生创建了硅谷最早的知名企业之一——联邦电报公司（Federal Telegraph）。斯坦福大学的首任校长戴维·斯塔尔·乔丹是一名天使投资者，但 Clinkle 让斯坦福大学的学生、教职人员和校友感到不安，大学校长应不应该为一家正在招募退学学生的公司担任顾问？教授应不应该投资学生的公司？这些关于 Clinkle 的问题，回答起来并不容易，但有一点是确定无疑的：如果 Clinkle 取得了巨大成功，那么所有参与其中的人就不会显得那么难堪，而为追求这份事业选择退学，显然也是值得的。

卢卡斯募集的是可转债，在初创公司的早期阶段，这种融资颇为常见。一般来说，早期融资要么是公司的股权，要么是可转债。可转债会在初创公司的下一轮融资——通常为 A 轮——中转换为股权。如果有任何风险资本公司或个人独立投资 3 000 万美元，那么他们会启动严格的尽职调查程序，对 Clinkle 团队及其技术进行全面核查。但 Clinkle 的 60 多个投资者中，没有一个大规模下注，因此，在它开始走下坡路的时候，没有任何一方掌握决定权，更不用说董事会席位了。

没过多久，事情就开始朝着糟糕的方向发展。2012 年 10 月，公司一半雇员离职，原因是他们认为卢卡斯在股票期权方面误导了他们。同很多初创公司一样，加入卢卡斯和 Clinkle 团队的雇员的薪水远低于市场水平，他们期望获得的是这家深受追捧的初创公司的股权奖励，但很多人从未拿到公司股权。

尽管遭此变故，但 Clinkle 并未停滞不前。在通往荣耀的道路上，任何一家初创公司的发展都不是一帆风顺的。对于 2012 年 10 月的这次大规模离职，很多人认为，虽然这会给 Clinkle 造成困难，但一旦公司大获成功，这也只不过是一个小插曲而已。

2013 年 4 月，《华尔街日报》刊登了一篇关于 Clinkle 的扣人心弦的报道，并援引斯坦福大学校长亨尼西的话说，Clinkle 或与其他很多由在校生成立的初创公司不同，那些公司往往“活不过一个夏天”。在文章配图中，卢卡斯被 20 余名雇员举过头顶。这篇报道对 Clinkle 产品的运作进行了详细描述。

“这不是下一个社交应用。”卢卡斯在文章中表示，“Clinkle 是一项旨在通过改变我们的交易行为来推动人类进步的运动。”

就像大学时代一样，Clinkle 的十几名雇员通宵达旦，一边工作一边吃着甜甜圈，一直等到早上 6 点《华尔街日报》的文章刊出。对大多数人来说，这里有一种熟悉的大学氛围，因为 Clinkle 是他们从斯坦福大学毕业或退学后的第一份工作。当时 Clinkle 的办公室设在山景城，那里也是谷歌总部园区所在地，离斯坦福大学不远，沿着皇家大道开车很快就到。

2013 年夏，Clinkle 的公关团队联系了包括《纽约时报》和 TechCrunch[①] 在内的众多媒体，希望就“硅谷历史上最大规模的种子轮融资”进行报道。虽然卢卡斯大谈特谈 Clinkle 将如何改变世界以及募集到了多少资金，但他拒绝谈论 Clinkle 背后的产品或技术。现在，在向全世界公布这家公司的时候，他仍试图在产品和技术方面采取“隐身模式”。这是一个诡异的策略。

同硅谷的大多数年轻创业者一样（当然也包括埃文），卢卡斯也将史蒂夫·乔布斯视为偶像。他希望创建一家像苹果那样的公司，精心打造，让消费者惊讶不已。卢卡斯从未想过要征求用户或客户的意见，在他看来，什么对用户最好理应由他来决定，他要做的就是向用户提供一个能让他们感到惊艳的、可以大幅度提升当前钱包功能的创新产品。但通过媒体对 Clinkle 进行大肆宣传，是卢卡斯犯的致命错误之一，因为他让这家年轻的公司背上了难以承受的重担。

埃文和博比推出了 Picaboo 的最小化可行产品（MVP）。所谓最小化

---

① 当时我仍是 TechCrunch 的记者，并跟踪了 Clinkle 的融资声明。在报道中，我对 Clinkle 产品及其运作方式进行了详细描述，这让卢卡斯大为恼火。

可行产品，即早期用户能接受的最低质量产品，而这些用户也会就该产品提供反馈意见，以做进一步改进。埃文和博比打造的这款阅后即焚的图片分享应用，最初仅推出了适用于 iPhone 的版本，之后他们又花了多年时间才实现了他们想要的所有功能。在此过程中，他们能够看到人们如何使用这个应用，并据此对产品进行快速迭代优化。杀死 Clinkle 的最重要的原因，是卢卡斯拒绝推出最小化可行产品。而与之相对，埃文则通过最小化可行产品催生了 Snapchat。

在获取监管机构批准的过程中，Clinkle 陷入困境。同时，Clinkle 还需要同银行机构建立合作关系，以便合法处理用户资金，而在这方面，它同样未获进展。此时的卢卡斯手握 3 000 万美元资金，且拥有一支充满战斗力的人才队伍，对于自己的每一个想法以及工程师团队的每一个想法，他似乎都沉溺其中。早期的初创公司通常会受资源限制，不得不推出低于预期的产品版本。然而，这些限制因素也会强迫初创公司的创始人将目光聚焦于与产品真正相关的重要事情上。

反观 Clinkle，它从未有过类似的压力。漫长的跑道，连同公司团队对完美的坚持，成为他们前进途中的“毒药”，而这也致使很多产品从未见过天日。他们团队开发了 9 种不同的注册流程，却无法测试哪一种最适合用户，因为他们根本就没有发布过。

首席设计师罗布 · 赖安设计了一个赏心悦目的应用，无论是从外观还是动作上看，都像是现实生活中的钱包；其模仿的动作就是从钱包中取出美元，然后递给朋友。但 Clinkle 坐着干等，从未发布这一应用。后来，设计界远离了这种拟物风格，无论是从外观上还是感觉上。这样一来，Clinkle 的这个应用还没有发布就已变得古怪而过时了。

卢卡斯经常对 Clinkle 的雇员和他的智囊团说，产品在几个月之后就会向消费者发布。

初创公司的首席执行官，就像是体育运动中的四分卫或守门员，比赛赢了则收获所有荣耀，比赛输了则会成为众矢之的，而无论你是否应得。就卢卡斯而言，他是 Clinkle 失败的责任者。

在 Snapchat 和其他成功的公司，雇员乐意试验并心甘情愿、不辞劳苦地开发可能永不见天日的产品，因为其中面世的产品将会对数以百万计的用户产生重大影响。而在 Clinkle，没有任何产品发布，也没有任何人知道产品会在什么时候发布。所以，在忙忙碌碌几个月之后，Clinkle 的工程师却不知道他们开发的产品会变成什么样子。

2013 年夏，前斯坦福大学同学、Clinkle 的联合创始人弗兰克·李和詹森·里格斯因与卢卡斯产生分歧，双双离开公司。卢卡斯变得愈加神秘，拒绝向应聘者乃至部分雇员展示 Clinkle 的应用。有的雇员开始怀疑他们在面试时看到的演示产品并不是公司的真正产品。

在那个夏天即将结束的时候，首席工程师约翰·罗特费尔斯召集团队成员开会，并向他们宣布了 Clinkle 的新计划：向用户发送借记卡。概括起来，Clinkle 的全部使命就是简单一句话："消除钱包。"而这也是他们一再向雇员和投资者强调的。

但公司的技术尚不足以支撑用户通过声波向咖啡店主或餐馆老板付款。Clinkle 本可以发布类似于 Venmo 或 Square Cash 的点对点转账系统，同时继续致力于开发商户支付系统。但在 18 个月前，他们并没有发布相关应用，把重要阵地拱手让给了上述竞争者。而卢卡斯醉心于开发完美的点对点支付及商户支付系统。

9 月，卢卡斯前往伦敦拜访 Clinkle 的投资者、企业家理查德·布兰森。他们俩拍了多张合影，道具是四沓面值 100 美元的伪钞，总计 1 万美元，以及一部装有 Clinkle 测试版应用的 iPhone。在最后一张照片中，两个人面对摄像头，笑着将手中的钞票付之一炬，以此表示 Clinkle 将摧毁实体货币。

回到旧金山，卢卡斯在人事方面做出了一个重大决定：聘请网飞首席财务官巴里·麦卡锡作为公司中“睿智的决策者”。此举给 Clinkle 带来了一定的稳定性。

10 月底，Clinkle 的销售团队举行了一次集体派对，庆祝签约大学生人数达到 10 万。此时的 Clinkle 并没有现成的产品，20 人的销售团队向各大学的兄弟会、姐妹会和其他学生团体中的成员发送邮件，以提供奖品和其他促销方式激励他们向各自团体群发邮件。之后，Clinkle 将所有这些邮件地址加入它的申请名单中；从理论上讲，一旦产品发布，他们就会注册。在周四晚上举行了狂欢之后，销售团队中的所有人在周日被集体解雇。有人在查收邮件时发现他们的权限被锁定，进而发现了这一事实。卢卡斯让巴里来负责处理此次解雇事宜。

感恩节过后的那一周，卢卡斯召开了一次全体会议，并在会上骄傲地引荐了一名新的成员——来自雅虎的张智超将担任 Clinkle 工程部门的副总裁。面对公司同人，张智超站起来做了自我介绍，并表示他非常高兴能够成为 Clinkle 的一员。次日，卢卡斯又召开了一次全体会议，他站在巴里·麦卡锡身旁，面对着大约 40 名公司雇员说：“张智超已经离开了 Clinkle。他觉得他不胜任这份工作。”

张智超进入 Clinkle 之后，发现这家公司拥有的只是演示产品，而非功能齐全的产品。在产品的特性和设计方面，卢卡斯和 Clinkle 的领导层反反复复，花费了大量时间：系统的架构还没有准备好，关键的安全特性还没有准备好，用于商户支付的声波技术仍不奏效，而且卢卡斯还想做更多的美学改变。

3 月，巴里 · 麦卡锡离开了公司，从入职到离职总共不到 5 个月。他是 10 月加入 Clinkle 的，当时他认为公司会在 11 月发布产品，但直到他离开，产品也没有发布。Clinkle 已然成为硅谷的笑柄，成为“毒品牌”的象征。鉴于此，公司试图将品牌重命名为“Treats”。一天，Clinkle 在加州大学伯克利分校设立了一个带有“Treat Bot”标志的自动贩卖机，学生只要注册相关服务便可获得 20 美元。理论上，这会让学生谈论 Treats、下载 Treats，并与朋友分享 Treats。事实上，这次烧钱的速度比卢卡斯和理查德 · 布兰森那次在伦敦一起烧钱的速度还快。

有些投资者要求撤回投资，而其他投资者则悄悄地与该公司拉开距离。2015 年 5 月，一些忠实雇员也选择了离开，因为卢卡斯对他们撒谎说 Clinkle 正在洽谈并购事宜。

就这样，Clinkle 以一种非常难看的方式死去，但它的倒闭为斯坦福大学澄清了一些棘手问题。

“如果说常春藤盟校是美国世纪精英的孵化地，那么斯坦福大学就是硅谷的农垦系统。”肯 · 奥莱塔在一篇关于斯坦福大学的特写中写道。这篇于 2012 年 4 月刊登于《纽约客》的文章将斯坦福大学称为“创富大学”。奥莱塔在《纽约客》的同事尼古拉斯 · 汤普森后来抱怨说：“这所学校看起来就是一个配有橄榄球队的庞大的技术孵化器。”汤普森坦承他自己也毕业于斯坦福大学，而且成立了一家数字媒体初创公司；在需要资金的时候，他也会从同学那里获取融资。

就像职业运动员一样，计算机科学专业的学生在同样年轻的时候也承担着各种令人难以想象的任务。但与传统职业路径相比，这是一个截然不同的时间框架。如果我们需要在 22 岁时就为人生做好准备，那么它会如何改变大学？在某个时间点上，会出现这样一种转变：从聪明的孩子所说的“我想解决这个问题”，到斯坦福大学生所说的“我想成立一家初创公司，现在我只需要一个好的想法”。

斯坦福大学的环境是非常适合创新的，无论是从机会的数量还是质量上讲，都胜于其他学校。不过，在这样一个“回声室”里，负面影响也是存在的。在成立初创公司或开发产品方面，大多数人都有一些模糊的想法，但在斯坦福大学，这种气氛太过喧嚣了。当然，这有积极的一面，因为它会让学生充满信心，并致力于让自己的想法变成现实。但消极的一面也无可避免，这些青少年谈论着几个星期前才迸发出来的想法，仿佛他们做的是这个地球上最伟大的事情一样。在旧金山湾区，人们呼吸着的是创新，是创业精神，是颠覆，但过于沉溺于这样一个泡沫中，创始人就会失去方向，造成产品和普通用户之间的割裂。一个有名的例子就是，史蒂夫·乔布斯曾离开硅谷前往印度旅行，而为打造 Snapchat，埃文·斯皮格尔也特意远离了硅谷。

第五章

不排除诉讼

2011 年夏

“创业之家”，宝马山花园，加利福尼亚州

约翰·斯皮格尔的房子坐落在宝马山花园一个风景如画的居住区。宝马山花园是一个奢华的高档社区，紧邻圣莫尼卡及洛杉矶西部海滩。宁静的人行道两旁，是修剪整齐的绿色草坪和高耸的棕榈树。这里距离市区不远，沿着蜿蜒的坡道驱车很快就到，与市区的喧嚣相比，这里幽静而安宁。

在这栋房子里，雷吉、埃文和博比发起了一项互联网革命计划。虽然埃文的同届同学并不喜欢这个阅后即焚的想法，但他们所做的事情与其他人所做的事情是不一样的，而埃文看重的正是这一点。他们在那年春天开发的原型产品运行太慢，需要推倒重来。这是博比的责任，因为他是他们三个人中唯一真正掌握编码技术的人。学习产品设计的埃文与博比一起打造新版本的应用。雷吉不像博比那样拥有专门的技术，他甚至也没有埃文那样的技能，所以众多非技术性工作都由他来做。在应用重新开发之后，埃文、博比和雷吉需要发起一场市场营销与公关运动，诱使人们下载和使用 Picaboo。

埃文的妹妹早前居住的房间归雷吉和博比，厨房则成为 Picaboo 的总部。埃文把这个地方称为“创业之家”（Startup Hau5），模仿了著名 DJ“鼠爷”（deadmau5）的名字。约翰·斯皮格尔的私人厨师为他们准备每天的餐食。由于他们三个人未能筹得任何资金，所以所有的开支都由他们自己负责。按照硅谷的说法，这叫“步步为营法”，所以免费住所是一个极其重要的加分项。尽管约翰一再要求雷吉直呼其名，但在整个夏天，雷吉一直保持着南方人的礼貌习惯，称他为斯皮格尔先生。

在重新开发应用时，埃文一直与雷吉和博比讨论有关设计选择和参数的问题，并充分表达了自己的喜好。Picaboo 将直接连接相机，便于用户迅速拍下他们希望与朋友分享的照片。他们意识到，用户不希望他们分享的这种非永久性的照片被截屏及永久保存。由于缺乏限制用户截屏的技术手段，他们采用了一个笨拙的替代方案：用户必须把手指放在手机上才能查看照片，这样一来，他们就很难同时按下 iPhone 的两个截屏按钮。此外，他们还给出了一种方法：如果照片接收者截屏保存，他们会给用户发送通知。

现在，他们开发的这款应用还需要一个标志，以便第一时间诱使用户下载并使用 Picaboo。雷吉和埃文坐在一起，花了几个小时的时间设计该应用的标志。两人来来回回改了很多次，以显示其阅后即焚的特性。他们选定了一个友善的、吐着舌头笑的小精灵。随后，雷吉提供思路，埃文借助 Adobe InDesign 软件画出了这个精灵。雷吉把它命名为“鬼脸杀手”（Ghostface Chillah），这个名字来源于嘻哈音乐组合“武当帮”（Wu-Tang Clan）的说唱歌手“鬼脸煞星”（Ghostface Killah）。

埃文在应用商店研究了最受欢迎的 100 款应用，发现无一使用黄色标志。为便于 Picaboo 脱颖而出，他为这个吉祥物选择了一个嫩黄色背景。之后，雷吉将这个标志发到了他为该应用建的脸书和推特账户上。

埃文忙于产品设计和愿景规划，博比忙于写代码，而雷吉则相对清闲。很多成功的硅谷创始人并不写代码，但他们发挥其他作用，在公司创建初期可谓疲于奔命，主导着公司的非技术性工作，比如市场营销和推动用户数量增长等。不过，雷吉并不是那样的人。刚满 21 岁的他沉溺于洛杉矶的夜生活，直到凌晨才会回来。而埃文和博比则过着硅谷的生活，雷吉更像是他们的随从人员。埃文一直记得并珍视他在红牛工作时，克拉伦斯·卡特对他说的一番话："在每个人都很疲倦的时候，在黎明已经到来的时候，谁会留下来帮你？那些留下来的是你真正的朋友。他们不辞辛劳，并认为这样做是对的。"雷吉的联合创始人认为他并没有做好分内工作，而怨恨的序幕也由此拉开。

6 月底，他们推出了工作测试版本。之后，博比把它发给了部分懂技术的朋友，让他们帮忙测试。埃文、博比和雷吉一同外出庆祝这一里程碑事件。深夜，他们回到斯皮格尔家中，雷吉和埃文酒后发生争执，而争执的起因就是雷吉到底在 Picaboo 上投入了多少时间和精力。

无法忍受埃文怒火的雷吉准备回到楼上。但走到楼梯一半的时候，他听到埃文和博比仍在厨房讨论这种怨愤情绪，于是便停了下来。他听到他们两个人想把他赶出团队，然后再找一个更优秀的、更有经验的人负责市场营销方面的工作。听到这里，雷吉心中的怒火一下子就被点燃了。他想折返回去，冲进厨房，问埃文到底是什么意思。

但雷吉知道，如果他这样做，埃文会回击，事态也会进一步升级。于是，他回到了自己的房间，一时间，各种情绪和想法充满了他的大脑。他拿出了一个封皮笔记本，然后写下他为 Picaboo 所做的贡献，并在后面加了一个提醒语：

不排除诉讼。

第二天早上，尽管宿醉的感觉仍在，但他们已经冷静了下来。雷吉一早就到了屋外，埃文和博比出去找到了他。他们三个人谈起了昨天的争执，相互道歉，并同意继续协力前行。至少，在那个时刻，一切看起来都是好的。

风波过后，博比继续致力于改善应用的代码库，而埃文则为应用寻求更好的设计和更多的功能。在埃文发来的模板的基础上，雷吉草拟了针对用户的服务条款、常见问题（FAQ）和隐私政策。此外，雷吉还整理了相关的收据和开支记录，便于公司后期报税使用。关于公司名称，他们三人投票表决，先是把 Picaboo 改为 Pictaboo，后又改回 Picaboo。

雷吉忙着搞市场营销，他模仿了一篇发布在《时尚》杂志的新闻稿，标题是《Picaboo：世界首款定时图片信息应用》。在另一稿中，雷吉将 Picaboo 定位成纯粹的色情工具，他写道："Picaboo 可以让你和男朋友发送可窥视但不可保存的照片。"

7 月，Picaboo 终于准备就绪。埃文开始删除有限的色情使用案例，将 Picaboo 定位为朋友间的通用照片分享应用。苹果公司对 Picaboo 进行了审核，并批准通过，允许任何人在其应用商店下载该应用。埃文将 Picaboo 发到了斯坦福大学的一个学生创业群中，并告诉他们："我们团队刚刚在苹果应用商店发布了 Picaboo，希望大家都下载看一看。地址是 Picaboo.me/dl，这也是适用于 iPhone 的第一款非永久性的图片信息应用。"

埃文、雷吉和博比一起出去吃饭，庆祝 Picaboo 的发布，同时庆祝博比的生日。饭后，他们分享了埃文爸爸事先准备好的蛋糕，上面是嫩黄色的奶油霜，并配有 Picaboo 的吉祥物"鬼脸杀手"。几天之后，埃文、博比、雷吉以及他们在大一时认识的朋友、同住唐纳楼的乔伊一起去看著名 DJ 艾维奇在好莱坞的演出。埃文制作了嫩黄色的背心，并在上面印上了 Picaboo 的吉祥物。他们 4 个人穿着同样的背心去了演出现场。

埃文通过分析工具 Flurry 追踪 Picaboo 的用户及其活动，获取有关用户位置、使用频率和使用时长的信息。他希望用户留存率至少能达到 30% 以上，也就是说，在使用过该应用的人中，大约 1/3 在一周后还会再次使用。如果能够跨过这个比例，就说明他们开发的 Picaboo 是有用的，说明他们正在解决用户的需求，同时也说明这是一个与市场相匹配的产品。

从下载和使用过 Picaboo 的朋友那里，他们得到一些相当正面的反馈，但埃文并未满足于此，他知道他需要以更快的速度将该应用推向目标市场。雷吉的营销方案和公关努力并没有取得明显效果，于是埃文参与其中。当人们登录应用商店页面时，Picaboo 需要迅速引起他们的关注，至少让他们知道有这样一个应用，当然最好是能让他们下载。一个朋友把埃文介绍给了超级模特伊丽莎白·特纳，那个夏天她刚好住在洛杉矶。特纳及其姐姐莎拉同意免费为 Picaboo 拍一组照片。埃文在向她们描述 Picaboo 时，表示这是一个课堂项目。

特纳姐妹驱车来到埃文父亲的住宅，然后在圣莫尼卡码头和海滩拍摄了照片。负责拍照的是埃文和博比，伊丽莎白穿着白色比基尼，莎拉穿着粉色比基尼，两个人笑容灿烂，在海水里相互嬉戏，还轮流骑到对方背上。埃文将此次拍摄的照片作为 Picaboo 应用的屏幕截图上传到了应用商店和网站。

这次拍摄之后，埃文给广受各大学兄弟会成员欢迎的网站“兄弟圣经”写了一封邮件，希望他们的主编能够报道一下 Picaboo。在一封题为“荒谬的 iPhone 应用”的邮件中，埃文告诉主编，他看他们网站已经有一段时间了，并表示他是一个“认证成员——我们的兄弟会在上个学季被关闭了”。然后，他开始推荐 Picaboo，并简洁地解释说，“这是分享阅后即焚照片的最快方式”。在简单介绍了该应用的使用方法之后，他提到了新的秘密营销武器——特纳姐妹。“我们的 iTunes（苹果数字媒体播放应用）屏幕截图上的那个女孩来自杜克大学，她们长得非常漂亮。”他还在邮件中附上了下载应用的链接。但那位网站主编并没有回复他。

7 月底，雷吉飞回南卡罗来纳州与家人团聚，只能远程参与项目工作。长期以来，埃文一直担心有人会“剽窃”他们的绝妙创意，他觉得他们必须申请专利来保护 Picaboo。

“兄弟，一路还平安吧。”埃文给雷吉发信息说，“人们知道我们还没有申请专利，所以我们必须马上行动起来，看看怎样把这件事弄好。”

雷吉回信说：“我正在去海滩的车上，会通过专利应用处理，晚上电话联系，并告知你进展情况。”

“太棒了。”埃文回应道，“为了 Picaboo，我们已经拼尽全力。它就像是一艘火箭飞船。现在，我们的 7 日用户留存率已经达到 60%（目标是 30%），而且还在继续增长。”

雷吉在南卡罗来纳州忙着申请专利，而此时的埃文和博比则想方设法去掉 iPhone 相机应用启动时出现的动画。这个友好的动画就像是老派相机里的灰色镜头，虽然只持续一两秒，但对埃文来说还是太长了。去掉这个画面，Picaboo 的相机加载速度就会大幅度超过标准的 iPhone 相机应用的加载速度。而如果 Picaboo 的相机加载速度超过标准相机，那么有些人可能就会将 Picaboo 设为默认相机。这样一来，用户可能就会用 Picaboo 拍摄所有照片，然后发送给朋友或保存他们想要保存的照片（通过屏幕截图）。

在埃文看来，Picaboo 远不是一个色情应用，而是一个非常有价值和实用的通用短时应用。虽然“兄弟圣经”网站没有报道 Picaboo，但埃文并没有放弃，转而继续给一些小型网站发送推荐邮件。基于 Picaboo 强大的用户留存率，他知道这是一个有趣的产品，而且是一个远比色情工具更有趣的产品。通过更好的宣传与推广，Picaboo 可以建立起至关重要的早期核心用户群，而最终会达到一个引爆点，然后通过口口相传实现自然增长。

埃文联系了他喜欢的一位博主——尼科尔·詹姆斯，后者开设了一个名为“白人婊”的个人博客。埃文这次的推荐同之前他向“兄弟圣经”的推荐大致相似，并解释说他们是“兄弟会的认证成员”，所在兄弟会已被学校关停。不过，他的策略也略有调整，称 Picaboo 是“朋友间相互发送阅后即焚照片的游戏”。埃文强烈建议詹姆斯下载 Picaboo，宣称“如果你用 Picaboo 加一个女性朋友，我们保证你会着迷的”。

“就是因为你无法保存照片，所以这是一个最好的色情工具？”詹姆斯回复说。

“有人会用于这个目的……但这也是与朋友快速分享某一瞬间时刻的最佳方式……这会让你发送的照片更显特殊，全世界最独一无二的照片。”埃文笑着回答。

“我喜欢。”詹姆斯说。

“博客目标 #1 达成。”埃文在发给博比和雷吉的邮件中说，并转发了他和詹姆斯的邮件对话记录。

几天后，尼科尔·詹姆斯在她的博客上发了一段文字：

> 网友埃文（斯皮格尔）开发了一个名为 Picaboo 的应用。安装之后，你可以给其他任何装有该应用的人发送照片……收到照片的人是无法保存的。想一想你会收到多少裸体照片，因为它会给人一

种特别的安全感!!!

出于为埃文着想，因为他可能会看到这些文字，我在这里必须提醒一句，他并不是我的色情伙伴——他发给我的照片是海滩、玉米面卷和加州风情，而我发给他的照片则是时代广场和出租车……你知道，纽约太垃圾了。现在我们是照片好友了。太棒了。

转回到南卡罗来纳州，雷吉已经把 Picaboo 的文件提交给了美国专利商标局（USPTO），并兴奋地给埃文发了一条信息：“专利已提交待审批，太高兴了，太高兴了，你和博比今天晚上得庆祝一下。”埃文回复说：“兄弟，没有你在我们怎么会庆祝呢！”

第六章

爆发

2011年8月

“创业之家”，宝马山花园，加利福尼亚州

埃文和博比待在“创业之家”，而雷吉仍在南卡罗来纳家中，他们通过电话会议通报彼此的进展情况。

埃文快步走进他的房间，将手机放到耳朵上，而博比则坐在外面，听着手机里的声音，雷吉很快就念起了他们的专利申请书：

适于智能手机设备的定时的、非永久性的图片信息

我们（博比·墨菲、雷吉·布朗、埃文·斯皮格尔）发明了一个通过智能手机设备技术传送图片信息的新方法。即，我们的软件允许用户在发送图片信息时指定一个时间值，而在这个时间值之后，该图片会自动消失，用户的智能手机设备上不会留有相关信息的任何痕迹。

我们最近在媒体上注意到，很多发送永久性图片信息的方法已经成为工具，图片信息接收者……

雷吉读到这里，埃文已是怒不可遏。墨菲——布朗——斯皮格尔？难道之前我没有告诉你要把博比列为唯一发明人吗？每一行代码都是博比写的！他是发明人！为什么雷吉要排在我的前面？什么时候雷吉排到过斯皮格尔的前面？就这个应用的开发而言，雷吉一点贡献都没有！

埃文打断了雷吉的话，并开始猛烈攻击他。雷吉大声回击，冲突进一步升级。这三年来积压的怨气一下子迸发了出来，就像压制多年的问题最终突然浮现一样。埃文问雷吉为这个应用做了哪些贡献，是什么让他把自己排在他的前面。

雷吉开始列举他对 Picaboo 的贡献，从最初的创意讲起，到市场营销资料，再到后面的产品标志。

埃文怒气冲冲地打断他，说那个产品标志是他设计并在 InDesign（桌面出版应用程序）上画出来的。

“是我指导你的。”雷吉说。

埃文挂断了电话。

博比没有挂电话，他静静地听着雷吉的发泄。待雷吉情绪稳定之后，博比问，你觉得你应该在 Picaboo 中占多少股份。如同此前夏天所说的，雷吉承认他做的贡献不如埃文和博比，所以他不会要求与他们一样多的股份，但他仍认为他应该占该项目 30% 的股份。毕竟，这是他的创意。

“这是不可能的。”博比答复说。

当天晚上晚些时候，埃文给雷吉发信息说：“喂，我的确感到被冒犯了，所以我想告诉你，我并不是反应过度。我绝对希望我们能继续进行对话，但在受到这种攻击的时候，我觉得太难了。”

“我想告诉你一点，你觉得是你贡献了这个阅后即焚的创意，因为它对你来说太重要了。”埃文继续发信息说。雷吉没有回应。

4 天后，埃文给雷吉发了一封邮件，语气生硬而冷淡：

雷吉：

你好。

我到现在还没有收到临时专利申请的副本，你能把提交给专利局的全部资料发给我吗?

谢谢。

埃文

埃文的这封邮件，就像出自一位愤怒的主管，完全不是亲密朋友间的语气。雷吉似乎倍感挫折，他回击说：“埃文，正如之前我告诉你的，我会把提交给专利局的全部资料发给你，但你要等他们返给我啊。这是政府机构，他们通常要花几个星期的时间来处理……我知道你的难处，但得等啊。”

但埃文不打算等。

埃文和博比更改了密码，锁定了雷吉的账户。

Picaboo 是他们的。

第七章

Snapchat

2011 年 9 月

斯坦福大学，加利福尼亚州

1839 年，美国摄影先驱罗伯特·科尼利厄斯（Robert Cornelius）[①] 拍了一张自拍照；因为拍摄过程很慢（他采用的是能激活碘的镀银板与水银蒸汽），科尼利厄斯在此期间可以打开镜头，在镜头前静坐几分钟，然后再盖上镜头。在照片的背面，科尼利厄斯潦草地写着："世界第一张光图像。"他被认为是美国自拍第一人。

1914 年，13 岁的俄国女大公阿纳斯塔西娅·尼古拉耶芙娜在寄给朋友的信中附了一张个人照片。"我是对着镜子拍的这张照片。"她写道，"拍起来太难了，我双手都在抖。"

1943 年，埃德温·兰德和家人在新墨西哥州度假。其间，他的女儿、3 岁的詹妮弗问，为什么她不能立刻看到他给她拍的照片。思考了不到

① 这里有一个有趣的巧合，博比的全名叫罗伯特·科尼利厄斯·墨菲（Robert Cornelius Murphy）。

一个小时，他就有了一个清晰的想法，即如何利用相机和胶卷拍摄即时照片。1948年，兰德的宝丽来（Polaroid）相机发布；到20世纪60年代，美国一半的家庭都拥有一部宝丽来相机。兰德经营宝丽来超过40年，持有535项专利。

在接下来的几十年里，人们使用高端的徕卡（Leica）相机和一次性的柯达（Kodak）相机为自己和朋友拍照。假期结束后，我的家人会从相机中取出胶卷，然后送去冲洗。这样做的意义就在于，当一张张翻看那些照片时，我们仿佛又度过了一个假期。但无可避免地，总会出现一些手指遮住镜头的照片。

在21世纪第一个十年的初期，随着我们从"美国在线即时通"（AOL Instant Messenger）和拨号上网的时代迈入宽带和Myspace时代，很多年轻人开始将自己的照片上传到网上或是社交媒体，如Myspace和脸书（前者成立于2003年，后者成立于2004年）抑或专门的图片分享网站，如Flickr（成立于2004年）。大约在Myspace最火爆的时候，人们开始自拍，即通过数码相机拍镜子里的自己。

2007年，我加入了脸书的高中班级群，我们把数以百计的照片存放在该网站的相册中，以便与朋友分享。即便是在翻盖手机刚刚出来的时候，其所配备的摄像头也很差，内存也很小，以至人们外出参加派对时都会携带一台单独的数码相机。第二天，他们就会把相机连接到计算机，然后将照片上传到脸书的相册中。

2010年，图片分享平台Instagram成立，适值iPhone大流行的时代；突然间，数百万人的口袋里都有了一部联网的照相手机。此时，虽然手机摄像头仍不理想，但大多数情况下已经够用，人们不用再单独携带数码相机了，而Instagram之所以具有吸引力，一个重要的原因是它的滤镜可以让较低品质的照片看起来更有质感。分享照片成为人们分享自我的一种方式，通过照片，你会知道他们在哪里，他们的朋友是谁，以及他们是谁。

所有这些社交网络都建立起了自己的文化与美学，因为我们以不同的方式使用这些平台。而文化和美学的建立则取决于早期的主要使用案例，以及我们使用这些网络时所处的年龄段。

在雷吉灵光乍现、想出阅后即焚的照片分享创意时，技术世界正在大力开发前置摄像头。2011 年 10 月 14 日，苹果发布了 iPhone 4S，这也是它推出的第二款配备前置摄像头的手机（同样配备前置摄像头的 iPhone 4 也由此变得更加便宜）。苹果的前置摄像头主要用于 FaceTime（苹果视频通话软件）的视频聊天，但同时，它也开始被用于拍照。

技术和艺术正一步步走向融合，iPhone 让每一个人都成了业余摄影师。埃文以他心中的两位偶像——埃德温 · 兰德和史蒂夫 · 乔布斯——为榜样，希望将 Snapchat 打造成一家艺术与技术完美结合的公司。兰德也是乔布斯心中的偶像和事业上的榜样。

这三位梦想家之间有着明显联系。兰德开发了第一款真正意义上的便携式即时成像相机，人们在拍摄后几乎在同一时间就可以看到照片。乔布斯创造了 iPhone，把一部高质量的数码相机放到了数亿人的手中。埃文创建了 Snapchat，通过这样一个交流工具，人们可以快速互发照片，而他们用的正是乔布斯的 iPhone。但正如人们所预料的，他们之间的联系并不局限于此。

20 世纪 80 年代，时任苹果首席执行官的约翰 · 斯卡利和史蒂夫 · 乔布斯一同拜访过兰德博士，地点是兰德博士位于马萨诸塞州剑桥市的查尔斯河河畔的实验室。在 2010 年的一次采访中，斯卡利回忆说：

在整个交谈过程中，兰德博士和史蒂夫都一直盯着桌子的中央位置。兰德博士说："我可以勾画出宝丽来相机的样子。它是那么的真实，在我还没有造出来的时候，它仿佛就已经在我的眼前。"

然后史蒂夫说："是的，我对麦金塔电脑也是这种感觉。"史蒂夫说，如果我问那些仅使用过个人计算设备的人，他们不可能告诉我麦金塔应该是什么样子。在这方面，我们无法做客户调查，所以我只能把它造出来，然后再展示出来，并问，你们觉得它怎么样？

他们俩所具备的这种能力，是发现而不是发明产品的能力。他们俩都说这些产品已经存在了，只不过从没有人见过而已。我们是发现它们的人。

同兰德和乔布斯一样，埃文更像是一个发现者而不是发明者。他在大学中探索周围的世界，并从中发现了 Snapchat。此外，他也不认为用户能告诉他他们需要的是什么，所以他只能去发现，然后再展现给他们。

现在 Picaboo 已归埃文和博比运营；同三人运营时相比，用户增长的问题依然没有解决。他们的用户虽然不到 100 人，而且大多数是埃文和博比的朋友，但使用该应用的人不但每天都在用，而且每时每刻都在用。博比和埃文一致同意继续推进项目，期望到秋天时能获得更多用户。埃文搬回了斯坦福大学公寓楼，开始大四学年的学习，而博比则在旧金山寻找写代码的工作，以支付租金。

一天，他们收到了一家名为 Picaboo 的相片写真集公司的通知函，该函勒令他们停止使用这个公司的名称。他们需要一个新的公司名称，不仅要像 Picaboo 一样有趣和好玩，而且还要更好地传递该应用的功能——拍快照，发给朋友，并和他们聊天。综合考虑之后，他们将新公司名称确定为 Snapchat。2011 年 9 月 26 日，埃文和博比在苹果应用商店上架了 Snapchat，即原来的 Picaboo。他们现在将 9 月 26 日作为 Snapchat 正式创建的日子。

博比搬到了旧金山的诺布山街区，为当地一家名为雷维尔系统（Revel Systems）的公司写代码；该公司致力于提供基于 iPad（苹果的平板电脑）的销售终端解决方案。在这家当时只有几十人的小型初创公司，博比从事后台工程工作。工程部门的负责人或公司首席执行官从博比身边走过的时候，经常发现他在工位上忙着为 Snapchat 写代码。每当此时，他们就会敦促他把精力放到公司的工作上。

雷吉搬进了校园里的一栋公寓，大四学年修的是创意写作和英语课程。自从与埃文大吵之后，他一直无所事事，对未来发展也没有头绪，并因此深感挫折，因为他的朋友已经开始收到工作邀请，或已开始准备研究生的课程。在雷吉看来，Picaboo 虽然是一个很酷的创意，但最终也不过是一个没有出路的学生项目。

与雷吉相比，埃文和博比想得更清楚。对于 Snapchat 未来的发展，埃文心中早已有宏伟蓝图。通过 Flurry 平台，他们看到 Snapchat 的受欢迎程度正在日益增长：到 2011 年 11 月，日均活跃用户已经攀升到千人规模。埃文搬进了一间单人工作室，该工作室位于一个名为“乌贾马”（Ujamaa）的校园公寓楼里。由于卡帕·西格玛兄弟会在这一年被关闭，所以他将组织派对的精力都花在 Snapchat 项目上（偶尔也会去上课，但多限于他自己喜欢的课程）。

埃文和博比想让 Snapchat 脱颖而出，就需要把它打造得更为有用。

仅仅让照片消失还不够，Snapchat 必须要比其他任何消息应用更有趣才行。他们在应用中加入了照片说明功能，这样用户就可以在照片上添加一行文字，并允许用户在他们拍摄的照片上画图。

埃文和博比知道 Snapchat 是有价值的，因为每个使用过该应用的人都一直在用。他们要做的就是让更多的人使用这一应用，实现用户的增长。于是，他们采用了一对一演示的原始方法，发资料，向用户解释该应用的乐趣所在，甚至帮助用户下载该应用。

据埃文和博比推算，如果日均用户能够达到 10 万人，就证明该应用是有吸引力的，到时风险投资人就会找上门。现在距离这一目标还很遥远。但该应用天生就带社交属性，如果他们拥有 1 000 名喜欢该应用的忠实用户，那么他们就会告诉他们的朋友，然后这些朋友又会告诉他们的朋友，以此类推，该应用就会以非常快的速度传播开来。

埃文总是不遗余力地获取用户。每次回家，他都会去宝马山花园附近的大型购物中心，分发 Snapchat 的广告传单。

“我会走上前去跟人们说，‘嗨，你愿意发送可消失的照片吗？’他们会说，‘不’。”埃文后来回忆说。

埃文参加过一个名为“当硅谷遇到华尔街”的研讨班，参加者都是志趣相投的高年级学生，对创业和风险资本充满兴趣。一天，在演讲嘉宾到达之前，他说服全班同学下载 Snapchat 并试用。

在校园里，人们以一种近乎嘲讽的语气谈论“埃文的应用”——这也是一个更为人熟知的说法，人们惊讶于为什么有人会承认自己使用一个色情应用。但不管怎么说，由于埃文的人格力量，该应用还是吸引了一批追随者。虽然埃文已经不再是卡帕·西格玛兄弟会的成员，虽然他已经将大部分精力投入 Snapchat 项目而不再举办派对，但在校园里，他仍是一个风云人物。

10月，埃文打开了用以追踪、监测Snapchat用户的Flurry分析平台，发现有来自加利福尼亚州奥兰治县的新用户，而活动高峰期则集中在早上8点到下午3点之间。埃文的母亲曾向他的表妹推荐过Snapchat，他这个正在读高中的表妹和她的朋友在学校发的iPad上下载了这一应用。由于学校的屏蔽措施，该设备无法登录脸书。就这样，她们在课堂上通过该应用发送便条。Snapchat满足了这些高中生对关注的渴求，因为他们可以看到接收人何时打开了他们发送的信息。

那个秋天，在奥兰治县和洛杉矶的许多高中，Snapchat已经吸引了一小批忠实用户。然后这些高中生放假回家，很多人都收到了同样的节日礼物：装有前置摄像头的iPhone。他们开始用手机自拍，然后再通过Snapchat发送出去，整个对话过程中他们都可以看到对方的人脸图像。从12月到第二年1月，Snapchat的用户数增长了10倍，每天的活跃用户从2 000人升至2万多人。由此，Snapchat也从一个发送便条的简单应用快速发展成为一个功能齐全的通信工具，取代了很多青少年使用的文本信息。

需要指出的是，我在本书中不会用“千禧一代”来描述Snapchat的用户，因为这个词涵盖面过于宽泛，通常也不是很准确。很多千禧一代出生于20世纪80年代，尤其是80年代早期出生的人年龄已经偏大，不是Snapchat的核心用户群体；同样，很多Snapchat用户的年龄过小，更算不上千禧一代。Snapchat的早期用户主要是高中生和大学生。随着这些早期用户的成长以及他们的兄弟姐妹和朋友的加入，越来越多的人开始使用这一应用，无论长幼。

一方面，文字信息和即时通信正变得越来越有用；另一方面，青少年却对原有的通信工具产生了厌烦。现在，他们从父母那里收到文字信息的心情与从痴情对象那里收到文字信息的心情并无太大差别。但

Snapchat 不同，你可以通过它充分了解另一个人正在做什么，你可以抓拍有趣的时刻，比如朋友在课堂上打瞌睡、家里的狗做鬼脸等，所有这些如果通过文字信息去打扰他人似乎不太合适。

对青少年来说，脸书同样让他们感到厌烦，因为他们及其朋友上传的内容越来越少，个人内容亦如此，而通常情况下，如果他们的父母也加入了这个社交网络，那么他们的内容就不会再有更新。原本令人兴奋的、提示朋友关注的脸书红色通知，如今又有了一项新功能——“全部设为已读”，让人觉得这更像是电子邮件的收件箱而不是有趣的社交应用。在脸书以及其他一些受欢迎度较低的社交网站，他们的个人资料已经尘封多年，不再更新。而对那些在某一年龄段之后注册脸书账户的人来说，这并不是问题；在加入脸书派对的时候，他们大多有了固定的个人形象。对这个年长的群体来说，Snapchat 并没有太大的吸引力。

但对大学生和高中生来说，他们是在一个生命快速成长并充满变化的年龄加入社交网络的。所以，这些网络上的个人资料代表的是不同年龄段的他们，而一旦跨过某个年龄段，这些网络也就不再有吸引力了。先前这些社交网络就好比已经过时的鞋子或衣服，需要被抛弃，然后代之以新的网络。

当然，这个年龄段的人，总是担心上传到社交网络上的信息会让他们陷入麻烦，担心影响到父母、大学招生人员或雇主等对他们的印象。在 6 个月前的 2011 年 6 月，凯蒂 · 佩里演唱过一首名为《恶搞周末》的歌曲，其中有句歌词是，“昨晚的照片最终被传到网络，我完了”。对他们来说，或许这就是一种真实写照。

此外，青少年在脸书、推特和 Instagram 等社交平台上传光彩夺目的图片时，也会面临点赞的压力。埃文设计的 Snapchat 很好地解决了他们在点赞和转发问题上的困扰。Snapchat 并不是要做成一个社交网络，而是一个小范围的私人网络，旨在与最亲近的朋友分享信息。Snapchat 没有点赞的功能，照片不会永久保存，不会产生社交焦虑。你可以发送任何你认为好笑的、酷的或有趣的信息，哪怕只是一张自拍照。

埃文和博比小心翼翼地维护并提升 Snapchat 的这种私密性。那个时候，大多数应用都会让你通过登录脸书或上传电子邮件联系人的方式寻找并添加好友，但 Snapchat 仅限于通过电话号码或以 Snapchat 用户名添加。基于此，大多数人拥有一个比其他社交网络更小的好友圈子，至少初期是这样的。Snapchat 给人的感觉就像是一个很酷的小型俱乐部，这就从脸书帝国打开了一个成长的缺口。

早期的时候，如果你发送照片到一个名为“teamsnapchat”的账户，埃文或博比偶尔也会回复一张自拍照。

此外，他们不允许用户从相机相册中上传照片。通过 Snapchat 发送的任何照片都必须是通过该应用拍摄并立即分享的，从而实现了一种无与伦比的实时互动感。当收到一条 Snapchat 信息时，你会有 10 秒钟沉浸在好友当时的场景中。

我记得有人告诉我要下载 Snapchat，因为我的一些朋友沉溺于互发搞怪照片。同大多数人一样，在下载之前，我就被告知过很多次了。而自从下载之后，它就一直保存在我的手机里。不可否认，当你从手机上打开这个应用，然后对人说，“这是我朋友开发的”，的确很酷。

在第一次打开 Snapchat 时，我通过通讯录添加了朋友，他们都是斯坦福大学的本科生，也都是我认识的人。我迅速拍下一张搞怪的表情照发给了几个朋友。我们相互发送课堂上的无聊照以及校园里留有我们记忆的风景图。我们发的并不是《国家地理》杂志上那种高质量的校园风景图，而是好笑的照片和自拍照，并配上有趣的文字，在最亲密的朋友间分享。

由于你只能通过照片回复照片，所以朋友会发自拍照与你互动。我们讨论照片而不是上传照片收集“赞”。因为我们知道照片会消失，所以拍摄和分享照片的成本大幅下降。这不仅仅是因为拍摄和分享是免费的，同时也是因为在给朋友发照片时不再像以前那样瞻前顾后，朋友间只是交换不严肃的照片，而且这些照片很快就会消失。

我们每天收发几十张照片，超过了我们在其他社交媒体上发送信息的频率。这种拍摄和分享照片的速度与频率是我们先前从未体验过的。打开应用，拍照，发送，分享，查看，删除，然后继续下一个。

要想查看朋友发来的 Snapchat 信息，你必须把手指放到屏幕上。如果手指离开屏幕，照片就会消失，这种设计最初是为了增加截屏的难度，但同时，它也让用户体验到了即时互联的感觉。当你在脸书或照片墙上传一条信息时，除非有人点赞或评论，否则你无法确定谁看到了这条信息，而且你也不知道他们是在关注你还是漫无目的地浏览查看。但在 Snapchat 应用上，你可以看到接收人何时打开了信息，而且你知道他们把手指放在屏幕上，正全神贯注地查看你发的照片。这是一个成瘾组合。

《斯坦福日报》2004 年 3 月刊登过一篇标题为《所有酷孩子都这么做》的文章，对广受欢迎的脸书进行了描述：“逃课。怠工。学生在计算机前一坐就是几个小时，完全沉迷其中。脸书热席卷校园。”

2012 年，Snapchat 并没有在校园里引发这样一种狂热。学生没有逃课，他们只是通过 Snapchat 发送照片，并未陷入其中。

在课余时间，十字路学校的学生会坐在一起，讨论他们手机上的最新应用，以及他们玩的最新游戏。到 2012 年初，Snapchat 已经成为一个广受欢迎的“新玩具”。在开派对时，参加者会拍下照片发给不在场的人。如果没有下载 Snapchat，那你就错失机会了。Snapchat 的界面设置令人困惑，所以高中生和大学生用户经常向彼此展示新功能的使用方法，以及该应用的操作方法。这是一个非常直观的应用，用语言很难解释，但演示起来却很简单。那些发现了新功能的用户会非常酷地展示给他们的朋友，他们以发现彩蛋和新功能为乐。这种面对面分享的方式使Snapchat 在年轻人中迅速流行起来。

那时候也存在其他一些可以清除对话的应用，其中最有名的当属2010 年在圣莫尼卡成立的 TigerText。这是一家为医生和医疗保健提供商提供安全信息服务的公司，发展得相当不错，曾获得 8 000 多万美元的融资，但最终，它未能取得同 Snapchat 一样的辉煌成就。两家公司成立时间仅相差一年，都位于洛杉矶，且都专注于阅后即消失的限时信息，但为什么最终发展结果却大不相同呢？原因就在于埃文。在埃文看来，阅后即焚的创意不应仅限于发送秘密或裸体照片，Snapchat 并不是为秘密而生，而是为万物而生的。

Snapchat 的快速发展让埃文和博比兴奋不已，但同时，也给他们带来了一个重大问题。他们需要向服务器提供商支付大笔费用，以处理青少年相互发送的照片。埃文可以承担一部分成本，钱是从他爷爷那里借来的；博比承担了剩余部分，来源是他在雷维尔系统公司的薪水。但公司的每月成本迅速飙升至 5 000 美元，而且每天都在增加。

2 月，埃文拜访了彼得 · 温德尔和雷蒙德 · 纳斯尔，前者是他在大二时的任课教授，后者是谷歌的前行政通信主管，协助温德尔在商学院的教学工作。埃文表示 Snapchat 的用户增长速度非常快，他们急需资金投入。温德尔建议他去找风险资本公司或天使投资人。

"我们不想失去对公司的控制。"埃文回答说。温德尔提议引荐推特的高管，但埃文担心他们会剽窃他的创意。最后，埃文同意向他们的一位共同联系人寻求建议，此人供职于谷歌旗下的风险资本公司谷歌创投。最终的结果是，埃文决定引入种子基金。

但最初与埃文见面的风险投资人，包括红杉资本和基准合伙公司（Benchmark Partners）的投资人，都没有表现出投资意愿。可消失的照片？说好听一点，这是一个色情应用；说不好听一点，这就是一时的狂热。或者，他们都看走眼了？还有一些人，甚至拒绝见埃文，比如最早投资优步和推特的克里斯·萨卡。

3 月，光速创投合伙公司（Lightspeed Venture Partners）的合伙人巴里·埃格斯下班回到家后，发现女儿纳塔莉和她高二的同学围坐在厨房餐桌旁盯着各自的手机，笑个不停。埃格斯问纳塔莉她们在做什么。

“它叫 Snapchat。”她说，“一个有趣的、搞怪的应用，适合朋友玩。同‘愤怒的小鸟’和 Instagram 一样，它是校园里最受欢迎的应用之一。”

埃格斯当然知道“愤怒的小鸟”和 Instagram，却没有听说过 Snapchat。

“你经常用吗？”他问道。

“之前，我每天发五六张照片，而现在，我每天发 30 张。”纳塔莉说。

埃格斯将这个故事讲给公司的其他合伙人听，公司合伙人之一杰里米·刘决定追踪 Snapchat 团队。

埃文和博比并没有在 Snapchat 网站上留下任何联系信息，而在领英网站，也没有任何有关 Snapchat 所有者或其雇员的信息。杰里米只得通过 Snapchat .com 的网站域名进行追踪，他找到了埃文，并给他发了邮件，但没有收到回复。焦急的杰里米于是通过脸书账户给埃文发了一条信息。几分钟后，埃文便回复了信息，并表示见面时向他详细介绍 Snapchat 的相关信息。

3 月 22 日，面对美国职业橄榄球大联盟（NFL）的球探、媒体，以及斯坦福大学教职人员，大四学生、四分卫安德鲁·拉克向斯坦福大学外接手掷出了 50 个传球。这个“职业日”是 NFL 球队考察未来球员的程序之一；它们据此评估在校大学生球员的天赋、激情和决心，并预测他们的未来发展之路。

穿过校园，杰里米·刘也想对埃文进行类似的前瞻分析。杰里米需要评估三个方面的内容：产品、市场和团队；最重要的，他需要了解这三者在未来几年里的成长情况。这个广受青少年欢迎的照片分享应用会不会成为下一个 Instagram，以及在未来几年里，它会不会达到 10 亿美元的估值？埃文和博比是推动 Snapchat 进一步发展的合适人选吗？

在向杰里米推荐 Snapchat 时，埃文说他希望这个应用能成为“世界相机”。如果说 Instagram 占据了世界上最精美的 1% 的照片，那么 Snapchat 将占据剩余的 99%。埃文就像是一名不屈不挠的创业家，不遗余力地将自己的想法变为现实。然后，埃文向杰里米展示了 Snapchat 在 Flurry 分析平台的数据，其中日活跃用户成为亮点。该应用的日活跃用户从 2011 年底的 1 000 人上升到 2012 年 4 月的 10 万人。下载 Snapchat 试用后一直使用的人数占比之高，是杰里米先前从未见过的。在会谈进行到半个小时的时候，杰里米就知道他必须要投资。

“我无法真正理解这个参与过程是什么样子的。”杰里米后来谈及他与埃文初次见面的场景时说，“我能做的就是和埃文一起查看 Flurry 分析平台的数据。每月环比增长率达到50%，用户的参与率和留存率也很高，这些数据是其他公司同类数据的几倍。这里面一定有起作用的因素。我现在无法理解，这不重要；我的直觉很差，这也不重要。”

“真正重要的是数据。”杰里米接着说，“接下来的问题是，这个应用明显是受欢迎的，但它为什么受欢迎？对于当时 Snapchat 为什么会发展如此快，埃文有着自己真正独特的洞见，并向我做了讲解。我说，‘这就明白多了。你似乎有着独特的洞见’。而这种洞见，带来的不仅仅是一个好的想法，而是很多好的想法，事实也正是如此。”

参与率和留存率表明用户对 Snapchat 产生了一种不同寻常的兴奋之情，而这种不同寻常的兴奋之情又带来不同寻常的用户增长。Snapchat 拨动了人们的一根心弦。在与埃文会见仅仅 10 天后，杰里米就说服了他的合伙人，光速创投向 Snapchat 投资 48.5 万美元，当时，这家年轻的公司估值为 425 万美元。

巴里 · 埃格斯也是他女儿就读的圣弗朗斯西高中的投资基金的董事会成员，他说服了该基金会向 Snapchat 投资 1.5 万美元。如果公司发展顺利，该校将会获得超过 4 000 万美元的回报。

埃文兴奋不已。Snapchat 拥有快速增长的忠实的用户群，他和博比拥有了将公司发展到新阶段的资金。而且，他们现在还拥有了一位杰出的顾问——杰里米 · 刘和投资者光速创投。

埃文未曾料到，他与杰里米再次进行友善的对话竟然是在多年之后了。

第八章

色情

2012 年 4 月

斯坦福大学，加利福尼亚州

2012 年春，我在斯坦福大学读大二，当时刚刚开始给 TechCrunch 写稿。我曾给该刊物新任主编发过一封邮件，谈及校园中两家颇受追捧的初创公司——Snapchat 和 Clinkle。她鼓励我去采访 Snapchat 的创始人，并将此作为我的第一篇报道。

虽然埃文已经不再上课，但在学季结束之前，他仍可以住在校园里。我在 680 号楼后院举行的一次“五月五日节”（Cinco de Mayo）派对上碰到了他。680 号楼是校园里的联排式住宅之一，住的是大四的非兄弟会成员学生。我们有几个共同的朋友，之前也和他有过多次交往。他热情地跟我打招呼，我随之向他转达了主编说的采访事宜。

“这会搞死我们的。”埃文回答说，并恳求我不要写有关 Snapchat 的报道。

我大吃一惊，但同意在他做好准备之前不报道该公司。对校园里的大多数同学来说，能被校报采访是一件令人兴奋的事情，更不用说是校外媒体了。脸书刚刚以 10 亿美元的价格收购了 Instagram，照片应用已成为人人在谈的话题：一个仅仅分享图片的应用怎么会值那么多钱？我们必定是处在一个泡沫中，对吗？我以为埃文会抓住这个机会分享他的故事，并以此让更多的人参与讨论他的公司。但他担心的是，过早、过多地曝光，会让 Snapchat 培育的这个怪诞而且很酷的小型社区陷入麻烦。在某种程度上，埃文认为媒体报道对 Snapchat 来说是不利的。埃文的性格中总有隐秘的一面，从举办大型派对到“未来新生”项目再到 Snapchat，他常常是在做好充分准备之后才对外宣布。

第二天，《纽约时报》记者尼克·比尔顿通过个人关系采写了一篇关于 Snapchat 的短篇报道。他在文章中写道：“众所周知，所有这些色情信息为技术的革新创造了一个机会，那就是让色情照片免于广泛传播。iPhone 免费应用 Snapchat 就是利用这个突破口进入人们视野的，并开始受到越来越多的人的追捧。”比尔顿还说，埃文以课业繁重为由拒绝了他的采访。

在比尔顿的报道出来之后，埃文意识到关于 Snapchat 的秘密已经掩盖不住，而无论他喜欢与否，媒体报道都会随之而来。他给我发邮件说：“昨天《纽约时报》发了报道之后，我们收到了很多采访请求。如果你想采访，我乐意把这个机会给你。”他收到了来自《泰晤士报》和《华尔街日报》等众多媒体的资深记者的采访请求，但他最终选择与我分享 Snapchat 的故事。他了解我，更重要的是，他知道我了解这个产品，知道我不会贸然得出 Snapchat 是一个色情应用的结论。如同他生活中的其他方面一样，他不可能不在意常规，不可能不在意行业中的成熟公司。他或许认为，相比于其他记者，在我的采访中，他可以更好地控制相关信息。

我们相约在学校中心的《斯坦福日报》办公楼会面（当时我负责该

报的新闻部，喜欢在那里进行采访）。在一间玻璃墙会议室，埃文讲述了他关于 Snapchat 的愿景，以及与朋友进行数字化互动的新方式。

“在互联网发展之初，每个人都认为每个事物都应该永远存在，这看起来很怪异。”他说，“我认为我们的应用会让交流变得更加人性化，也更加自然。”

埃文连珠炮般地抨击互联网理论以及朋友间的交流方式，时不时地手舞足蹈，解释他如此看好 Snapchat 的原因及其发展前景。我们谈到了比尔顿的文章以及有关 Snapchat 的色情叙述，他以他一贯粗鲁的方式给予了驳斥。

“在你告诉人们服务器上的图片会消失的时候，每个人都会第一时间去发色情信息。”斜倚在靠墙椅子上的埃文笑着说，“我认为色情信息没有媒体说的那么夸张。我真不认识这方面的人。如果一个人有真实的性生活，那么色情信息并不好玩儿。”

正如 Snapchat 赶上了早期的技术浪潮一样，色情信息同样也利用了无处不在的联网智能手机。

“色情信息”（sexting）一词最早出现在《环球邮报》2004 年刊登的一篇题为《文本式欲望满足》的文章中，它讲述了基于文本的色情信息。但随着越来越多的人拥有了配备高质量摄像头的手机，再加上对数据和文本信息的管制非常宽松，色情信息逐渐泛滥起来。

2011 年 6 月，《纽约时报》刊发了一篇采访的节选文章，采访对象是沉迷于色情信息的青少年。那时，Snapchat 的名字还叫 Picaboo，它甚至还没有推出产品原型，更不用说用户了。

问：你觉得色情信息好吗？

凯西，17 岁，皇后区：色情信息有积极的一面。你不会因此怀孕，不会因此传染性病。这是一种安全的性。

问：色情信息多久出现一次病毒式传播？

纳特，16 岁，劳尔梅里恩区：每年大约会有三张照片出现病毒式传播，学校里 1/3 的人都会看到。收到照片的都是阿尔法社团的学生，他们会发给他们的朋友。有些人看不到，但无一例外都知道。

问：你知道 18 岁以下发色情信息是违法的吗？

赛义夫，18 岁，布鲁克林区：有这样的法律吗？我不知道啊。所有的人都发过色情信息，你去抓谁？

社交媒体学者、微软研究员达纳赫·博伊德在 2011 年的一次行业会议上指出：

贱女孩行为、荡妇羞辱和不雅照片，这三个因素加在一起就是一颗定时炸弹。突然之间，检察官决定“给这些孩子一个教训”，对制作、持有和传播个人色情照片的青少年提起公诉。当这些照片被使用时，古老的“荡妇羞辱”的做法就被赋予了新意。学校陷入恐慌，暂时停止了上课。

孩子因为蒙羞而开始自杀。网站出现恐慌，因为它们无法辨别他们是 17 岁还是 18 岁，更不用说上传照片的背后动机了。检察长挑选他们最想挑选的公司；新闻媒体采写最耸人听闻的案例，并将其夸大为最新的青少年狂热。总之，对几乎所有涉及其中的人来说，色情信息都是一场灾难。

新罕布什尔大学于 2011 年对 1 560 人进行了调查，其年龄分布在 10~17 岁。结果发现，仅有 2.5% 的受访者表示他们在之前的一年里使用手机发送、制作或收到过性图片。研究人员发现，在这2.5%的人中，很多人所持的照片甚至都够不上色情标准。

2011年进行的另一项针对744名大学生的研究发现，54%的受访者至少发过一次露骨的性照片或性视频，另有1/3的受访者表示他们偶尔会发送这类图片或视频。迈克菲（McAfee）于2013年12月对1 500人进行了调查，其年龄分布在18~54岁；结果发现，49%的人发送或收到过色情信息，不过他们对信息的定义包括电子邮件和即时信息。在迈克菲的样本中，70%的18~24岁的受访者表示，他们收到过色情信息；在发送或收到过色情信息的群组中，77%的受访者表示他们给伴侣发送过色情信息，16%的受访者表示他们给陌生人发送过色情信息。

当然，这些研究中的所有信息都是自述的，这其中应该有相当的保留余地。大背景是，很多人都发送或收到过色情信息。但他们并不只是通过Snapchat发送色情信息，他们使用Snapchat也并不只是用它来发送色情信息。

虽然智能手机导致色情信息泛滥，但我们这一代人很难说是最先尝试裸体照片的一代人。

《纽约》杂志主编克里斯托弗·博纳诺斯在其关于宝丽来的著作中写道：

用宝丽来相机拍照，意味着在镜头前发生的一切都不会再被实验室的技术人员看到。关于这一点，我们不知道是谁最先想出来的。但很明显，这是存在已久的事实。第一代宝丽来照片中就有很多淫秽照片，这说明即时显影的成功，至少有一部分是建立在成人乐趣之上的。在那个时代，“摄影俱乐部”活动成为流行时尚：某个

> 下午，雇一名裸体模特，给业余摄影师几个小时的时间，让他们沉浸在艺术与色情之中。20 世纪 50 年代红极一时的贝蒂·佩吉就起步于这些俱乐部，而摄影历史学家约瑟夫·斯莱德也曾指出，早年参加这些活动时，她甚至还拍过正面裸体照。金赛研究所（Kinsey Institute）也收藏着很多这样的宝丽来照片。到 20 世纪 60 年代，一些杂志上开始出现女性模特广告，她们以收费方式拍摄宝丽来裸体照片。
>
> 宝丽来公司知道吗？当然知道。长期担任宝丽来公司通信部门负责人的唐纳德·德瑞是这样说的："我们不承认这一点，我们一直谈论的是'亲密性'。"他的继任者萨姆·亚内斯则说得更为详细："这里存在一种一般相机不具有的被拍摄者与拍摄者之间的关系……至于亲密性，我们认为这是我们的主要特色之一。但我从未听说过任何有关宝丽来相机被用于卧室拍摄的研究数据。"

雷吉最初关于 Picaboo 的创意是打造一个更安全的色情应用，埃文和雷吉在第一个夏天也是如此定位的。在写给《时尚》杂志的电子邮件中，雷吉解释说这个应用"可以让你和男朋友发送可窥视但不可保存的照片"，而埃文也曾给斯坦福大学的一位教授发邮件咨询色情信息研究方面的资料。

埃文很快就意识到，Snapchat 应该有更广泛的应用，并努力改变早期的叙事，专注于朋友间无忧无虑的、非永久性的信息交流，而不是情侣之间的色情交流。

在为 TechCrunch 网站首次采访埃文时，他已经收回了之前的色情叙事，并解释说 80% 的 Snapchat 照片是学生白天在无聊的课堂上发的，而不是回到家后深夜里发的。他特意向我引荐了一名大学生的母亲，这样做是为了让我对这一应用进行准确且正面的描述：

Snapchat 用户玛丽琳·费尔德曼使用这个应用与她在外地读大学的女儿保持联系。

“这和我用 iPhone 拍照并发送略有区别。”费尔德曼说，“它更直接，甚至更随意。比如，我想说‘想你了’，就在街上拍一张玫瑰照片，我甚至都不用给她发文字信息，就是一张玫瑰的照片，她就知道这意味着什么。”

但对 Snapchat 来说，要想抹掉那种色情叙事需要很长的时间，它给人的印象就是用来发送色情信息的。

讽刺的是，最有名的色情信息或许是时任国会众议员安东尼·韦纳通过推特发出的。可是，推特与色情信息并没有什么关联性。但推特没有明显的代沟，而且记者是它的核心用户。当然，人们将 Snapchat 与色情信息关联起来，也是因为它多年来的推广图片：特纳姐妹在海滩上拍的比基尼照。在有些版本中，这对姐妹看起来就像是没有穿衣服，因为该应用上设定的图像遮住了她们的泳装。

2013 年 4 月，埃文和博比出现在电视谈话节目《科尔伯特报告》（*The Colbert Report*）中，主持人史蒂芬·科尔伯特和他们开起了色情信息的玩笑。

“这是一个色情应用吗？”科尔伯特问道。观众听到这个问题后大叫起来。

“你可以截屏，可以通过另一部手机拍照，所以这并不是一个发送不合适照片的好方式。”埃文回应说。

“好吧……那么，还有比这更好的方式吗？”科尔伯特反问道，“因为我想不出其他的来。”

自 Snapchat 成立以来，在各高中和大学，围绕着它而产生的 X 级（17 岁以下未成年人禁看）照片被保存的丑闻就一直没有间断过。这些照片通常是通过截屏保存并被广泛传播的，进一步引起了人们对色情信息的忧虑。无论是从法律还是从学校层面讲，这些事件都会产生严重后果。2012 年的一项研究发现，相比于法律后果，青少年更担心让父母发现他们在发色情信息。

Snapchat 官方不允许 13 岁以下儿童使用该应用，但这一政策形同虚设，因为生日是自报的。2015 年，Snapchat 成立了一个安全中心，帮助父母了解这个应用，以确保孩子安全。

达纳赫·博伊德认为，父母必须给孩子更多的网络空间，更多的有可能让他们受伤害的网络空间。“忧心忡忡的父母没有帮助孩子制定谈判策略，应对公共生活以及与他人互动的潜在危险，反而把精力放在追踪、监控和屏蔽上。”博伊德在 2014 年《时代》杂志的一篇文章中表示，“这些手段并不会让青少年掌握那些能够应对复杂社交场景的技能、评估风险的技能，以及在遇到麻烦时寻求帮助的技能。禁用手机并不会把一个恋爱中的青少年同各种色情信息隔绝开来。‘保护’孩子可能会让人觉得是一件正确的事，但它会毁掉孩子必须掌握的学习能力，因为他们是在一个被科技浸淫的世界里长大的。”

我们对色情信息的关注或许应该少一些，至少对 18 岁以上的人来说应该如此。

“那种认为裸照可耻或憎恶裸照的文化该抛弃了。”科技作者马特·霍南 2015 年在《连线》杂志发文表示，“因为太多的人有太多的裸照了。”

同初创公司面临的很多问题一样，成长似乎是“治疗”Snapchat 色情叙事的主要方法。在 Snapchat 的日活跃用户达到亿级规模之后，人们已经很难再将它视为纯粹的色情应用。其间，随着用户群年龄的增长，使用并了解它功能的人越来越多。

但这种增长并不是一夜之间就实现了的，埃文和博比并肩战斗多年之后，才最终摘掉了 Snapchat 色情叙事的帽子。

第九章

背叛

2012 年 4 月

斯坦福大学，加利福尼亚州

在与光速创投签署风险投资协议的几个星期后，埃文上了一堂机械加工课，漫不经心地听着教授在课堂上絮叨。他一遍又一遍地刷新手机上富国银行的应用，紧盯着一次又一次载入的红黄两色。没有，什么也没有，然后，终于有了变化，光速创投的汇款转过来了。课程刚一结束，埃文就走向授课教授，告诉他说自己要从斯坦福大学退学。

埃文一直想追随乔布斯、比尔·盖茨和扎克伯格的步伐，成为一名创业家，但他没有必要像他们一样成为辍学生。当时他距离毕业只差 3 个学分、几个星期的时间。这样的举动最终会让人们产生这样一种印象：埃文是一个自以为是和傲慢自负的人。然而，在他看来，这只不过是对自己所持信念的一种极端表达。埃文从不关心自己不喜欢的课程的分数，对前往知名机构实习同样不感兴趣，原因就在于这是他的同学在意或追求的。他已经有了 Snapchat 和风险投资，在他心里，为拿到一个学位而继续付出努力已经没有任何意义，即便只是极小的努力。

然而，那年春天过得并不顺利。5月，埃文登录邮箱时，看到了雷吉发来的一封新邮件。邮件开头，雷吉称赞埃文以及Snapchat迄今为止取得的成功，但很快话风一转，谈到了他们的争执以及他所持公司的股份。

> 正如过去那个夏天我向博比表示的，我理解那时和现在我在公司中所扮演的角色是不同的，因此在股权分配上，我愿意接受远低于你们两个人的份额。不幸的是，这些讨论导致你们更改了账户和服务器的密码，使我无法继续参与其中，同时也中断了我们之间的沟通。

雷吉进一步指出，他聘请的律师告诉他，他当前持有Snapchat 1/3的知识产权。他还威胁要联系Snapchat当前和潜在的投资者，并指出这可能会对Snapchat产生“难以想象的不利影响”。雷吉说，如果能在股权问题上达成一致意见，他会放弃起诉埃文、博比和Snapchat。

埃文怒不可遏。现在公司终于有了起色，开始朝着成功的方向发展，雷吉却回过头来想分一杯羹。埃文和博比立即聘请了硅谷的一家知名律师事务所——科律律师事务所代表他们解决相关事宜。随后，这家律师事务所给雷吉发了一封措辞严厉的律师函，部分内容如下：

> 虽然你此前拒绝向我们的客户提供“897号临时申请”，但该申请的起草版本却反映出，你以欺诈方式声称你是该申请的一名发明者。将自己列为“897号临时申请”的三名发明者之一，现在又声称当前持有Snapchat 1/3的知识产权，这一主张是完全没有法律和

事实依据的……

该公司完全拒绝你的要求，因为你对该公司的知识产权没有做出任何贡献，你不能主张该公司的任何所有者权益……

你上次提出“股权”要求是在2011年8月……这是一种显而易见的、孤注一掷的尝试，是对斯皮格尔先生和墨菲先生的敲诈勒索，以试图获取一家你没有做出任何贡献的公司的股份。你于2012年5月8日提出的要求也不例外，同样没有任何依据。

雷吉提交的申请非常宽泛，试图将Snapchat的整体构想而非具体的技术特性或发明作为专利。如果专利申请成功，埃文、博比、Snapchat的知识产权和雷吉就会被捆绑到一起。但这一专利从未得到批准。

5月转眼过去，到了6月，埃文依然住在校园的工作室里，但全部精力都花在了Snapchat上面。埃文委托生产了更多印有Snapchat标志的背心和啤酒杯套，而博比则辞去了雷维尔系统公司的工作，全身心投入Snapchat的开发中。在位于帕洛阿尔托的高档意大利餐厅伊尔福尔纳奥，埃文和几位密友一起庆祝了自己22岁的生日。他父亲带来了以Snapchat为主题的纸杯蛋糕。自大学一年级以来，雷吉第一次没有出现在埃文的生日派对上。

回到3月，通用催化合伙公司（General Catalyst Partners）的风险投资人尼克·博纳特索斯，从他和埃文在斯坦福大学的一位共同朋友那里听说埃文正全力打造Snapchat。随后，博纳特索斯和埃文约了见面时间。会见期间，埃文向博纳特索斯描述说，他希望把朋友之间的交流变得更迅捷、更自然，并希望把Snapchat打造成市面上最快的相机应用。但在与博纳特索斯初次见面时，埃文和杰里米·刘及光速创投的交易已接近完成。博纳特索斯并未因此放弃。在接下来的几个星期里，他和埃文一直保持着密切接触。埃文向博纳特索斯展示了 Snapchat 的分析数据：大部分用户为女性，20% 的用户每天打开该应用的次数超过 50 次。博纳特索斯从未见过如此高的用户黏性。在他看来，如果十几岁的女孩子大规模使用该应用，那么男孩子很快就会跟进。

鉴于 Snapchat 的服务器成本持续飙升，埃文考虑加大融资规模。通用催化的其他成员也很快加入进来，其中包括合伙人赫曼特·塔内加、乔尔·卡特勒和乔恩·泰奥。随后，泰奥与埃文会面。会见期间，埃文严厉抨击脸书旗下呆板、乏味的产品，并向泰奥表示，他要让人们重新感受到朋友间交流的轻松与乐趣。回到办公室后，泰奥在推特上搜索有关 Snapchat 用户的信息，碰巧发现一个十几岁的女孩发帖说，她终于不再担心那些不雅的自拍照了。

对于埃文和 Snapchat，泰奥抛出了一项投资金额在 200 万 ~300 万美元的风险投资协议，给 Snapchat 的估值是 2 200 万美元。基本来说，风险投资协议是风险投资人和创业家就一项投资的出价和约束条件所达成的一致意见。在谈论该项交易时，埃文告诉他，“我会让你赚到很多钱”。在原则上达成交易后，埃文和泰奥开始商讨具体细节，但随后他们发现了一个巨大障碍。

在几个星期前投资 Snapchat 时，杰里米·刘预设了一个条款，即光速创投在 Snapchat 的下一轮融资中拥有优先购买权，以及在下一轮融资中占比可达 50% 的权利。这样一来，光速创投基本上就控制了 Snapchat 的下一轮融资，从而使得其他投资者望而却步，尤其是那些想在 A 轮融资中占较大比例的投资者。埃文暴怒不已，他感觉自己被出卖、被利用了。杰里米曾经告诉他，这是一个标准条款。在接下来的几年里，埃文以此为鉴，并告诫其他学生要防范这种欺骗。比如，2013 年他在斯坦福商业女性（Stanford Women in Business）大会上发表主旨演讲时说：

> 作为一名创业者，我犯过的最大错误之一涉及一项风险投资协议。这是我们签下的第一项同类协议。而在我们同风险投资人、同我们的律师交谈时，他们推脱说这是标准规程。在我遇到不懂的问题提出疑问时，他们一再保证标准条款就是这样。所以我们就达成了一致意见。我忘记了一件事，那就是标准概念是一个主观构想，它实际上是不存在的。
>
> 我没有对文件进行深究，而是接受了它。之后不久，随着公司的发展，当我们需要更多资金的时候，才发现我犯下了一个代价高昂的错误。

2015 年在南加州大学演讲时，他再次给出告诫："如果你听到'标准条款'这样的话，那么就要切实去探究一下这些条款是什么，因为它们可能不是标准的，而那个向你解释的人可能也不是很清楚这些条款的真正含义所在。"

泰奥和通用催化帮助埃文联系了律师，着力解决下一轮融资的障碍问题。埃文同杰里米·刘达成一项协议，即以折扣价格向光速创投出售一定数量的 Snapchat 股份，以换取解除烦琐的条款。由于对硅谷风险投资人产生了不好的印象，埃文搁置了与通用催化的协议。之后，他拉到了洛杉矶的一群天使投资人，其中就包括他的父亲约翰·斯皮格尔和索尼娱乐首席执行官迈克尔·林顿。

林顿的妻子杰米·林顿注意到家里的两个女儿已经沉迷于 Snapchat。同埃文一样，他们的孩子就读的也是十字路学校。杰米知道，在她女儿的朋友中，也曾有人因在网上发不雅照片而导致名誉受损。于是，杰米·林顿——奥巴马总统竞选时期的重要筹款人——邀请埃文来家里做客。不到一个小时，埃文就到了林顿夫妇位于布伦特伍德的家中，这里距离宝马山花园很近。会面期间，埃文分享了自己关于 Snapchat 和非永久性互联网的愿景，杰米和迈克尔越听越感兴趣，他们很快就建立起紧密的关系。后来，埃文经常向迈克尔寻求建议，并依靠他引荐娱乐界重量级人物。

一年后，迈克尔·林顿加入 Snapchat 董事会。林顿早年毕业于哈佛大学，获历史和文学学士学位，20 世纪 80 年代在瑞士信贷第一波士顿（Credit Suisse First Boston）从事金融相关工作，后攻读哈佛商学院 MBA 课程。之后，他加盟迪士尼，负责迪士尼出版和好莱坞影业业务。再后来，他加盟时代华纳，出任美国在线欧洲部门首席执行官。2004 年，他接掌索尼影业。

随着新资金的流入和活跃用户数的增长，埃文和博比需要扩大他们的团队，尤其是工程师团队。埃文希望同学中最优秀、最聪明的人加入他们，于是将目光转向了从计算机科学系遴选出来的担任助教的学生。他知道这些学生都是拔尖的，都有很强的业务能力且适合在团队工作。

埃文和丹尼尔·史密斯是在大一那年的产品设计入门课上认识的。两个人很快就成为合作者，一同参与了无数的产品设计项目。史密斯主修两个专业，即艺术实践和计算机科学，在音乐和摄影方面与埃文有着共同爱好：他是一名原声吉他手，对摄影也充满热情，甚至还会冲洗照片。

戴维·克拉维茨和同年级的埃文是在大四那年通过一个共同朋友介绍认识的。当时克拉维茨是多个计算机科学班的助教，深受学生欢迎。他是一个友善的、充满亲和力的人，无论是技术难题还是生活中的问题，学生都愿意向他请教。

仅仅通过一次谈话，埃文就说服了史密斯和克拉维茨，两个人随后从斯坦福大学退学，搬到了埃文父亲位于宝马山花园的住宅，全力开发深受青少年欢迎的可消失的照片应用。在史密斯和克拉维茨加入编码端后，埃文相信公司将会拥有他所需要的技术实力。

但在其他方面，他们同样也需要人手，比如，用户忘记了密码或其他任何需要他们团队帮助解决的问题。这样一来，Snapchat 就必须转变成为一家真正意义上的公司，要有办公室和公司架构等。

德娜·加卢奇是一名性格外向的大三学生，而她所在的姐妹会也是埃文经常联谊的社团之一。在“未来新生”网站短暂运营期间，德娜同埃文和博比两个人有过共事经历。她的勤奋给埃文留下了深刻印象，一些琐碎的工作，比如录入大学信息等，她也不会推辞。他们之间相处融洽，而最重要的是，埃文知道她是值得信任的。结果是：德娜加入 Snapchat，出任社区经理。

2012 年 6 月 17 日，身着学位服的学生、学校教职人员、学生家长和朋友齐聚斯坦福大学体育场，参加该校 2012 届毕业生毕业典礼。雷吉·布朗列队进入体育场，准备领取他的英语学位。埃文在唐纳楼、卡帕·西格玛兄弟会和产品设计班上结识的朋友走进体育场，向他们的家人和朋友微笑、挥手。虽然埃文未能毕业，但他没有选择逃避，而是和他所有朋友一起参加了毕业典礼，只不过他领取的是一张空白文凭。毕竟，在这所学府，他没有哪一天是真正为了分数而学习的。对埃文来说，这是一次颇不寻常的从众行为，也是他在斯坦福大学的最后一次。随后，他回到洛杉矶，继续开发 Snapchat。三年后，在南加州大学马歇尔商学院毕业典礼发表演讲时，埃文反思说，他后悔参加了那次毕业典礼：

直到最近，也就是我在准备本次演讲时，我才发现这种伪装是多么荒谬。这让我想起，我们经常做各种各样的蠢事，就是为了避免让人觉得我们不同。从众是如此自然，以至我们都忘记了它的巨大威力——我们希望被同辈接受，我们希望成为群体中的一员。这是由生物学决定的，但真正让我们成为人类的，是我们内心的呼唤，是允许我们走非常人之路的心声。

第十章

亦非无辜

2012年7月

“创业之家”，宝马山花园，加利福尼亚州

约翰·斯皮格尔家中的厨房再一次被改装成创业总部。除了埃文和博比，这次又增加了来自斯坦福大学的三个新人：戴维·克拉维茨、丹尼尔·史密斯和德娜·加卢奇。他们围坐在餐桌旁，共同筹划Snapchat的产品改进路线图。桌上摆放着笔记本电脑、掌上电脑和各种饮料，而墙壁和窗户上则贴满了线框图①。这个夏季，他们确立了两个目标：一是让该应用的运行更加顺畅，减少崩溃次数；二是开发该应用的安卓系统版本。此时距离Picaboo进驻苹果商店只不过一年的时间。脸书在一周岁的时候，还没有推出信息流、标签和点赞等服务功能。同样，对Snapchat来说，其产品路线图上要完善的地方还有很多很多。

埃文、博比、戴维和丹尼尔都住在宝马山花园，也就是约翰·斯皮

① 线框图是对所要开发的最终产品的描述。

格尔家中。丹尼尔抽到下下签，住进埃文妹妹的房间，这个房间满墙都是橙色和粉红色的圆点花纹壁纸。博比经常会在深夜睡觉前修改应用代码，以至其他人一大早就忙着查找漏洞。博纳特索斯和通用催化的其他合伙人偶尔会来拜访，除了对产品开发给出建议和反馈，他们还会约请埃文和博比一起外出就餐。

那个夏季，每天有超过 1 万人下载使用 Snapchat，其中大多数是青少年和 20 来岁的年轻人。在仅仅 6 个月的时间里，Snapchat 的日活跃用户数就增长了 10 倍，从最初的 10 万飙升至 100 万。虽然智能手机的前置摄像头帮助 Snapchat 赢得了早期用户，但真正推动该应用实现病毒式增长的还是智能手机的通讯录。在智能手机普及之前，脸书等社交网络需要投入巨大努力，在网页上开发社交图谱。但随着智能手机的普及，人们在口袋里就可以装下一个载有完整社交图谱（手机通讯录）的计算设备。基于此，Snapchat、Instagram 和 WhatsApp 等迅速建立起了极具价值的服务网络。

此外，Snapchat 现有用户分享的照片也越来越多，这给该应用的基础架构带来了沉重的负担，因为他们需要实时处理百万量级的照片。在用户眼里，Snapchat 是一个短信息替代品，所以他们希望收发信息的时间能够缩减到几秒之内；如果 Snapchat 无法做到这一点，或大多数情况下做不到这一点，那么它就会被用户抛弃，而随着用户数量的持续减少，该应用就会陷入“死亡螺旋”。早期的社交网络 Friendster 就是这样：由于网站经常瘫痪，用户转而投入 Myspace 的怀抱，最后又转到了脸书。

团队还需要开发 Snapchat 应用的安卓系统版本。不同于苹果的 iOS 系统——iPhone 的屏幕尺寸屈指可数，安卓系统手机款式有数千种，而且屏幕尺寸各异，所以，在第一次完成安卓系统版本架构并在不同设备上测试时，他们发现，在预览照片时，很多手机的屏幕上方和下方都会出现黑线，这使 Snapchat 看起来既怪异又丑陋。他们花了 6 个多星期的时间重新开发了基于安卓系统的相机功能，最终消除了屏幕上的黑线。在此期间，Snapchat 一直无法应用于安卓系统，用户增长完全依赖于苹果手机。

2012 年 10 月 29 日，Snapchat 终于推出了基于安卓系统的应用。我跟踪过这个报道，相关文章发在 TechCrunch 网站。埃文跟我讲述了安卓开发背后的技术难题，并表示自该版本发布以来，用户已经通过 Snapchat 发送了超过 10 亿张图片。但最有趣的是，当我提到出售公司的可能性时，他评论说："我不可能为其他任何人工作，我想近期你也不会看到我们出售这家公司。"

埃文对赚快钱不感兴趣，对在大型技术公司谋一份稳定工作同样不感兴趣。而不久之后，马克·扎克伯格也给出了一个很好的理由，排除了他去脸书工作的可能。但最重要的是，埃文想成为一名创始人兼首席执行官，成为他自己的公司的领航者，并致力于将这家公司打造成下一家苹果公司。埃文的态度和 Snapchat 的增长潜力，让这家公司下一轮的筹资——A 轮融资——成为沙山路最受追捧的交易活动。当然，围绕 Snapchat 的问题也非常多：这是一家真正羽翼丰满的公司，还是只是一项脸书、苹果、谷歌或其他任何公司都可以拷贝的特色功能？硅谷的其他公司不是都致力于收集更多的数据吗？它们怎样赚钱？以及一个理所当然的问题：这确定不是色情应用吗？

但这枚恐惧与贪婪的硬币的另一面却更具说服力：青少年使用该应用的频率之高，是投资人自 Instagram 和脸书以来从未见过的。在早期阶段投资这样的突破型公司，风险资本公司可能会获得数十亿美元的回报，这不仅会让合伙人赚得盆满钵满，而且还会提升他们的职业声誉。通用催化对 Snapchat 的 A 轮融资依然充满热情，并致力于成为领投方，这意味着他们要出大部分资金，并将获得较大份额的股权（通常占公司总股权的 15%~20%），也有可能在公司董事会中占一个席位，但他们面临着世界上最优秀的风险资本公司的激烈竞争。

10 月，一个周一的夜晚，埃文作为演讲嘉宾参加了尼克·博纳特索斯在斯坦福大学开设的创业主题课；博纳特索斯就是那位自 3 月以来一直追逐投资 Snapchat 的风险投资人。在演讲中，埃文再一次暗示学生说，如果一名风险投资人给出所谓的“标准条款”，那么他只可能给你带来标准业绩。课后，埃文和通用催化的一众人员去往荷兰鹅就餐。位于门洛帕克的荷兰鹅是一家集酒吧和汉堡店于一体的餐馆，在风险投资人和斯坦福大学校友中颇受欢迎。

当天晚上的活动气氛非常融洽，以至通用催化的人在离开荷兰鹅时认为，他们已经拿下了这笔交易。但第二天一早，埃文给通用催化打去电话，告诉他们说基准合伙公司是本轮融资的领投方。基准合伙公司的多名合伙人，特别是彼得·芬顿和马特·科勒，自上一个冬天放弃对 Snapchat 的种子轮投资后就一直与埃文保持着联系。他们把埃文介绍给居住在洛杉矶的米奇·拉斯基，米奇与竞争这笔交易的大多数湾区风险投资人有着明显不同的风格。基准合伙公司向 Snapchat 投资 1 350 万美元，当时，埃文和博比打造的这家新兴公司的估值超过了 7 000 万美元。

有的读者或许会想，Snapchat 在 A 轮融资中最终选择基准合伙而非通用催化会不会引起反作用或怨恨情绪。这种担心没有必要。即便是最优秀的风险资本公司，有时也会被创业者拒绝；如果这些公司够聪明，就如通用催化一样，它们会寻求维持与创始人之间的关系，设法参与下一轮的融资。

作为交易的一部分，拉斯基加入埃文和博比二人组，成为 Snapchat 的董事会成员；之后不久，索尼的迈克尔·林顿也加入其中。和林顿一样，拉斯基同娱乐行业保持着广泛联系，这种联系甚至多于他同技术行业的联系。1984 年，拉斯基毕业于哈佛大学，获历史和文学学士学位，后又求学于弗吉尼亚大学法学院。毕业后，他从事过短暂的法律工作，后又先后加入迪士尼和视频游戏发行商动视公司（Activision）。再后来，他出任移动游戏公司 JAMDAT 首席执行官，并带领该公司在 2004 年上市；之后又促成了该公司与美国艺电公司（Electronic Arts）的并购案，后者以 6.8 亿美元的价格收购前者。2007 年，作为基准合伙公司的合伙人，他开始涉足投资，相关领域以游戏公司为主。不同于硅谷以及发轫于此的“书呆子”文化，一贯善于表现的埃文更希望与洛杉矶、好莱坞和娱乐界建立密切关系。

埃文特别想把 Snapchat 的总部设在洛杉矶。他喜欢那里的生活，他认为硅谷人普遍无法理解真实世界和真实用户，因而也就难以开发出可取悦消费者的产品（但也有一些例外，特别是苹果公司）。随着公司规模不断扩张，宝马山花园的住宅已经难以满足团队的办公需求，埃文决定将 Snapchat 搬到洛杉矶西部的威尼斯。威尼斯是一个新潮的海滨小镇，坐落在宝马山花园和圣莫尼卡的正南方。埃文、博比、戴维、丹尼尔和德娜把公司搬进了威尼斯海滨一座低矮的浅灰色平房，新办公室门口旁边立着一个巨大的黄色吉祥物——“鬼脸杀手”。

1891 年，房地产开发商阿博特·金尼及其合伙人在圣莫尼卡海滨买下并开发了一块长 1.5 英里的土地，并建造了码头、赛马场、高尔夫球场和海滩人行道。之后不久，金尼的合伙人去世，而金尼与该合伙人的继任者又合不来，于是他们同意分割这片土地。通过投掷硬币的方式，金尼选了南边那一半的沼泽地。他修建了数英里的水道，排干了沼泽地里的水，然后使用狭长小船通航，并从意大利威尼斯请来了船夫。他把这个地方称为“美国威尼斯”。

很快，这里就成了一个主要的旅游景点：除了三个开展各类娱乐活动的码头，海滩上空还有受雇的飞行员表演特技飞行。1920 年，金尼去世。后来一个码头失火，再加上禁酒令导致小镇税收收入锐减，美国威尼斯由此陷入凋敝。1926 年，威尼斯小镇并入洛杉矶，洛杉矶市政部门认为这座小镇需要修建更多街道，于是填埋了很多水道。

后来，这个小镇渐渐被遗忘，到 20 世纪 50 年代时，这里已经成为“海边贫民窟”，但低廉的租金和海滩还是吸引了反主流文化的青年艺术家、演员、诗人和作家。1965 年，雷·曼扎雷克和吉姆·莫里森在威尼斯成立了“门户乐队”（The Doors）。1980 年，另一家摇滚乐队——“简的嗜好”（Jane's Addiction）在威尼斯成立。20 世纪 90 年代，威尼斯小镇黑帮横行，但也正是从那时起，它逐渐转变成了一个中产阶层社区。2012 年，*GQ* 杂志将该镇主干道阿博特·金尼大道命名为“美国最酷街区”。

美国威尼斯小镇一直以来都吸引着各行各业的创意人才。在距离 Snapchat 平房办公室的几个街区之外，坐落着望远镜大楼（Binoculars Building）。这座由弗兰克·盖里设计的建筑，形如其名，看上去就像一架双筒望远镜，现在它是谷歌在洛杉矶的办公所在地。不过，它最初是为著名广告公司恰特–戴（Chiat/Day）建造的，宣传麦金塔电脑的广告《1984》就是由该公司制作的。2011 年，谷歌把洛杉矶办公室从圣莫尼卡搬到了望远镜大楼，这一举动也拉开了改变威尼斯小镇技术现状的序幕。但 Snapchat 是威尼斯小镇最著名的本土初创公司，是当地的标杆。埃文之所以选择威尼斯小镇，是因为在他看来，Snapchat 主要还是一家娱乐公司，而不是技术公司。南加州是建立大众娱乐公司的理想地点。

“消费技术已经成为大众文化，而只有真正了解了大众文化，你才能够从中获得洞见，才能够基于这些洞见推出新的创新成果。”Snapchat

的早期投资者杰里米·刘后来说道，“在我看来，硅谷就是一个孤立的泡沫，这里的现实并不是普通美国人的现实。这就阻碍了洞见的产生，进而阻断了创新的进程。”

对 Snapchat 表现出极大兴趣的不仅仅是风险投资人，还有来自门洛帕克的富有的、聪明的技术专家。11 月 28 日，刚刚在 8 个月前收购了 Instagram 的马克·扎克伯格给埃文发了一封邮件，表示他对 Snapchat 以及他们的开发成果很感兴趣，并希望能在脸书园区与他们会面。埃文的回复很酷——他说他无法确定下次回湾区是什么时候。这相当于给出了一个直白的信息，那就是他不打算专程去拜访脸书的这位亿万富豪。扎克伯格还表示，他最近要去洛杉矶一趟，他们也可以在那里会面。

几天后，埃文和博比在洛杉矶的一所私人公寓与扎克伯格秘密会面（扎克伯格有意掩盖了此行目的，声称是与建筑师弗兰克·盖里会面，共同讨论脸书新总部的问题）。会见期间，扎克伯格提到了与 Snapchat 相关的探索性问题，以及埃文和博比对产品和公司的愿景。他当时的想法很明确，就是希望 Snapchat 能成为脸书旗下的公司，埃文和博比依然担任该公司负责人，同时利用脸书这一社交巨头的资源和资金实现更高速度的增长，就如同之前收购的 Instagram 一样。事实上，扎克伯格当时也给出了一个非常有说服力的案例故事：收购 Instagram 之后，它的日活跃用户在短短 6 个月内增长了近 1 200%。脸书或许愿意以 6 000 万美元的价格收购 Snapchat，这样一来，斯皮格尔和墨菲在 20 岁出头的时候就会成为百万富翁。

埃文解释说，他们不打算卖掉公司。

作为回应，扎克伯格向他们表示，他的团队已经在开发一种新产品——“戳一下”（Poke）。这个新的脸书应用会在接下来的几天里发布。戳一下是什么？它是一个信息应用，一个可以发送“阅后即焚”的照片和视频的信息应用。

扎克伯格给出的信息很明确：要么加入我们，要么我们灭掉你们。会谈结束回来后，埃文和博比给每一名雇员订了一本《孙子兵法》。中国军事战略家孙子于公元前 5 世纪写成的这本书，是一本关于战略和战术的经典作品；它适用于军事，同样也适用于商业。对新崛起的 Snapchat 来讲，书中的一句格言与当前公司面临的挑战特别吻合：

> 胜兵先胜而后求战，败兵先战而后求胜。

第十一章

戳一下

2012 年 12 月

"创业之家"

2012 年 12 月 14 日，Snapchat 发布了迄今为止最重要的产品更新，在照片分享应用中增加了视频录制和视频信息分享功能。用户早已对 Snapchat 重度上瘾，截至 10 月，每天分享的照片数量已经达到 2 000 万张，而这些新功能则进一步提升了 Snapchat 的吸引力。打开该应用时，用户直接进入的仍是相机界面。只不过这一次，如果用户长按手机屏幕下方的圆形按钮，就会开始拍摄视频；而在用户放开按钮时，视频录制就会停止。这是一个非常好的用户体验，简单、有用而高效。

那个时候，从用户角度来看，录制和发送视频信息不是一件容易操作的事，很难做到无缝衔接。大多数视频录制用户界面都需要轻点屏幕两次：一次是开始录制，一次是结束录制。对于 Snapchat，埃文一直致力于最大限度地减少触屏次数。其他应用如 Instagram 和标准的 iPhone 相机应用，都设有不同的按钮，拍照或录制视频时需要不断切换。虽然这看起来只是一个微小的变化，但 Snapchat 却由此成为打开速度最快的应用，也是最易操作的应用；一旦进入界面，便可立即捕捉滑稽的或有趣的时刻，然后分享给朋友。如果 Snapchat 只是一个简单的照片分享应用，那它很容易沦为一种“快时尚”，因为朋友间分享照片的方式实在是太多了。但这种顺畅的、快速的视频分享方式让用户有了更多的互动选择。

然而，对 Snapchat 来说，这种兴奋之情并没有持续太久。

12 月 21 日，埃文收到了扎克伯格发来的邮件，正文只有一句话：

> 我希望你喜欢“戳一下”。

此前埃文已经停用了他的脸书账户，所以现在他无法进入该应用。慌忙之下，他给博比打去电话。随后，博比下载了“戳一下”，并注册了账户。

它完全就是 Snapchat 的复制品。这是一次公然的抄袭，“戳一下”甚至盗用了 Snapchat 录制视频的用户界面。该应用不仅可以发送阅后即焚的照片和视频，而且还可以发送阅后即焚的文本信息，用户甚至还可以单纯地“戳一下”对方，以便引起他们的注意，这就和早期的脸书一样，有趣而怪诞。

但扎克伯格及其团队这次推出的“戳一下”，根本不是为了好玩儿，而是一种赤裸裸的力量炫耀。脸书资深员工、产品总监布莱克·罗斯带领一个小团队，仅仅用了 12 天时间就开发出了“戳一下”。多年前就有此想法的扎克伯格甚至还为“戳一下”写了一些代码，尽管当时他已很少参与编程工作。在“戳一下”应用中，如果用户一直往上拖拽信息列表，就会出现一行文字——“我会找到一些东西放到这儿”，这也是早前扎克伯格在脸书网站底部留下的一句话。最后，用户收到推送通知时的提示音——“戳一下”，也出自扎克伯格之口。设计师迈克·马塔斯和莎伦·黄共同制作了该应用的标志。随后，扎克伯格更换了脸书园区门外的大型招牌，把先前的点赞标志换成了手指向右方的“戳一下”标志。

“如果你想说服其他人加入你的团队，那么你就要让他们明白他们必须承受的痛苦，这是一个非常有效的战术。”扎克伯格后来在谈及脸书的并购策略时说。现在，他就是有意向埃文和 Snapchat 展示他们与脸书竞争必须承受的痛苦。

很快，记者就对脸书赤裸裸的抄袭行为进行了报道。知名科技网站 TNW（thenextweb.com）的马修·潘扎里诺写道：“注意，前面我描述说“戳一下”类似于 Snapchat，真正的意思就是‘完全克隆’。这实际上就是披着脸书外衣的 Snapchat。这是脸书对一个广受欢迎的应用的公然抄袭。”

对很多记者来说，Snapchat 留给他们的第一印象就是色情应用，而对于脸书的“戳一下”，他们先入为主，亦从这个角度切入报道，比如，商业和娱乐新闻网站“商业内幕”（Business Insider）的凯文·史密斯拟的标题是《先睹为快：脸书新的色情友好型应用“戳一下”》，科技博客 ReadWrite 的泰勒·海特麦克给出的标题是《“戳一下”试上线，脸书为“吞世代”打造新的、更安全的色情应用》，科技新闻与评论网站 CNET 的堂娜·塔姆的报道标题是《移动应用“戳一下”：脸书的新色情应用》，等等。

我给埃文打去电话，请他点评新发布的“戳一下”应用，他的回答带有焦虑情绪，但也很有力量。自几个星期前与扎克伯格会面以来，埃文、博比以及整个团队就知道这个时刻早晚会到来。现在，这个时刻终于到了，他们必须在公众面前表现出勇敢的姿态，希望用户社区仍秉持对 Snapchat 的忠心。埃文想要给出的回应是这样的：“欢迎，脸书。认真的。”这实际上是向史蒂夫·乔布斯和苹果公司致敬。在计算机巨头 IBM（国际商业机器公司）在个人计算机业务领域对苹果发起挑战时，乔布斯在《华尔街日报》刊登了一整版的广告，标题就是：“欢迎，IBM。认真的。”埃文的这个回应，也很容易让人联想起年轻的乔布斯站在 IBM 标志下竖中指的画面。

大多数理性的人都认为，Snapchat 打败“戳一下”的概率很小。脸书将该应用的发布时间选在了假期前，因为在假期中，人们会与家人和朋友聚在一起，相互分享照片，并会尝试使用新的应用；一年前的同一时间，Snapchat 实现了早期的飞跃增长。此外，脸书还有着超过 10 亿的用户群，任何下载过“戳一下”的人都可以通过该应用给他们的脸书好友发送信息；如果收信人还没有下载“戳一下”，那么就会收到脸书应用发来的提示信息，推荐他们下载。

发布当天，“戳一下”一下子飙升到苹果应用商店的榜首位置，而 Snapchat 则滑落到第 9 的位置；但仅仅几个星期之后，“戳一下”就降到了第 34 位，而 Snapchat 则上升到第三的位置。著名科技博客博主、风险投资人欧姆·马利克感到迷惑，他说：

> 脸书拥有一些最聪明的人才，但它为什么不去开发新的用户行为，让人们继续沉溺于脸书呢？
>
> 它为什么总是觊觎其他人或其他公司开发的新用户行为和新功能呢？比如，签到功能来自 Foursquare 公司（一家基于用户地理位置的手机服务网站），而简短状态更新则是对推特的直接回应，脸书“问答”更像是 Quora（一个在线问答网站）的翻版，“戳一下”亦是如此。

为什么“戳一下”会失败？因为它没有解决年轻用户的任何问题。年轻用户乐意选择 Snapchat，是因为它帮助他们解决了线上内容不可消失的问题，而这个问题对年长的用户来说没有吸引力。

对于“戳一下”的发布，脸书的策略是一贯的，那就是建立一个相互独立的、高度成功的应用族系，以满足不同用户的需求：脸书、信使（Messenger）、Instagram 和“戳一下”。作为脸书最酷的资产，到现在 Instagram 仍然是一次仅能分享一张照片。在脸书的产品路线图上，还有很多比增加非永久性内容功能更为紧急的任务。

此外，“戳一下”还面临一个巨大的现实障碍：青少年之所以被 Snapchat 吸引，一个很重要的原因就是它不归属脸书。脸书是家长们的聚集地，也是父母搜集子女分享的网络内容的重要来源。

在脸书推出“戳一下”的时候，大多数青少年以及他们的朋友都已经在用或已经注册了 Snapchat。他们没有兴趣通过“戳一下”给脸书好友发送信息，因为真正的好友都已经转到了 Snapchat 上面。再说，他们选择 Snapchat 的一个重要原因就是逃离脸书帝国。这种情况下，他们怎么可能舍弃 Snapchat，再用脸书的“戳一下”分享照片呢？

仅仅几个星期的时间，“戳一下”就明显败下阵来；它不仅败了，而且还帮了 Snapchat 一个大忙。

在“戳一下”首次亮相之后的几周里，Snapchat 被搜索和被提及的次数呈飙升趋势。更重要的是，扎克伯格试图收购 Snapchat 失败进而克隆 Snapchat 的行动，表明阅后即焚的信息是有市场的，同时也帮助改变了一直以来笼罩在 Snapchat 头上的色情叙事。

尽管用户已经通过该服务分享了超过 10 亿张图片，但 Snapchat 并未得到严肃对待。在很多人眼里，尤其是在那些年龄超过 25 岁的人眼里，Snapchat 仍是一个色情应用或玩具。

一场互联网革命已经拉开序幕，但色情应用这一概念已经在人们心里扎下了根。当一家占主导地位的、受人尊敬的社交网络严肃对待非永久性照片分享服务时，叙事就改变了；从这一意义上讲，“戳一下”的出现让 Snapchat 获益匪浅，相关叙事逻辑也从“照片可以自动消失——Snapchat 一定是为色情而生”转变成了“脸书推出了一个照片可以自动消失的应用——自动消失的照片一定是下一个大的风口”。

埃文后来称“戳一下”应用是“我们收到的最好的圣诞礼物”。

埃文、博比、戴维、丹尼尔和德娜有充分理由举行庆祝活动。在短短一年的时间里，他们从一个只拥有几千名用户的不知名应用成长为一个日活跃用户超过 100 万的热门应用；他们拒绝了马克·扎克伯格亲自提出的并购建议，然后正面击败了脸书基于 Snapchat 克隆的“戳一下”。于是，他们在海滨办公室举办了一次跨年派对。2013 年元旦，斯坦福大学红衣主教队和威斯康星獾队在玫瑰碗体育场举行比赛，“天使之城”洛杉矶挤满了斯坦福大学的学生和校友。在派对请柬上，埃文特意标注了“不准拍照”，这与他们公司的使命似乎是相悖的。不过，他这样做的目的，一方面是让每个人都能彻底放松下来，享受更多乐趣；另一方面，这也清楚展现了埃文个性中一个有趣的矛盾点：他希望举办大型的、包罗万象的派对活动，但他个人却是一个非常重视私密的人，很多情况下都显得很神秘。

随着派对开场时间的临近，人们聚集到 Snapchat 办公楼的门口，急切等待进场、狂欢。斯坦福大学兄弟会和姐妹会的活跃成员聚在一起，相互问好。埃文大步走出房间；他非常享受这种气氛，边走边和几个朋友打招呼。这是他的专长，自高中时代以来，他就经常举办大型派对活动。在人们鱼贯进入室内之后，音乐响起，酒水溅起。现场的所有家具都已搬走，取而代之的是吧台和舞池，外面甲板上也挤满了人，这里有吧台，也有加热灯。一些没有接到派对邀请的人，钻过栅栏的一个缺口，偷偷溜进现场。室内，那些社交常客或与老同学聊天，或在跳舞，或在寻找“午夜之吻”的对象。

埃文在二层专门辟了一个贵宾区，设了更多吧台招待朋友。这是一个激情四射的“家庭派对”，在 Snapchat 的新总部至少挤了 100 人，也可能有 200 人，他们啜饮香槟，迎接新年的到来。

约翰·斯皮格尔也来到现场，向埃文、博比、戴维、丹尼尔以及埃文当时的女友表示祝贺。其间，他还和熟识多年的埃文的一些老友聊了起来，并分享了自己的困惑，表示没有想到儿子的这个疯狂项目会在如此短的时间内飞速发展起来。约翰一直以来都沿着非常传统的职业阶梯前行，从法律评论杂志编辑到最高法院职员，再到极为成功的律师。埃文则不同，他放弃了斯坦福大学的本科学位，进而专注发展一项堂吉诃德式的业务。

从目前进展看，一切似乎都很完美。

第十二章

雷吉的回归

2013 年 2 月

圣莫尼卡，加利福尼亚州

2 月 25 日，雷吉对埃文、博比和 Snapchat 提起诉讼，试图寻回 1/3 的公司股权。看到埃文利用他的创意打造了一家价值数千万美元的公司，雷吉愤怒不已。这原本是他和埃文、博比共同运营的公司，但现在他被晾到了一旁，眼睁睁地看着埃文打败了扎克伯格。

雷吉委托詹姆斯·李作为自己在本案中的代理律师。李供职于 LTL 律师事务所（Lee Tran & Liang），是一名崭露头角的合伙人，他的职业生涯起步于洛杉矶警察局，是该局的一名探员。早前在斯坦福大学法学院求学时，帕洛阿尔托校区还是一个非常安静的地方，这种安静甚至让他失眠。2012 年 5 月给雷吉回函的科律律师事务所仍担任埃文、博比和 Snapchat 的法律顾问。随后的证据和口供耗费了 Snapchat 大量的时间和金钱，但最重要的或许是，它在公司的一个关键时刻给埃文带来了沉重负担。

4 月 5 日，圣莫尼卡市中心。在科律律师事务所的一间会议室，埃文、博比和该所律师会见了雷吉和来自 LTL 律师事务所的律师。会议室外，游客在圣莫尼卡大道散步，时而驻足街旁两侧的高端精品店、餐馆和酒店，他们可能会沿着棕榈大道一直走到海滩或前往码头观光，可会议室内，温度则低得多。

科律律师事务所的迈克·罗兹开启问询流程，试图获取雷吉自毕业以来就无所事事的证据：

“你目前在哪里工作，如果有的话？”

“我在南卡罗来纳州总检察长办公室工作。”

“你在那里工作多长时间了？”

“到现在大概有一个月了。”

“你的职位是什么？”

“基本是一个实习或办事员职位。”

“这是一个非付薪职位，对吗？”

“是的。”

“再问一下，在这里工作的大概开始日期是什么时候？”

“几个星期前，大概一个月。”

“那就是 3 月初？”

“是的。”

“在这份工作之前，你做什么工作，如果有的话？”

“我在申请法学院课程。”

“你没有工作吗？”

“没有。”

在宣誓做证进行到一半的时候，雷吉被窗外的一幕惊呆了。一名赤身裸体的男子把科律律师事务所办公室对面的人行道作为表演舞台，并透过窗户向雷吉摆出姿势。律师赶紧拉上百叶窗，继续问询一些不是特别重要的证言证词。

两天后，博比在同一间办公室里宣誓做证，不过他出现了一些记忆偏差。詹姆斯·李问博比有没有提到过雷吉·布朗是 Picaboo 的雇主。博比说没有。李向他出示了一封脸书自动发送的电子邮件，内容是“博比·墨菲将你标记为 Picaboo 雇主”。博比一下子睁大了眼睛，头微微低下，嘴角紧张地抽动着。他抬头看了一眼李，满脸窘迫。“嗯……我好像是做过这件事。”墨菲说，“具体的情况，我已经记不清楚了……不过，我想说的是，我并不清楚在脸书上把一个人标记为‘雇主’意味着什么。”

接下来的那个周一，是埃文在镜头前宣誓做证的时间。同博比一样，埃文也被律师问倒了几次。埃文表示，雷吉并没有和他以及博比共同开发应用，然后李向埃文出示了他发给尼科尔·詹姆斯——前文提到的帮助宣传 Snapchat 的博主——的电子邮件，内容是“我刚刚和两位朋友（兄弟会的认证成员）开发了一个应用”。埃文很不情愿地承认，他说的这两个人就是博比和雷吉。宣誓做证继续进行：

> “阅后即焚的创意是你想出来的吗？”
>
> “不是。”
>
> “那是博比想出来的吗？”
>
> “不是，不是他。”
>
> “那是谁想出来的。”
>
> “雷吉。”

“你认为雷吉在这个项目上所做的贡献应该得到回报吗？”

埃文停顿了7秒的时间。房间里一片沉寂。

“雷吉应该为他的一些贡献得到部分回报。”

“你对此感到后悔吗？”

埃文坐着一动不动，沉默了30秒。房间里再次陷入沉寂。埃文思索着合适的字眼。

“这对我来说是一个很难回答的问题。很明显，我失去了一位好朋友。”

埃文一脸疲惫和阴郁，双手垂在椅子两旁，目光呆滞地望着地面。

“我后悔邀请他到我家中。我后悔在我家和他相处的那段时间。我后悔给了他那么多机会。他利用了我的慷慨之心……正是这种慷慨让他有了和我们一起共事的机会……他没有这方面的经验。”

“你后悔雷吉向你分享他的创意吗？”

这一次埃文没有停顿。“不后悔。”他说。

无论是在案件中还是在公共舆论方面，这些证言证词都对Snapchat造成了严重损害。有人将这些证言证词的视频资料泄露给了商业内幕网站，这让埃文和博比的形象大受打击。在公众看来，是他们将雷吉排挤出了公司，而且他们一开始还在宣誓做证问题上撒谎，刻意贬低雷吉的贡献。

面对这些灾难性的证言证词，埃文和博比聘请了新的法律顾问：戴维·奎恩和昆鹰律师事务所（Quinn Emanuel Urquhart & Sullivan）的团队取代了科律律师事务所。值得一提的是，昆鹰律师事务所是詹姆斯·李及其合伙人最初执业时的律所，亦曾代理温克莱沃斯兄弟对马克·扎克伯格和脸书提起的诉讼。无论是在法庭上还是在生活中，戴维·奎恩都是一个坚韧的人，业余时间还会参加铁人三项比赛。埃文和博比相信，昆鹰律师事务所会利用其在初创公司诉讼领域积累的丰富经验，帮助他们打败雷吉。

相比于科律律师事务所，昆鹰律师事务所采取了更积极主动的策略。该所律师申请调阅了大量的文件、证言证词和传票。他们试图撤销该案，然后移交联邦法院审理。他们还寻求以蔑视法庭罪对雷吉和LTL律师事务进行控诉，并向法庭申请签发限制令。

LTL律师事务所试图让昆鹰律师事务所放弃代理该案，这是因为，在正式委托LTL律师事务所代理该案前，雷吉曾联系过昆鹰律师事务所的律师，希望该律师代理该案。最终，法官判雷吉败诉。基于雷吉签署的弃权声明书和昆鹰律师事务所设立的“信息隔离墙”（ethical wall），法官表示该所可继续代理埃文、博比和Snapchat的案件。此外，LTL律师事务所还试图对Snapchat的所有投资者提起诉讼，声称他们所持的股份稀释了雷吉所持的1/3的股权。该所甚至还打算邀请*GQ*杂志做一次全面采访，但雷吉在最后一刻放弃了。詹姆斯·李的合伙人卢安·德兰一度将某期以埃文为封面人物的《福布斯》杂志钉到了办公室墙上，并用红笔在他头上画了两只魔鬼的犄角。

这场你来我往的诉讼官司持续了几个月的时间，双方都握有很多底牌。雷吉声称，他持有Snapchat 1/3的知识产权，因为是他提交的原始专利申请（重申一遍，该申请从未获批）；他还声称，他和埃文曾经达成过一个口头合伙协议，同意所有资产五五分成（在博比加入他们之前）。

埃文和博比声称，雷吉只是参与了这个项目，他们从未达成过股权分割协议；又因为Snapchat采用的是“未来新生”的有限责任公司

（LLC）架构，而不是一个全新的公司，他们声称雷吉应该知道他在该公司中不占有任何股权。

在该案中，最棘手的问题之一就是Snapchat的估值在诉讼期间仍在持续飙升：在雷吉提起诉讼时，Snapchat的估值为7 000万美元，而仅仅几个月后，这个数字就达到了8亿美元，很快，它又成了一家估值数十亿美元的公司。如果说雷吉应该得到补偿，那么补偿多少才算公平呢？埃文打造的这家阅后即焚的公司，估值从数百万美元上升到了数十亿美元，如果说“一图值千言”，那么雷吉的创意该值多少呢？

这场诉讼对埃文产生了重大影响。他原本就是一个神秘的人，天生有些多疑，而这场诉讼，再加上Snapchat公众知名度的不断提升，让他进一步缩回自己的世界里。他更喜欢召开步行会议，这样就不会有人偷听到他的谈话。他还意识到iMessage（苹果的即时通信软件）信息和电子邮件是永久记录。埃文承受的压力是显而易见的。他时不时就冲律师发火；在宣誓做证和和解谈判期间，他常常在走廊过道朝着他们大吼大叫。直到很多个月之后，这场诉讼才落下帷幕。

第十三章

现象级应用

2013 年 5 月

威尼斯，加利福尼亚州

Snapchat 的用户数继续呈增长趋势，而用户的使用频率也越来越高。Snapchat 或 Snap 已经转变成了动词。用户数从 2012 年秋天的 300 万增长到 2013 年春天的 1 000 万，而每日分享的照片数量则从 2012 年 12 月的 5 000 万张增长到 2013 年 4 月的 1.5 亿张，到 6 月更是增加到了 2 亿张。

大多数社交网络都会追踪日活跃用户数，即在给定的一天内，有多少用户会访问它们的网站或使用它们的应用。其他一些使用频率相对较低的企业，比如亚马逊或爱彼迎，关注的多是每月活跃用户数。具体到 Snapchat，由于青少年对该应用严重上瘾，每天打开应用、分享照片的次数高达几十次，以至公司转而关注起每小时活跃用户数。

“戳一下”的失败表明，Snapchat 已经建立起了一个具备防御能力的应用，连脸书这样的巨头都无法复制它、打败它。对风险投资人来说，这样的公司就更有吸引力了。埃文重新开启了与风险投资人之间的对话，其中也包括很多此前已经向他表达过投资意向的投资人。在这些投资人看来，Snapchat 颇像当年的照片分享应用 Instagram；就在被脸书收购之前，Instagram 发起了 5 000 万美元的 B 轮融资，估值 5 亿美元。

Snapchat 的 B 轮估值最初预计在 5 亿美元之内，很多知名机构都希望参与该轮投资，如通用催化合伙公司、格雷洛克合伙公司（Greylock Partners）、查尔斯河创投公司（Charles River Ventures）和机构风险合伙公司（Institutional Venture Partners）等。

埃文手握 Snapchat 的强大谈判筹码，竭力从投资者那里谋求有利条款。在与机构风险合伙公司的丹尼斯·菲利普斯会面时，埃文告诉菲利普斯，他不会接受该机构的标准投资条款。

“如果坚持标准条款，那么你可以投一家标准公司。”埃文对菲利普斯说。

由于各投资机构的激烈竞争，Snapchat 的估值不断攀升。在埃文的推动下，B 轮融资最终达到 8 000 万美元，估值为 8 亿美元。通用催化成为重要投资方，SV 天使（SV Angel）加入该轮投资，早前的投资方纷纷跟投。

作为交易的一部分，埃文和博比各自出售了他们所持股份的一小部分，每人拿到 1 000 万美元现金。对风险投资人来说，这是一件好事：一是他们可以购买这家广受追捧的公司的更多股份，二是这把创始人和他们绑到了一起。在投资回报方面，风险资本公司遵循的是幂定律，即它们的大多数回报来自某一项投资，而其他大多数投资都以失败告终。对创始人来说，如果已经有 1 000 万美元落袋为安，那么他们更可能会着眼长远发展，把公司做大做强或推动上市，而不是一卖了之。

亚马逊首席执行官杰夫·贝佐斯在写给股东的一封信中总结过这个思想：“我们都知道，当你全力尝试全垒打时，很多情况下会三振出局，但同时，你也会打出一些全垒打。然而，棒球和商业的区别就在于，棒球的结果呈截尾分布。当你挥棒时，无论打得多好，每次最多只能得4分；但在商业中，每一次拿起球棒踏上本垒，你都有可能得1 000分。这种回报上的长尾分布模式就需要我们采取大胆行动。大的赢家会经历很多失败尝试。”

一家仅仅成立两年、没有产生任何收入的公司估值高达8亿美元，再加上两位年轻的创始人又各自拿到了1 000万美元的现金，负面评论随之产生。媒体评论员、技术专家和银行家颇为尖锐地指出，Snapchat就是“煤矿里的金丝雀”，表明整个技术行业已经处于泡沫之中。它颠覆了人们的定见，因为谁也没有想到一个阅后即焚的照片应用会在短短两年内从大学宿舍里的一个想法发展成为一家估值高达8亿美元的公司，而且迄今为止没有产生过任何收入，亦没有开始制订任何赚钱计划。

“这轮融资，让这家照片分享公司的交易前估值达到8亿美元，这也就意味着当前Snapchat在风险投资人眼中是一家估值8.6亿美元的公司。一家运营时间不超过两年且从未产生过任何收入的公司，能有这样的估值令人震惊。”《福布斯》的J. J. 科劳写道。

“然而，Snapchat直到现在还没有产生收入，而且，它也没有明确的收入来源路径。”《财富》杂志的丹·普利马克补充说。

Snapchat一直以来被低估，原因之一就是人们很难想象这样一个简单的、免费的照片分享应用会有如此大的市场，很难想象装在我们口袋里的这样一个娱乐设备会值这么多钱。但事实上，正是因为它装在我们的口袋里，正是因为我们每天甚至每个小时都在用，所以它才会有如此大的市场、如此高的估值。在这个世界上，智能手机的数量已经比个人计算机的数量多出了一个数量级，而且这一差距还在继续扩大。不同于台式计算机，我们现在几乎一周 7 天、一天 24 小时都随身携带手机。

先前，我们花在媒体上的时间都带有明确的目的性，比如浏览网页、看电视、看报纸等。你坐下来，或是看《纽约时报》，或是看《老友记》。但现在，在从口袋里拿出手机时，我们主要是为了打发时间——在等待结账时，我们会无聊；在搭乘地铁时，我们会无聊；在插播电视广告时，我们会无聊。

作为天生的社会动物，我们将大量时间花在手机上，并将手机作为人与人交流的媒介，比如发送信息，给各种信息、照片点赞，以及转发推特信息等，直到我们的大拇指不能活动为止。而且，做这些事情也没有固定的时间，脸书、Snapchat 和 Instagram 的页面载入速度越来越快，功能也越来越多，花在手机上的时间挤占了我们看电视的时间、利用个人计算机阅读的时间、对着天空发呆的时间；更悲哀的是，它或许还挤占了我们与其他人交谈的时间。说实话，在阅读本书时，你有多少次放下书去查看手机信息？所以，手机提供了一个巨大的机会。

看一看你的手机，你今天使用过多少个应用？在过去大约一周的时间里，你每天都打开的应用有多少？在这些应用中，有多少不归属于苹果、谷歌或脸书？大多数人会发现，最终这个清单是非常短的。平均而言，智能手机用户的手机中装有大约 90 个应用，但每天使用的应用只有七八个。据市场分析机构 Verto Analytics 公司的数据，苹果、谷歌和脸书旗下的应用占了用户 60% 的时间，而在广告商的手机平台广告投放支出中，这些应用占了 80% 的份额。

对高中和大学的大多数学生来说，Snapchat 已经成为他们的日常应用之一，甚至可以说是他们最常用的应用。赢得人们的关注是非常有价值的，比如，酒吧发布优惠时段广告，沃尔玛推出售价极低的牙膏（就像它早期所做的那样），或者塔可钟（Taco Bell）搞噱头宣传，声称它买下了自由钟。只要你能赢得人们的关注——无论他们是在你的实体店还是在你的数字世界——你就能赚到钱。

这一时期，媒体给 Snapchat 打的标签主要还是色情应用。《纽约时报》2013 年刊登了一篇长篇特写，文章写道："两年前推出的 Snapchat 服务，已经实现了用户的稳步增长。如今，它被认为是人们发送不雅照片的一种普遍方式，在青少年中尤为盛行。"越来越高的受欢迎度以及脸书的竞争在一定程度上改变了 Snapchat 的色情叙事，但记者仍倾向于突出这一点，因为带有色情信息字样的大标题会赢得更多点击量。

在很多外人看来，Snapchat 高达 8 亿美元的估值是不可想象的，或者说是没有道理的。虽然该应用在高中生和大学生中非常流行，但在年龄超过 25 岁的人群中，它的使用者少之又少。所以，对年长的人来说，比如那些媒体评论人士，他们看到的只是一个无法理解的阅后即焚的照片应用。他们没有意识到，青少年使用 Snapchat 并不仅仅是为了分享照片。

"人们心想，为什么他们的女儿每天会拍 10 000 张照片。"埃文后来说，"他们没有意识到的是，她并不是为了保存照片，她是在交流……这不是通过积攒照片来描述自己，而是一种即时表达，是对现在的自己的描述。联网摄影是对相机的根本革新，是真正意义上的革新。基于此，你可以分享你的世界体验，同时也可以了解其他人的世界体验，随时随地，每时每刻。"

同洛杉矶富有的年轻人一样，埃文和博比在花钱上也未能免俗。埃文买了一辆红色的法拉利，并开始学习直升机驾驶课程，不过他仍住在宝马山花园，也就是他父亲家中。博比在威尼斯买了一套价值 200 万美元的现代化的混凝土玻璃结构住宅，该住宅距离海滩只隔一个街区，步行 5 分钟即到 Snapchat 办公室。

但媒体报道和金钱并没有让埃文分心。作为一个在好莱坞长大的富家子弟，他知道什么时候该尽情享乐，什么时候该专注工作，他一心想实现他对这个世界的愿景，并不遗余力地推动达成这一目标。

海滩上的蓝色平房虽然充满乐趣，但已经不适合作为工作场所使用。路人经常在门前巨大的黄色 Snapchat 标志前自拍，还时不时地窥视室内团队的工作情况。而且，随着年轻人才的加入，办公空间越发显得拥挤——长条桌上摆满了监视器、苏打水和咖啡。用不了多久，这个供工程师开发未来媒体的工作区就容不下整个团队了。于是，埃文将公司搬到了几个街区之外的一个地方：这里原本是一个艺术工作室，紧挨着威尼斯海滩人行道。这次，他们没有在门口竖立巨大的 Snapchat 标志，而是在木制正门上刻了一个小的、不太显眼的“鬼脸杀手”标志。

新办公室有了更大的空间，而银行账户中也有了更多的资金。埃文和博比决定进一步扩充团队，准备在 2013 年把团队成员从 10 人增加到 30 人。对初创公司来说，早期雇员的招聘至关重要。一流人才会吸引更多一流人才，而且他们也更倾向于招聘一流人才，这样就会形成一个良性循环，使得整个团队人才济济。反过来，二流和三流人才只能吸引与他们水平相当的人，而由此产生的结果就是，即便最有发展前景的年轻公司最终也会沦为平庸公司。在这一点上，埃文和博比做得相当好。在撰写本书时，戴维、丹尼尔和德娜仍在公司，对于这家公司的成功，他们起了至关重要的作用。但随着 Snapchat 规模的不断扩大，一个规模如此小的团队已经无法满足它的发展需求了。

克洛伊·德里摩尔是耶鲁大学的一名长曲棍球运动员。她在《耶鲁每日新闻》开设了一个专栏，内容风趣幽默、大胆，富有洞见，且敢于触碰禁忌话题，这引起了埃文的关注。比如，在《大四颓废女之我见》中，她对“大四颓废女”是这样描述的：

她是那种承诺永远不会和年龄比自己小的人约会的女孩，但现在你发现，她正给一个必然会拒绝她的大二师弟发信息，她觉得这很有趣。她想买一个振动按摩器，她可能早就有了振动按摩器。这可比一个大二男生好多了。

她的社会评论经常涉及社交媒体，其中就包括一篇标题为《最新减肥法：脸书断食》的文章。但引起埃文注意的是她在2012年12月发表的一篇文章，标题是《Snapchat：现象级应用》：

今年“耶鲁营”期间，在Box 63酒吧的露台上，第一次有人向我推荐Snapchat。“你得下载这个应用，太有意思了。”有个早已对此上瘾的人说。

我觉得这很蠢。我搞不明白拍摄一张必定会消失的照片的意义在哪里。不过，从那时起，我也开始试着使用，把我和朋友的“快照”发给联系人列表中出现的少数几个用户。然后，一发不可收拾，每天都用。再后来，新朋友也开始给我发“快照”。由此，Snapchat每天发送的提示信息从5条一下子增加到了35条。一位朋友开始把他的iPhone比作“Snapchat机”。昨天，朋友接到Snapchat信息，应邀参加德尔塔·卡帕·艾普西隆兄弟会（Delta Kappa Epsilon）的派对。

Snapchat并不仅仅是一个应用，它已经成为一种文化、一种现象。基本上，它是推特、文本信息和聊天工具的混合体。在推特，你可以用140个字符来描述你这一刻的想法或者你当前正在做的事情，而在Snapchat，这个字符数是31。文本信息是永久的，而Snapchat“快照”在10秒后就会消失。

只要你出现在一个人的联系人列表里，那么他就可以给你发“快照”。虽然手机通讯录里的人未必都是你的朋友，但我可以肯定地说，你不会在某个忧郁的周一的上午11点，给他们中的大多数人发这样的信息——“我讨厌西班牙语”或者“我想要的圣诞礼物就是你”。但这就是我周一收到的两条Snapchat信息，对方是我们彼此决不会在周一上午11点发信息的人。但现在，因为有了Snapchat，我收到了他们在忧郁的周一课堂上发来的“快照”。你知道吗？我喜欢。

我并不是唯一有此感受的人。比如，我觉得我和某个大二男生的关系很自然地就拉近了，因为每当他从图书馆8层下到4层时，我都会收到他发来的一条Snapchat信息。

因为有了Snapchat，我们觉得自己和那些在酒吧或联谊会上认识的男女生的关系更密切了。我们知道谁喝多了，我们知道谁一夜未归。最重要的是，我们可以看到。我们还会看到拖延毕业论文的后果，看到联谊会的午夜秀。

在我看来，Snapchat创始人埃文·斯皮格尔是理解我们这代人的，所以他才在照片信息上加了一个时限。也许他不是有意的，但他让技术稍稍后退了一点，让我们更好地体验到了真正意义上的人与人之间的互动与交流。它应该是一段记忆，而不是有形的、可触知的。

在风味餐厅（Flavors）和朋友的对话不会被转录复制然后上传到互联网上，也不会被未来的雇主搜索到。它就是一段记忆。而在我们第二天转述这个故事时，我们可能会引错朋友的话，可能会忘记一些细节，但这都没关系。人与人之间的互动原本就是这样的。

Snapchat也是这样。通过它发来的信息只会存在几秒钟，然后就会转化为记忆。

在将照片或文本信息的“永恒属性”拿走之后，会有更多的人愿意分享。他们不再担心展示自我，不再担心某张不好看的照片会让人望而却步，也不再担心某张好看的照片会让人觉得自己过于自恋。他们知道这很快就会消失的。

我们是“点赞按钮”一代，是“评论框”一代，同时也是匿名“评论框”一代；我们是状态一代，是推特一代。我们把信息传到网上，我们知道每个人都可以看到；我们知道我们会被论断，也知道我们几乎总是在寻求赞同，寻求那个“赞”。

而 Snapchat 则不同，它同样带给我们乐趣，但不像其他技术那样，让我们对信息的永久存在感到担心。

希望这只是一个开始。希望我们的文化可以退回到过去的那个时代，那个从不担心过度分享的时代。但现在，我的用户名是 Chaoticklowy，我接受搞怪表情，接受宿醉后的一脸茫然，当然也接受正式邀请。

对于 Snapchat 与用户之间的这种强烈共鸣，很少有人能比她讲得更清楚了。所以，当德里摩尔 2013 年春从耶鲁大学毕业时，埃文邀请她加入他们的小团队，负责 Snapchat 即将推出的内容项目。

接下来，埃文将目光转向了马里兰大学的博士研究生内森·杰根森。2011 年，杰根森在一个名为 Cyborgology 的社会科学博客引入了所谓的“数字二元论”，声称虚拟世界和真实世界的区别是一个谬论。他驳斥了“真实”和“虚拟”世界的区别，或者说驳斥这样一种观念，即在现实生活中我们遵循一种生活和行为方式，但在网络上又创建了另外一种身份。在埃文看来，杰根森是一个具有启发性的思考者，他甚至在没有听闻 Snapchat 的时候就已经成功抓住并描述了该应用的核心理念。在之后的日子里，杰根森深刻影响了埃文的思考方式和 Snapchat 的策略。

2013 年 2 月，杰根森在评论 Snapchat 时写道："脸书自身所追求的体验和我们所追求的体验之间的紧张关系，已经达到了一个临界点……而这个临界点就是 Snapchat。"在从非营利性数字杂志《新探索》（*The New Inquiry*）读到这篇文章后，埃文向杰根森伸出橄榄枝，说服他加入 Snapchat 担任研究员。对初创公司来说，在如此早的阶段就招募专注于研究和新思维的雇员是较为罕见的，因为这些研究和新思维与公司产品之间可能并不存在直接关联性。入职之后，杰根森与埃文的交流颇为频繁，而杰根森的思想和著述最终也对埃文产生了重要影响，比如，埃文对 Snapchat、社交媒体乃至更广泛的互联网的看法等。后来在接受记者采访时，埃文也经常引用和讨论杰根森的观点。

此外，由于技术团队人手缺乏，Snapchat 还招募了 7 名新的工程师，以及两名与埃文一同工作的设计师，工程师大多来自斯坦福大学。同埃文、博比、戴维和丹尼尔一样，这些新雇员普遍喜欢艺术或音乐，喜欢写代码，早前在校时也大多参加过各种社团。

对这些年轻的工程师来说，他们需要更有经验的领导者。于是，埃文从亚马逊挖来了一名资深工程师——蒂姆·塞恩，并请他担任工程技术部门的副总裁。塞恩于 2001 年以实习生身份加入亚马逊，很快就得到了提拔，有一段时间，他负责亚马逊主网站的性能优化工作，后转而负责亚马逊云服务（AWS）的维护工作。塞恩的加入至关重要，而他愿意加入 Snapchat，也充分展现了 Snapchat 作为当时技术领域最受追捧的初创公司的地位。

来自 CBS 移动公司的菲利普·勃朗宁随后也加入 Snapchat 团队，担任货币化部门负责人。早前，埃文收到的市场营销机构发来的所有邮件，都会转发到一个废弃邮箱。现在，至少勃朗宁可以帮助处理这些事情了。虽然 Snapchat 对市场营销不太重视，但许多公司已经跃跃欲试，想看一下该应用的市场转化能力。

2013 年元旦，冷冻酸奶连锁店 16 Handles 在 Snapchat 发起了首次推销活动。该公司社区经理注意到，Snapchat 的用户与公司的核心消费者存在重叠，其年龄集中在十几岁到 20 岁出头。于是，他向老板建议在该新兴应用平台进行一次促销活动。如果顾客在 Snapchat 添加 16 Handles 为好友，那么该连锁店的雇员就会拍一张优惠代码图片发给顾客，折扣金额从七五折到免单不等。接着，顾客会第一时间将代码出示给收银员（因为图片在 10 秒后会消失），然后获得折扣价。这场名为"时髦新年"（Snappy New Year）的促销活动仅涵盖三家门店，活动时间也只有几个小时，但据 16 Handles 估计，这给公司带来了大约 1 500 美元的销售额。尽管数额不大，但 16 Handles 的活动表明，企业可以把 Snapchat 的忠实用户转化为真金白银。

2013 年 5 月，塔可钟成为第一家创建 Snapchat 账户并与顾客开展互动的主要广告商。它"盗用"了 16 Handles 连锁店社区经理的"时髦新年"创意。5 月 1 日，塔可钟在推特账户发布信息："我们已经入驻 Snapchat。用户名：tacobell。添加我们。明天我们会向所有好友发送一条秘密告示。嘘！"

第二天，塔可钟向所有 Snapchat 好友发送了一张墨西哥卷饼的照片，照片上附有灰绿色的留言信息，写着"你好，朋友"和"5-23-13"。这条广告传达的意思是，塔可钟新推出的墨西哥卷饼将在 2013 年 5 月 23 日上市。

"人们非常喜欢牛肉卷饼，而 Snapchat 可以说是宣布这一消息的理想平台。"塔可钟社交和数字媒体总监特蕾西·利伯曼说："通过 Snapchat 分享这个消息，是我们与粉丝建立联系的一种有趣方式。我们很高兴拥有这些粉丝，我们视他们为朋友，而不是消费者。”

不久，塔可钟又在Snapchat平台上开展了一次规模更大的广告活动，而此时的埃文正准备推出一个新的讲故事工具，这也是他、博比和其他团队成员讨论了近一年的成果。

第十四章

故事

2013年9月

威尼斯，加利福尼亚州

无论是埃文、博比、戴维、丹尼尔还是公司的其他雇员，每当问用户需要什么新功能时，他们得到的答案都是一致的——从奥斯陆到圣莫尼卡，所有用户都希望增加群组通信功能。他们厌烦了从联系人列表中查找名单，然后再将某张有趣的照片发给圈内朋友的方式，他们希望创建一个群组，一个可以发送信息、可以与其他成员进行交流的群组。

但埃文和公司团队担心群组通信会让 Snapchat 失去魔力。如果用户轻轻松松就能在大的群组里一直不断地发送照片信息，那么他们好不容易打造的氛围可能就会毁于一旦。有什么方式可以打造出比群组通信更好的一对多分享工具呢？

埃文以及他的团队知道他们不想开发什么。埃文的优点之一就是能够通过社交媒体的动态推送和社交圈子发现问题所在，然后再从广义上去推断和分析用户的想法。对用户来说，首次注册脸书账户时，一切都很新奇。所有的朋友都在上面，他们可以分享有趣的事情、搞怪的照片。但随着时间的推移，这些日复一日的帖子就会成为人物画像，也就是所谓的“个人品牌”。要维护一个多年建立起来的个人品牌，要维护自己在同辈人中的“酷形象”、在父母和同事眼中的“好形象”，这需要花费很大的精力。而且，对未来的朋友和同事来说，他们喜欢的可能是另外一个你。

在某一时刻，假如你回到了过去，你还会喜欢肖恩·保罗吗？你的朋友是否也认为 10 年前他那首《温度》（Temperature）是如此好听？那 17 个“新手机，需要号码”（new phone, need numbers）的群组怎么样了？有没有一个按钮可以删除 2011 年前你所有的照片？为什么你认为那个发型不错？这样一来，用户就会逐渐减少与自己相关信息的分享，并会用新闻报道替代搞笑照片，社交媒体的自发性、搞笑性和轻盈性也就随之消失。你不再随意给朋友发送照片，你会更注重自己的形象。

对 Snapchat 来说，动态消息的重建显然也必须是非永久性的，即同阅后即焚的图片一样，所有内容在某个时间点都会消失。这样一来，用户就可以随心所欲地分享任何与即时心境相符的内容，而不必担心这些内容在几个月乃至几年后会对自己产生某种影响。在 Instagram 和脸书上，为获得更多的“赞”，用户会精心修饰图片然后再分享。为避免出现这种情况，Snapchat 砍掉了点赞和评论功能，用户可以随意分享任何信息，如果他们的好友真想回应，那么可以回复一个 Snapchat 的动态表情——“反应”（reaction）。

2013 年 10 月，在经历了近一年的认真讨论之后，Snapchat 推出了“故事”功能。在打开 Snapchat 应用后（仍如往常一样直接进入相机界面），如果用户点击右侧，就会看到好友名单，而在每个名字的右方则有一个小圆圈。用户点击好友后，好友所分享内容就会以幻灯片（PPT）

的形式播放——以分享时间为序，而不像其他很多动态消息一样，按时间倒序排列。在十字路学校选修过新闻学的埃文，对“故事”功能寄予厚望，因为这可以让用户通过照片和视频来讲述情节丰富的故事，而不再仅仅是通过分享几张照片来展示自己的夜生活。故事内容会在 24 小时后消失。如果好友分享的故事枯燥无趣或冗长拖沓，用户可以轻触跳过。因为摒弃了点赞和评论功能，所以也就不需要和脸书、Instagram 或推特那样搞排序算法。所展示的内容为好友最新上传的内容，此举旨在鼓励更高频次的分享。

由于没有了点赞和评论，Snapchat 需要以一种不同的方式奖励用户的分享行为，以一种不同的方式抓住用户渴求关注的心理。在通过该应用分享照片信息时，发信人会看到其他人是在什么时间查看的（“我得到了他们的关注！”），而收信人也知道发信人是按照好友名单，手动点击他们的名字，然后发送给他们的（“他们选择了我！”）。相应地，在分享了故事之后，用户可以看到每一位查看过他们故事的人。

埃文评论说，在现实生活中互动时，如果人们假装没有看过好友的社交媒体信息，那么这既是尴尬的，也是虚伪的。基于此，埃文主张直接显示好友名单，即查看过好友分享故事的用户的名字都会显示出来。有人担心这会阻止用户查看故事，但最终他们还是决定放手一搏，让上瘾用户看到哪些人看过他们分享的故事。从心理上讲，这个名单对用户来说是有诱惑力的，因为他们可以切实看到哪些人看过他们的故事。这种现象并不新奇，Myspace 创始人汤姆 · 安德森就说过，Myspace 用户最渴求的功能就是增加“谁查看过你的个人资料”。

埃文、博比以及公司团队用了一年的时间讨论“故事”功能，开发“故事”模型，并对该模型产品进行改进和迭代升级。尽管如此，这个新功能完全失败的可能性还是相当大的，而更糟糕的是，它可能会危及

Snapchat 在照片分享领域的成长和成功。

“Snapchat 看起来并不像脸书，但新增加的‘故事’功能，可以说是它针对脸书最重要的产品——‘动态消息’（News Feed）发起挑战的第一步。”埃利斯·汉姆伯格在科技网站 theverge.com 发文评论该公司新推出的“故事”功能时说，“在‘故事’的背后，是他们对当前社交应用运行方式的深刻理解，也可能是他们对这种方式的强烈憎恶。对于我们这个社会有机体的运行方式，斯皮格尔声称他只是在大学时学过一些皮毛，并不掌握特别的知识，但事实已经证明，他和他的同事对我们的隐性社会行为和欲望有着清晰的洞见。‘故事’是 Snapchat 对社交媒体运行方式的又一大思考，结果如何，我们将拭目以待。”需要特别指出的是，汉姆伯格后来也加入了 Snapchat 公司。

同 2012 年初 Snapchat 的发展轨迹颇为相似，“故事”的使用者最初增速缓慢，因为对于这个新工具，用户是在使用中学习的。然而，一旦熟悉了这个工具，一旦习惯了好友发的帖子，并看到内容仍会消失，“故事”的使用者就开始呈爆发式增长。

“故事”的高明之处就在于它放弃了固有的一切：内容不再永久存在，没有出彩的编辑工具，没有点赞功能，没有粉丝数统计，没有评论，用户可以随心所欲地分享任何内容。没有人上传令人惊叹的、制作精良的故事，在这种情况下，大多数人都会以一种轻松心态分享好笑的视频和自拍照。再者，从口袋里掏出手机，录制一段朋友视频，然后上传到你的“故事”，这比挑选一张完美照片容易多了，因为后者还涉及灯光、滤镜和风趣幽默的评论等。无论是从内心还是从社交层面讲，这种分享的成本都是非常低的。所以，一时间，人们在“故事”上分享了无数的内容。

由于用户在使用 Snapchat 时无法从手机上上传照片或视频，他们必须通过 Snapchat 应用录制视频，然后第一时间发给好友或上传到“故事”，所以这就成为了解好友动态的最佳方式，而且几乎是实时的。在斯坦福大学大四的那年，我的朋友们开始陆续使用“故事”，而且分享的频次也越来越高。由此，我能清楚地知道他们在校园的位置。比如，看过好友分享的故事后，我发现有十几个朋友在阿里拉加中心一起喝酒，萨姆和戴维在高尔夫球场打球，而扎克则在图书馆无聊到发各种搞笑的自拍照。

“故事”让年轻人找到了电视真人秀节目中明星的感觉：无论是上课、外出参加派对还是度假，他们都会发布大量的图片和视频，他们会看到几十人乃至数百人在观看他们的生活。通过这样一种简便、轻巧的方式，你可以与其他大学或其他城市的朋友建立联系，你可以看到他们正在做什么，而有时候，你还可以间接体验他们的生活。即便不在演出现场，你也能观看坎耶·韦斯特的音乐会，甚至还能感受到现场的气氛。前往国外留学的大学生会在飞行模式下用手机拍下一系列照片，然后在连上无线网络的时候一下子发布出来（Snapchat 会保存已经上传、但因手机服务问题而未能发送的内容，时效为 24 小时；不过，这些内容仍会在拍摄 24 小时后消失）。

故事和信息成为推动 Snapchat 发展的两大引擎。信息让人们下载使用 Snapchat——你的朋友给你发来一条信息；故事帮助人们打发无聊空虚的时光——你的朋友们在干什么。这样一来，脸书、谷歌和苹果等公司再在它们的通信应用上增加“阅后即焚”功能或全面复制 Snapchat，以期打败它，就难上加难了。

两大引擎推动公司强势增长。Snapchat 的那些小功能非常神奇，打个比方说，它们不仅可以把彩笔的颜色变成白色或黑色，而且还可以改变字体的大小和色彩。就像 In-N-Out 汉堡店的秘密菜单一样，这些功能为常客和新潮群体所熟知，但 Snapchat 并没有向普通用户发送文本信息或帮助信息以提示这些功能的存在。所以，很多青少年会问：“你是怎么做到的?!”然后相互展示该应用的新功能和隐藏功能。他们也会谈论谁的故事好、谁的不好，以及哪些事情很酷——“哦，你看过凯特琳的故事吗?”也就是说，所有这一切都归于一个简单结论：如果你还没有下载过 Snapchat，那你就落伍了。

在刚推出时，Snapchat 就像是一个无足轻重的玩具，但对很多人来说，这实际上是通信上的一个重大改进。你使用得越多，就会发现它越有趣，也会越沉迷于其中。很快，它就开始取代先前的文本信息交流或基于社交网站的交流。随着用户群和用户社区规模的扩大以及用户的更加投入，Snapchat 得以推出“故事”，进而抢占了用户原本发布在其他平台的内容，而且所占份额越来越大。同脸书一样，Snapchat 自上而下，从创始人到普通雇员，都有着无限的野心。但问题是，用户每天上传的照片数量是有限的，而一天中用于查看好友信息的时间也是有限的。

10 月 30 日，脸书首席财务官戴维·埃伯斯曼在公司财报电话会议上指出：“脸书的每日用户数出现下降，在青少年群体中表现得尤为明显。”

这是该公司首次向投资者表示，它在赢取青少年用户群体方面遭遇到了大麻烦。

扎克伯格意识到，在 Snapchat 并购问题上，他必须再次采取行动了。

第十五章

如何拒绝 30 亿美元

2013 年 11 月

威尼斯，加利福尼亚州

随着霓虹树乐队（Neon Trees）的歌曲《议论纷纷》（Everybody Talks）响起，CNN（美国有线电视新闻网）旗下节目《新的一天》（*New Day*）的主持人米凯拉·佩雷拉向观众表示："我在想，如果我现在 23 岁，我会拒绝 30 亿美元吗？而埃文·斯皮格尔——Snapchat 年轻的首席执行官就真的拒绝了。"

"我们来看一则不同寻常的美国成功故事。"美国广播公司《世界新闻》栏目主持人黛安·索耶在节目中说道，"想象一下，你还和父母住在一起。你有一个超级棒的创意，以至脸书愿意出价数十亿美元买下这个创意。但是，两个年轻人怎么会拒绝了这样一笔交易呢？"

几个星期前，马克·扎克伯格再次向埃文伸出了橄榄枝：加入我们，加入脸书；利用我们的资源和庞大的用户群，继续打造你追求的 Snapchat。脸书开出的条件是，如果 Snapchat 能够达成一定的业绩目标，收购价格将不低于 30 亿美元。

当时，埃文和博比各持有公司大约 25% 的股权，如果他们选择卖掉公司，那么他们每人将会获得数亿美元。此外，他们还拥有公司的多数表决权。埃文和博比对此也是犹豫再三，时而赞同退出，时而希望继续持有公司，看看依靠他们自己的力量能把 Snapchat 打造成多大规模。那时的 Snapchat 仍没有任何收入，甚至连可行的商业模式都没有。

幕后，扎克伯格给马特 · 科勒打去电话，看他有什么办法可以影响 Snapchat 的决定。科勒是脸书最初的 5 名雇员之一，现为基准合伙公司的合伙人，而该公司的米奇 · 拉斯基是 Snapchat 的董事会成员。说到拉斯基，顺便讲一句，基准合伙公司是 Instagram 的早期投资者，而在很多人看来，如果 Instagram 继续保持独立而不是卖给脸书，那么短期内它的估值还会高很多。由于埃文摇摆不定，拉斯基颇为疑惑地问同为 Snapchat 董事会成员的迈克尔 · 林顿："就埃文的行动而言，他对我保留了几分？又有多少是真实的？"也就是说，拉斯基认为埃文并没有完全跟他讲实话。

最终，埃文会不会真把自己当作脸书的一名雇员，每天前往门洛帕克为老板扎克伯格工作呢？在威尼斯独自运营 Snapchat 不是更有乐趣吗？如果他拒绝脸书，后期又运营不力，那么他可能不会再拿到这么好的价码；但如果卖了 Snapchat，那么他可能再也不会有这么棒的创意。多方面权衡之后，埃文和博比再一次拒绝了扎克伯格和脸书，他们选择留在威尼斯小镇，继续独立运营他们的公司。

在与脸书对话的同时，埃文也向投资者伸出了橄榄枝，准备发起 C 轮融资，以获得更高价码。并购和融资谈判经常是同时进行的，因为这两者的流程并没有太大区别，比如，在完成 B 轮融资几天之后，Instagram 团队就同意将公司出售给脸书。在本轮融资中，埃文开出的条件让投资者望而却步，因为他给出的估值是40亿美元，而仅仅在几个月前，它的估值才不过8亿美元。

埃文向中国电商公司腾讯和俄罗斯投资公司DST全球提出过交易条件，其中之一就是他和博比转让价值4 000万美元的股份，而就在几个月前，他们已经分别拿到了1 000万美元的现金。这样的条款让投资者感到不安。埃文似乎是想让它们出一个高价，让它们相信他的长期愿景，但同时又要卖出更多的个人股份。

在听到这些条款时，米奇·拉斯基直接质问埃文，因为早在几天前，埃文告诉他的恰恰相反——他说的是可能出售旧股①。“哦，因为我刚刚拒绝了扎克伯格的10亿美元。”埃文回复说。

腾讯认为这样的条款过于苛刻，而40亿美元的估值也着实太高，最终放弃了这一交易。

两年后，在南加州大学的毕业典礼上，埃文回顾了他拒绝扎克伯格提议的心路历程：

> 我最常被人问起的一个问题是：“你为什么不把公司卖掉？它甚至连收入都没有。这不过是一时流行罢了……”
>
> 我现在坚信一点，判断你做的事情是否真正重要，最快的方式就是看有没有人愿意出大价钱让你放弃。
>
> 最重要的是，无论卖还是不卖，你都能学到非常宝贵的东西。如果卖了，你很快就会发现，它不再是你要追求的梦想；而如果不卖，你可能会干出一番大事业。或许，你已经有了一个有意义的开始。

① 出售旧股，即创始人（或其他初创公司雇员）卖出他们自己所持的股权，套现获利。这有别于发行新股融资，即初创公司出售自己的股权，获取现金，用于推动业务增长。

技术类初创公司的并购通常可以归入三个类别。在极少数情况下，并购双方会实现共赢，初创公司可能会做得很好，但面临重大监管障碍，比如YouTube和贝宝。长远看，并购方获益巨大，但一个非常明确的事实是，仅依靠自身力量，初创公司是无法生存下去的。更常见的情况是，并购双方中一方的获益远超另一方。一是初创公司获益——初创公司在泡沫顶峰时或在最受欢迎时卖出，然后由于管理不善或创新失败（或两者兼有）而陷入衰退，比如地球城市（Geocities）和网站Broadcast.com。二是并购方获益——并购方早期斥巨资收购一家很有前途的初创公司，然后通过完善的管理，推动公司持续发展，并带来远高于收购价的回报，比如脸书收购Instagram。

从初创公司的估值来看，Snapchat极有可能处于泡沫顶峰。但从埃文和博比给出的用户增长和用户参与度等诸多指标来看，Snapchat又不像是流行一时的公司，而在用户和成长方面，也没有发现它正走向悬崖。对于自身以及自己管理Snapchat的能力，埃文掌握的信息显然是不对称的。他与扎克伯格针锋相对过，也会见过技术界的其他领导者，但他们并没有给他留下深刻印象。在当前这个水平上，他可以玩得转。由此，埃文认为他比扎克伯格或脸书的任何人都更了解用户的需求。

虽然“故事”功能推出不久，但看上去它已经很受欢迎了。如果它能真正发展起来，那么公司就会跃升至一个新的台阶，估值也会变得更高。至于货币化，他们已经进行了不同尝试，效果良好，只要能维持用户对产品的参与度并保持用户规模的增长，那么他们一定能找到赚钱的模式。

在开展并购和融资谈判的同时，埃文也开始物色团队高管人选。对Snapchat来说，要想发展成为一家一流的成熟公司，选聘合适的高层管理人员至关重要。

在感恩节周末，埃文说服埃米莉·怀特加入 Snapchat，担任首席运营官。怀特毕业于范德比尔特大学，获艺术学学位，2001 年加入谷歌，雇员编号 230。当时，谷歌的关键词广告刚刚推出，怀特的职责是确定该业务的广告和销售策略，后负责公司在亚洲、太平洋地区和拉丁美洲地区的广告业务，再后来出任新兴业务主管。2010 年底，像前上司谢丽尔·桑德伯格一样，她也离开谷歌，随后加入脸书，担任本地业务运营主管。脸书收购 Instagram 后，她出任 Instagram 首席运营官。此外，她还是瑜伽服装品牌露露柠檬（Lululemon）的董事会成员。在加入 Snapchat 团队的人中，怀特自然是最引人注目的一位。

网飞首席执行官、脸书董事会成员里德·哈斯廷斯给迈克尔·林顿发去邮件，恭喜他签下这样一位重量级高管，并指出，“她是摇滚明星，是谢丽尔的门徒”。这种比喻是恰当的。怀特没有选择创业，而是选择加入 Snapchat；她在这家公司扮演的角色，同桑德伯格在脸书早期扮演的角色大致相同——“辅佐”年轻的、志向远大的首席执行官，致力于将广受欢迎的社交资产转变成一家蓬勃发展的企业。

著名科技记者卡拉·斯维舍尔称这是一次“重要的人才争夺战”，并指出，“这次招聘释放出一个明显信号，即 Snapchat 打算继续保持独立，继续致力于实现业务增长，这可能还包括另一轮的数亿美元的融资……由此，怀特在互联网领域将会扮演更加重要的角色”。

这次大张旗鼓的招聘一直持续到 2014 年。谷歌旗下谷歌应用引擎（Google App Engine）前工程主管彼得·马格努森加盟 Snapchat，担任工程部门副总裁。迈克·兰德尔跟随怀特步伐，从脸书离职，成为 Snapchat 负责业务和营销合作的副总裁。兰德尔在脸书工作 4 年，负责该公司的“优先营销开发者”计划，帮助各品牌在 Snapchat 上投放广告，帮助它们通过专页发布相关内容。

那么，这些行业老兵为什么要放弃轻松舒适的高薪工作，转而为23岁的老板埃文·斯皮格尔工作呢？这是因为，在他们看来，埃文是一位有远见的领导者，他会把Snapchat打造成下一个热门产品。他们相信埃文一直以来的判断。

2013年11月18日，也就是在埃文拒绝脸书收购提议、腾讯放弃投资Snapchat两周后，董事会成员米奇·拉斯基就公司未来发展给埃文发去一封邮件。这封邮件的内容很长，埃文也给他回复了一封长长的邮件。考虑到本书写作的目的，我就这两封邮件进行逐点详述。首先，我们来看拉斯基的邮件：

> 我认为以下几件事我们应该排上日程了。
>
> （1）**融资**。目前，我们可以采取多种不同路径：
>
> 一方面，我们可以撤回融资计划，向市场“证明”我们可以获得更高的估值。我不是很确定这个“证据”是什么。我们始终面临市场整体紧缩的风险，但最终，我们还是要往漏水的水桶里注水，即在宏观估值下滑的同时，竭尽所能地“证明”我们的融资能力。当然，我不是特别注重估值，所以这个问题对我来说并不是很重要。
>
> 如果我们认为我们可以通过创造收入改变市场观点，那我认为这是相当危险的。目前，市场的关注点聚焦在用户、用户增长和用户参与度等方面，而且我们知道，在一段时期内，这些指标还会继续朝着好的方向发展。一旦你引入了收入指标，它就会成为最主要的关注点。以会费为例：在确保用户不流失的情况下，如果你能将大约2%的月活跃用户转化为付费用户——会费为1.99美元，那

就非常好了；除去苹果和谷歌的抽成，[①]这部分收入将会达到2 500万~3 000万美元。如果想以收入和利润作为衡量指标，那这还需要时间，因为首先得拿出一系列货币化计划。我们必须假定，谷歌关键词广告这样的灵丹妙药应该不会再有了。我希望我们能够保持足够耐心，把事做好。

拉斯基告诫埃文，如果开始着眼于创造收入，那么这将会改变投资者对Snapchat的估值视角，即从以用户增长为中心转向以收入为中心。他进而暗示，数十亿美元的估值、5 000万美元的融资可以让Snapchat在无任何收入的情况下支撑更长时间。

仅仅一个小时后，埃文就给拉斯基回复了邮件：

（1）我百分之百理解你在融资问题上的观点。因此，在一个潜在的市场动荡时期，我更愿意将公司的估值保持在8亿美元。我们现在手里的现金可以维持13个月的时间，而在货币化计划上，即便是最低限度的成功，也能让我们轻松延长这个周期。我不认为业务的货币化会影响公司的高估值，比如脸书在早期发展阶段就已经开始创造收入，但这并未妨碍它获得高估值。总之，我们需要启动货币化业务，为未来融资提供便利条件。在接下来的两周里，我会把精力放到产品货币化上面，暂时放一放潜在的融资问题。产品货币化已经基本完成了，而且它真的很棒。如果我们能

---

① 如果Snapchat决定启动货币化业务，对使用该应用的人收费，那么将只会有少部分用户愿意支付这笔费用，而与此同时，Snapchat则需要把30%的收入作为佣金支付给苹果和谷歌。对Snapchat而言，基于此种方式获取每年3 000万美元的收入并非明智之举，它可能需要多个开源渠道并举，比如应用内购买、广告和其他收入渠道等。

够推出一项可持续两到三年的业务，那么我们将会占据更有利的位置……

在未来几年的招聘中，我们将会受益于较低的行使价[①]，尤其是当行使价以收入而非风险资本公司的估值厘定时。我不认为以30亿美元估值融资的机会已不复存在，因为即便是在市场波动时期，腾讯等公司也已经给出了这样的价码。你也看过我们的数据了，我们的产品保持着很高的用户参与度和留存率，而且有着巨大的增长潜力。启动业务货币化，只会为我们产品的永久性筑牢基础。我想和你说的最重要的事情是，这并不是一个情绪化的决定，也不是为了证明什么，而是我们这个业务需要赚钱。关于“现在增长，以后赚钱”的论断是站不住脚的，因为我们已经达到了非正常的增长水平，我们的货币化产品是有附加值的。在搞清楚创收业务之前，我不想再白白浪费其他人1亿美元的资金。如果我们能以30人的力量打造出推特规模的盈利业务，那么未来我们在吸引资本方面将不会有任何问题（不排除扩大团队的规模）。

埃文小时候就常听父亲在漫长的电话通话中讨论法律问题。他说这是他的早期商业启蒙，帮助他培养了批判性思维和商业头脑。他经常沉迷于各种想法之中，如饥似渴地学习各种知识并能迅速掌握。他是一个充满好奇的和善于学习的人，很快就适应了首席执行官的工作。但除此之外，他还拥有两项超强能力：一是能够深刻理解用户需求，并能像十几岁的女孩子一样思考；二是善于结交有才华的、有能力的良师益友。他喜欢茶余饭后的交流，并会吸取他人的宝贵经验。多年下来，埃文已

① 行使价是雇员为行使Snapchat股票期权和购买标的普通股所必须支付的价格。

经建立起了一个顶级顾问团队，成员包括软银集团的尼科什·阿罗拉、推特的杰克·多尔西和谷歌的埃里克·施密特等。他结交的并不仅仅是技术大咖，还有服装设计师、政界人士、纪录片制作人和其他有趣的同辈等。这些让人印象深刻的人经常光顾威尼斯总部，同 Snapchat 团队进行交流。

拉斯基在邮件中继续写道：

（2）**招聘**。如果按照你的愿景打造一家大公司，我们现在就必须加快高管团队的招聘进程了。机构风险合伙公司的人表示，他们已经向你介绍了桑德尔，推荐他作为首席运营官人选。我觉得他的优势主要还是在业务开发方面，不过人不错，也非常聪明。达韦尔萨（一家猎头公司）还在继续帮助我们甄选首席运营官吗？另外，我们也得重新物色总法律顾问了。我们已经放弃了一些不错的人选，我想确认一点，我们不是在追求成为“独角兽”。如果我们计划在 2014 年初实现收入，那么我们就得要招聘首席财务官了，或者至少要有一位主管财务的副总裁。我们需要认真讨论这个问题。

风险投资人经常敦促年轻的、缺乏经验的创始人招募更老练的高管，旨在打造一支高绩效团队，将快速增长的公司推到更高水平。对 Snapchat 来说，最重要的职位招聘当属担任埃文副手的首席运营官。

埃文回复说：

（2）我完全同意你的观点。我对桑德尔不感兴趣。我正在同达韦尔萨谈首席行政官和首席运营官的人选问题，本周会和 4 名非常优秀的候选人洽谈。具体情况会在会见结束后向你汇报。至于总法律顾问，我有一个理想人选，我想他的加入应该没有问题。我今天和他通过电话，但在公司实现收入之前，我还是不太好开口。如果能够找到实现真实收入的路径，我们会吸引到最优秀的、可以帮助我们规避风险的人才的。我准备让菲利普负责内部运营（我们可以在电话里讨论一下，但暂时不要和他讲这个问题，因为我还没有和他谈话）；在首席财务官或主管财务的副总裁正式到岗之前，我想他可以担负起现金流监管的职责。这不是说我们做得有多好，我们只是需要知道我们账户上的钱是在增加还是在减少。

埃文再一次提到收入问题，并表示这可以帮助公司吸引到更优秀的人才。

回到拉斯基的邮件。拉斯基建议埃文向扎克伯格道歉，以保持良好关系：

（3）**脸书**。扎克伯格抱怨科勒在媒体铺天盖地地报道期间泄露并购消息。他对这宗未能完成的交易感到失望，但同时也以为是你向媒体透露了消息，目的是提升融资规模。科勒告诉扎克伯格，他可以轻松证明是脸书为给 Snapchat 施压而故意放出消息，或者是第三方泄露消息。无论怎样，我的建议是做一个大度的人，给扎克伯格打个电话，就并购消息泄露一事向他表示歉意（即便这不是你的错），并明确否认任何责任。我知道你无意将公司出售给他，但还要和敌人保持良好关系。

埃文的回复是：

（3）我们上周已经发过信息，计划今天给他打电话。

拉斯基在邮件最后告诉埃文，光速创投合伙人、公司早期投资者杰里米·刘表示，如果埃文在融资轮出售自己的部分股份，那么他也会出售自己所持的部分股份。此外，他还建议埃文确保Snapchat团队中的每一名成员都能保持同一立场。

（4）**光速创投**。昨天晚些时候终于同杰里米进行了一次交谈。他阐明了自己的立场，表示如果你出售股权，他也会出售所持的股权。也就是说，如果你出售旧股，他也会出售同等比例的股权。他否认在下一轮融资中卖出股权，但谁知道呢，这也可能只是风险投资人的一个姿态。

（5）**全员会议**。你可能已经在做这件事了，但如果还没有，那么就要考虑把全体成员召集到一起，告诉他们公司目前所处的状态。当然，也不是所有事情都要跟他们讲，但一些关键问题还是要交流一下。他们会在媒体上看到所有消息，可能在想发生了什么。这是很正常的，这也是一个很好的机会，你可以借此告诉每一个人，你会和他们一起打造一家大公司。

总之，我现在就想告诉你这些，因为我们可能本周晚些时候才会见面。抱歉，邮件写这么长。

——米奇

埃文迅速回复了拉斯基在邮件中提出的主要问题，然后又写了一个长长的附注，阐述了他对宏观经济环境的看法，以及他希望尽早实现收入的原因：

（4）（关于光速创投的回复）今天上午已经和戴维谈过了，杰里米好像本周晚些时候会跟进腾讯事宜。戴维认为这笔交易可能会达成。正如我先前提到的，我并不关心是哪种方式，但我们可能要向所有股东公示，避免在此期间出现任何可能的诉讼。要是那样的话，麻烦就大了。

（5）（关于全员会议的回复）上午 10 点已经开过了。

附注：我对市场的看法如下——

通过加印钞票和维持低利率，美联储创造了非正常的市场环境。投资者竭尽所能，四处寻找成长型企业，而技术公司则是很好的目标。然而，从价值上讲，所有的科技股都很贵，即便是从未来 5 年的收入增长来看也是如此。这意味着大多数价值驱动型投资者[①]已经离开市场，而剩下的 5%~10% 的市值增长将会由趋势型投资者[②]驱动。在某个时间节点，由于价格高昂，趋势型投资者将全部退场，这时，市场就会开始暴跌。20% 乃至更大幅度的回调是有可能的，尤其是科技股。尽管用户参与度下降、品牌广告收入下滑，但脸书在市场上依然保持着出色表现。在很大程度上，这得益于移动广告业务，尤其是应用下载广告。这是一个明显的警告，因为它表明，可持续的品牌收入尚未转移到脸书的移动平台；移动收入增长一直是由技术公司驱动的，而这些技术公司，很多又是风险资本

① 价值驱动型投资者投资某公司时，认为该公司的交易价格低于它的实际价值。

② 趋势型投资者投资某公司时，认为该公司的交易价格会进一步上升，因为该只股票具备动能。

公司投资的。风险资本公司的资金被花在了用户获取上，但用户生命周期价值[①]却不得而知；由此来看，这是一场灾难。它推高了脸书的股价，并继续证明风险资本公司投资技术产品的合理性——它所基于的是非正常的高市值公司。比如，“这家公司即便只吸引了脸书5%的用户，那它也是非常大的”。这会进一步推高公司在用户获取方面的开支，因为用户增长与公司价值是挂钩的。当市场上科技股的热潮退去，脸书的市值将会大幅下跌，未经证实的业务模式将难以获得资本，而花在用户获取方面的资金将会迅速减少。如此一来，脸书将会遭遇更严重的问题，股价将进一步下跌。如果Instagram能够以足够快的速度推出广告产品，那么它可能会成为脸书旗下仅存的硕果。互联网广告的总体开支，并不能说明以广告收入为主的社交媒体产品享有超高估值就是合理的。推送式广告的价值将会大幅下跌（以推特为例，广告支出可能不会超过研发支出），就像当年价值大跌的互联网陈列式广告一样。

综上，我们仍处于移动应用市场一个非常早期的阶段。我记得自己小时候有个愿望，就是参与到个人计算机革命中去，而现在有机会见证智能手机的飞速发展，我感到非常幸运。Snapchat已经成为五大手机品牌之一，其他4个品牌为脸书、推特、YouTube和Instagram。

对Snapchat来说，要想在接下来的三年里充分利用市场条件，我们就必须把它转变成一家创造收入的公司，这会让我们吸引到最优秀的人才，会让我们蓬勃发展。而对传统社交媒体来说，在严格

① 用户生命周期价值（LTV）是指公司在一定时间内从用户身上获得的预期收入。这里所说的时间，通常是指用户留在公司的平均时间。用户生命周期价值的计算非常重要，因为这会让你知道该花多少广告费去获取用户或顾客。

审查之下，它们将很难实现收入梦想。我们团队正加班加点地推动公司实现收入，推动核心产品的创新，我们已经绘制了一幅为期三年的路线图。

作为一家专注于移动市场的、盈利的成长型公司，无论市场条件如何，我们都可以在高估值的状态下获得融资。从战略上讲，我们要放低期望值，这一点很重要。将来市场对 Snapchat 的估值可能会以收入为基准，而 8 亿美元的估值对一家成立仅两年的公司来说是非常出色的，对我们来讲这个成长空间也是足够的。加上最低限度的成功的创收活动，我们账户上的现金可以维持 13~15 个月的时间，我认为我们已经做好了抢占移动通信市场的准备。

我完全不赞同移动市场将永远是碎片化市场的理念，我们是美国唯一的差异化信息服务平台，我们将继续提供独一无二的创新的产品体验。Snapchat 之所以有价值，并不是因为它的用户是青少年，也不是因为它危及脸书，而是因为它在不到两年的时间里彻底改变了数字通信的本质。在未来的发展中，它将继续推进这一进程（愿它长久繁荣下去）。

我们当前阶段的重点任务是创收、增长和产品开发。

埃文的回复内容清晰，充分展示了他的见识和知识储备。他首先从宏观领域谈起，然后聚焦到技术领域，然后论及他的主要竞争对手，最后再就 Snapchat 的现状和未来表述自己的观点。他知道他的主要对手脸书的短板在哪里、长处在哪里，至少对它的产品非常熟悉。他了解用户需求，深谙他们喜爱 Snapchat 的内外因素。

邮件中的关键内容始自“综上”一段；从该段开始，埃文讲到 Snapchat 是幸运的，因为它在非常早的阶段就进入了移动市场。Snapchat

是五大移动品牌之一，面临新的巨大机遇。埃文致力于将 Snapchat 打造成一家伟大的公司，并以此作为愿景吸引和保留人才。

与很多创始人不同，埃文并未把当前目标放到对更高估值的追求上。他对公司在未来发展中面临的障碍感到忧虑，并从战略角度考虑如何推动 Snapchat 的 IPO 之路。

埃文致力于把 Snapchat 打造成一款永续产品、一家永续公司，这是他迄今为止拥有的最好创意。他不会把它卖给其他人，也不会把它搞砸在自己手里。

第十六章

新年快乐

2013 年 12 月 31 日

洛杉矶，加利福尼亚州

尽管没有拿到 30 亿美元，但埃文和博比仍感觉他们有无数个理由庆祝即将过去的 2013 年。斯坦福大学橄榄球队再一次杀进了玫瑰碗赛场，所以他们将再一次举行跨年派对。这家公司已经从海滨平房搬到了更开阔的新办公区，但作为派对场所，它仍不足以容纳众多的来宾。再者，公司已经发展壮大，新办公室也不宜举办派对活动。

我和 6 名来自斯坦福大学的朋友乘坐优步计程车前往派对现场。下车后，我抻了抻夹克，然后走向一个不起眼的大门。派对地点设在一座很大的仓库，旁边是一条人迹罕至的街道。在前一年举行狂欢活动时，他们仅要求入场人员不准拍照，而这一次则不允许携带手机入场。随着 Snapchat 知名度的不断提升，埃文也越来越重视对隐私的保护。交出手机即可参加开放式酒吧派对，我们认为这个交易还不错。

室内中央有一个巨大的圆形吧台，数百人围在周围，相互举杯庆祝新年。他们大多来自斯坦福大学和十字路学校，还有一些是公司雇员的私人朋友。大吧台后边是长沙发和矮桌子，但看上去空空荡荡，大多数人都聚在舞池前方的位置。

穿过大吧台和舞池，你会进入一个开阔地带，那里摆着巨大的充气滑梯，还有流动餐车以及更多的开放吧台。我加入朋友行列中，用他们偷偷带进来的一部手机给我们重要的另一半打电话，并致以新年的问候。

整个派对期间，人们在想："埃文是如何把他的计划打造成现在这样的？""他们拒绝了30亿美元，是不是疯了？""如果你有30亿美元，你会做什么？""首先，我会举办一个像今天这样的派对。"诸如此类的话题，比比皆是。

2013年的贵宾专区大大升级了，这里说的"升级"并不仅仅是高度。大吧台和派对场地上方架有一座狭窄的吊桥，埃文和博比与他们的朋友、同事以及约会对象就坐在这里。今天晚上，埃文约来的是这个星球上最大牌的明星之一：泰勒·斯威夫特。她的好友、《摩登家庭》里的明星演员莎拉·海兰也来到了现场。斯威夫特的出席，一方面提升了活动的规格和层次，另一方面也让这次派对看起来更像是一个遥不可及的神话。世界级巨星竟然是埃文的约会对象，显然，这也证明了Snapchat远不是一个色情应用。可是，我一个大四学生，怎么就同泰勒·斯威夫特参加了同一场派对呢？在当时看来，这样的夜晚让人觉得荒谬，而只有时间才能消除这种荒谬。那天晚上的超现实主义只会越来越魔幻，而作为明星，埃文和泰勒的名气也会越来越大。

在短短两年的时间里，利用iPhone的前置摄像头，Snapchat从一家默默无闻的初创公司发展成为全球增长速度最快的技术公司之一。随着Snapchat的成长，自拍成为主流。在南非约翰内斯堡举行的纳尔逊·曼德拉的追悼仪式上，美国总统巴拉克·奥巴马、丹麦首相赫勒·托宁-施密特和英国首相戴维·卡梅伦就自拍过一张笑容可掬的合影。

这一趋势只会继续下去。2014 年初，奥斯卡颁奖典礼主持人艾伦·德杰尼勒斯在好莱坞杜比剧院廊道拿出手机，同莉莎·明尼利拍下一张自拍合影，言谈举止就像一个十几岁的 Snapchat 用户。她走到梅丽尔·斯特里普身旁，表示要在推特上创造一个照片转发纪录，向斯特里普创纪录地获得 18 次奥斯卡奖提名致敬。在和斯特里普准备屈膝自拍时，德杰尼勒斯招呼周围的影星赶紧加入进来。朱莉亚·罗伯茨、查宁·塔图姆、布拉德利·库珀、凯文·史派西、安吉丽娜·朱莉、布拉德·皮特、露皮塔·尼永奥、杰瑞德·莱托和詹妮弗·劳伦斯集体出镜。这张自拍照上传到推特之后，转发达数百万次之多。

虽然这张照片并不是通过 Snapchat 拍摄的，但自拍影响力的扩大却与这个阅后即焚的应用有着直接关联。得益于智能手机、脸书、推特和照片墙，手机拍照早已司空见惯。但 Snapchat 的自拍就像是火上浇油，推动我们拍下无数的照片，拍我们自己也拍别人，以至奥斯卡颁奖典礼主持人都觉得有必要在直播间隙自拍。自罗伯特·科尼利厄斯于 1839 年拍下自拍照以来，自拍已经走过了一段漫长的道路。你可以用任何相机或应用自拍，但 Snapchat 是专门用于自拍的应用；就像舒洁已经成为面巾纸的代名词一样，Snapchat 也几近成为自拍的代名词。

Snapchat 是舞会之花。元旦当天，斯坦福大学乐队在第 100 场玫瑰碗比赛中场休息期间，走上球场，组成了一个庞大的“鬼脸杀手”的标志。

这次跨年活动可以说是一个美好的矛盾体：主办方是一家照片分享公司，但它却禁止携带手机进入派对现场。新成名的年轻人在万众瞩目下举办了一场标志性的节日庆祝活动。回望过去，人们或许会想，在如此短的时间内他们是怎么打造出这样一款超级棒的产品和这样一家超级棒的公司的。但苦乐参半的是，展望未来，这个团队将永远不会再那么酷、那么小、那么紧密团结。置身其中，你很难意识到你正生活在“过去的美好日子”里，但在那个夜晚，一切都很明了，这是一个再也不会有的特殊时期，Snapchat 早已经发展壮大，只是这个世界还不知道而已。

第二部分

玩具是严肃思考的序曲

第十七章

宿醉

2014 年 1 月

威尼斯，加利福尼亚州

2013 年 8 月，吉布森安全研究所（Gibson Security）的研究人员在对 Snapchat 进行逆向工程和溯源分析时，发现该应用存在安全漏洞。恶意黑客可以通过这些漏洞窃取用户名和手机号码。研究人员通知了 Snapchat，但后者并没有做出回应。

2013 年 12 月 25 日，吉布森公布了他们用以寻找 Snapchat 安全漏洞的代码，希望借助公众压力迫使 Snapchat 修复漏洞。2013 年 12 月 27 日，Snapchat 发布了一条简短博客，但淡化了安全漏洞的严重性："理论上讲，如果有人能够上传海量的手机号码……他们可以创建一个结果数据库，并以此达到用户名和手机号码之间的匹配。"

2014 年 1 月 1 日，一组黑客利用吉布森提供的方法侵入了 Snapchat，窃取了超过 460 万条附带电话号码的用户信息，并上传到了一个名为 SnapchatDB 的在线数据库。他们这样做的目的是对 Snapchat 公开施压，希望该公司尽快修复漏洞，他们还对媒体表示，“安全问题与用户体验同等重要”。

1月3日，埃文就黑客问题接受了《今日》节目主持人卡森·达利的采访。“总体而言，技术公司容易遭到黑客攻击，所以你必须在这方面投入非常大的力量。”埃文说，“我们既要确保服务功效，又要防止滥用，关键是要在两者之间达成一种平衡，而这也是我们一直以来不懈追求的……那个时候，我们以为我们已经做得足够多了。不过我觉得，在这样一个行业，在这样一个发展日新月异的行业，如果你把时间用在对过往的追溯上，那无异于自杀。”

媒体就黑客问题猛烈抨击 Snapchat，指责埃文没有就用户信息被窃取和被公布一事公开道歉。记者认为，埃文之所以拒绝修复安全漏洞，是因为他根本不重视用户隐私，并表示如果他不向用户道歉，那就不适合作为一名首席执行官。埃文和他的团队想必认为这个缺陷无关紧要，只需投入少许力量，就可以修复这些漏洞，但他们并没有选择这么做，而是任由数百万用户的信息资料泄露。要知道，很多用户在其他网站或应用注册时，也使用了同样的用户名和手机号码。

当天晚些时候，拥有广泛读者的《财富》杂志主编丹·普利马克发了一篇名为《Snapchat 首席执行官应该辞职吗？》的专栏文章，声称要么埃文辞职，要么埃文解雇任何建议他不向用户道歉的雇员，因为在他看来，这一事件是“对用户信任的严重践踏”。普利马克写道：

> 让埃文辞职或埃文解雇建议他不向用户道歉的人是对数百万使用该服务的用户负责，这在很大程度上是因为 Snapchat 自成立之初就致力于为用户提供比脸书和推特等站点更私密的社交网络和分享体验。

在黑客事件的公关应对方面，Snapchat 的表现一塌糊涂，让人觉得公司不够专业。不过，几乎没有任何用户因为信息泄露而删除 Snapchat，而这一事件也没有放缓 Snapchat 的野蛮生长。只是，它引起了联邦贸易委员会的关注，后者介入了事件调查。

5 月，Snapchat 同意就承诺未兑现问题（快照未能按他们承诺的方式消失）与联邦贸易委员会达成和解。该委员会指控说，Snapchat 告知用户所发送信息不会被保存，但通过第三方应用或技术变通手段，用户可以轻松保存相关信息。它还指控 Snapchat 利用用户的位置信息，并通过用户通讯录收集联系人信息，但该公司却向用户宣称不会这样做。最后，联邦贸易委员会指出，Snapchat 松弛的安全政策导致了 2014 年 1 月的信息泄露事件。

按照和解协议条件，Snapchat 必须建立隐私保护计划，在快照信息完全消失方面不得进行误导性宣传，并同意接受 20 年的监管。虽然此时 Snapchat 无须支付罚金，但未来若违反隐私权政策，则会面临数百万美元的处罚。包括谷歌和脸书在内的很多技术公司，都曾因类似问题与联邦贸易委员会达成过类似协议。

尽管 Snapchat 出现了技术安全问题，但 2014 年 1 月，在《福布斯》杂志发布“30 位 30 岁以下精英”的那期杂志，埃文仍成为封面人物。1 月 6 日，一篇题为《Snapchat 的内幕故事》的相关文章在网上发布，这篇文章开篇引述马克·扎克伯格给埃文发邮件的逸事，并描述说埃文的回复是粗鲁的——“很高兴与你见面……如果你来我这边的话。”

商业内幕网站记者艾莉森·肖恩特尔在推特上转发该文时评论道：“如果以前你认为斯皮格尔不是一个傲慢的人，那么看过他给马克·扎克伯格回复的邮件你就相信了。”作为回应，埃文在推特以屏幕截图的方式公布了他和扎克伯格的邮件往来，并表示虽然当时他没有同意去脸书总部，但也没有像《福布斯》杂志文章中描述的那样粗鲁无礼：

埃文，你好：

我非常喜欢你们正在打造的Snapchat。要是有时间，我想和你见个面，听听你的愿景和你的想法。如果感兴趣，请告诉我，我们可以找个下午在脸书总部转一转。

马克

谢谢。很高兴有机会见面，等我回湾区的时候，我会告诉你。

好的。你今年还有什么计划吗？

没有了，让我们在新的一年争取有新的成果。

你们的总部是在洛杉矶吗？我几个星期后会去那里一趟，如果那时你们都在，我想去拜访一下。

好的，我们都在。确定行程后告诉我们——希望我们可以施展魔法，给你带来一个好天气！

《福布斯》杂志主编兰德尔·莱恩大为光火，很快就发了一篇题为《论Snapchat的埃文·斯皮格尔和一名23岁新手的荒唐》的反击文章。在该文中，莱恩对斯皮格尔严厉批评："比尔·盖茨、迈克尔·戴尔和马克·扎克伯格已经证明你是一个有智慧的人，有能力在20岁出头的时候经营一家价值10亿美元、具有变革意义的公司。Snapchat首席执行官埃文·斯皮格尔似乎执意证明一个相反的结果。”

在 Snapchat 内部，很多人认为这些新闻报道和媒体观察过于渲染和夸大了。但在公司之外，很多人感受到的是 Snapchat 的傲慢，特别是埃文的傲慢，并认为他们需要冷静、放低姿态。埃文很快就发现，在粗鲁地拒绝了扎克伯格之后，Snapchat 被人们放到了显微镜下，正在让 Snapchat 接受前所未有的“细致审查”。

第十八章

更个性化的计算

2014 年 2 月

威尼斯，加利福尼亚州

2014 年 2 月 19 日，脸书宣布斥资 190 亿美元收购 WhatsApp，令业界震惊。这也是技术行业历史上最大规模的并购案之一。

此举提升了脸书的实力，但同时也对埃文和博比关上了大门，如果未来他们真想出售公司的话。在 Snapchat 平台，用户可以发送私密信息，可以以信息流方式分享照片和视频。而如今，脸书斥资 190 亿美元收购信息通信公司 WhatsApp，而此前还曾以 10 亿美元收购信息流社交媒体公司 Instagram。这种情况下，它还会再花费数十亿美元收购照片分享与信息通信公司 Snapchat 吗？

宣布交易的当天，WhatsApp 联合创始人布赖恩 · 阿克顿在接受《连线》杂志采访时明确表示，他很讨厌 Snapchat，甚至搞不清它的名堂：

> 至于 Snapchat 是做什么的，我不是 100% 清楚。是的，青少年

可以天天用它来“约会”。这不是我关心的。我今年 42 岁，已婚，有孩子，我不会做这样的事。我不会给陌生人发色情信息，我会发信息给家人说：“我爱你们。”我的妻子会发送孩子的照片给我，这些都是记忆。我不知道 Snapchat 会不会营造出这种亲密感。

显然，埃文·斯皮格尔的动量仅集中在世界一隅，而我们则有一整面墙的故事，通过我们的平台，那些相距遥远的人们相识相知，并最终走进婚姻殿堂。这在 Snapchat 平台是不可能的。而且，人们希望保存聊天记录。聊天记录是一段关系的永久见证。

作为“战争”的另一方，Snapchat 的回应也充满了火药味。博比就该并购事件给林顿和埃文发去邮件，指出，“无论从哪一方面讲，这都是一个非常荒谬的价格，同时也表明脸书已经在重要领域失去创新能力。而除了规模，WhatsApp 也是相当无趣”。

面对行业巨头支持下的 Instagram 和 WhatsApp，埃文和博比需要迅速拿出一个清晰的愿景。Instagram 的忠实用户同 Snapchat 年轻的、以北美为中心的核心用户群存在明显重叠，而 WhatsApp 在世界其他大部分地区亦广受欢迎，而这也是未来 Snapchat 寻求发展的区域。在脸书帝国的支持下，这两款流行应用已经成为 Snapchat 的劲敌。

脸书确定 WhatsApp 价值的方式同样令人担忧。2013 年，脸书收购了特拉维夫的一家移动分析公司奥纳沃（Onavo），后者开发了一款名为“奥纳沃保护”（Onavo Protect）的免费应用。通过创建虚拟专用网络，该应用对网络流量进行加密。在处理用户的网络流量时，它会在脸书服务器上创建用户活动日志，脸书的产品团队可以查看汇总数据中的详细信息，比如，用户使用某一应用的频率和时长等。如果相关应用没有对数据进行加密，脸书就可以看到用户的种种行为，这些行为甚至可以细分到每个用户每天点赞的图片数量。

苹果和谷歌也可以通过类似方式监测用户活动，因为它们分别拥有iOS 移动操作系统和安卓移动操作系统。这就是拥有操作系统的巨大优势，同时也是脸书和亚马逊这两大巨头都试图制造手机的原因。通过奥纳沃，缺乏自有操作系统的脸书同样获得了数据优势。

通过奥纳沃的数据，脸书发现，在西班牙，99% 的安卓系统手机都安装了 WhatsApp；正是基于这一独特数据，脸书主动发起了对WhatsApp 的收购，而在该公司未来的并购和产品战略中，奥纳沃的数据也发挥了重要作用。

在拒绝了脸书数额庞大的收购要约后，埃文和博比准备走自己的IPO 之路，以保持 Snapchat 的独立性。2014 年 1 月，埃文发表了一个讲话，阐述他对 Snapchat 的宏大愿景。首先，他谈到史蒂夫·乔布斯是如何通过 iPhone 实现人与机器的结合的——让用户随时携带计算设备出行，并通过电话号码把用户同机器独特地结合在一起。埃文声称，这个时代应该是“更个性化的计算机”时代，而不是“后个人计算机”时代。然后，他揭示了 Snapchat 的发展框架，包括并购、新功能开发和收入等。

> 互联网无处不在，意味着世界被分为线上和线下空间的旧观念已经失去意义。传统社交媒体的要求是，我们在线下世界体验生活，记录这些生活经历，然后再将这些经历上传到线上世界，进而实现经历的重现，并发起谈论。举例来说，我去度假，其间拍摄了大量照片，回到家后，挑出好看的照片，然后上传到网络，同朋友们谈论。
>
> 实际上，传统社交媒体的身份观是非常激进的：你是你所发布

的经历的总和。换句话说：无图无真相。

就 Instagram 而言，则是无美图无真相，无美图则不酷。

在线上和线下的二元体验中，“个人资料”这个概念就很有意义。它的目的是让人重建一个线上的自己，这样一来，即便你在某一特定时刻没有上线，人们也可以与你互动。

基于互联网的无处不在，Snapchat 将提供完全不同的体验。

Snapchat 认为，我们并不是我们所说的、所做的、所体验的或所发布的所有内容的总和，而是它们的结果。我们就是今天的我们、此时此刻的我们。

我们不用再捕捉“真实世界”，不用再在网上重新创造这个世界，我们的生活和交流是在同一时间进行的。

交流依赖于媒体内容的创建，并受制于媒体内容创建和分享的速度。把你的情绪、感受和思想打包成演讲、作品或摄影等媒体内容，是需要时间的。

事实上，人们一直以来都使用媒体了解自我，使用媒体与他人分享。在这里，我想引述罗伯特·彭斯的一句话，它译自盖尔语：“愿我们获得某种力量，像其他人看待我们那样看待我们自己。”

当我听到这句引言时，我禁不住想到了自画像，或者我们千禧一代的自拍照。自画像有助于我们了解其他人看待我们的方式，它们展现了我们的感受、我们所处的位置，以及我们正在做的事情。可以说，它们是最受欢迎的自我表达形式。

在过去，完成一幅栩栩如生的自画像需要花费几个星期的时间，一笔一画多达数百万次。在当前这个快速便捷的媒体创建时代，自拍照瞬间完成。它代表我们是谁以及我们的感受是什么，而且是即时的。

但到目前为止，照片流程用于对话还是太慢。不过，基于快速便捷的媒体创建，我们可以通过照片进行交流，而不仅仅像在社交媒体上那样，围绕着它们交流。在开始通过媒体交流时，我们就会沉浸其中。这种交流是有趣的。

在 Snapchat 平台，自拍是交流的基本单元，它标志着数字媒体的转变，即从“数字媒体用于自我表达”向“数字媒体用于交流”转变。

这也让我们看到了阅后即焚作为对话核心的重要性。

Snapchat 抛弃内容，专注于内容带给用户的感受，而不是内容以何种方式展示。这是一个保守的想法，是对旨在重建对话完整性与语境的高度透明的自然反应。

Snapchat 围绕对话设置的预期同我们面对面交谈时的预期是一样的。

这就是 Snapchat，通过内容交谈，而不是围绕内容交谈；同朋友交谈，而不是和陌生人交谈。身份系于现在，系于当下。有成长的空间，有情绪风险的空间，有表达的空间，有犯错的空间，有属于你的所有空间。

如果将 2011—2013 年视作一个时期，即埃文在这一时期创建了一家公司并拒绝了 30 亿美元的收购提议，那么从 2013 年起，他则需要证明，做出这样一个决定是英明的。埃文、博比和他们的小团队打造的是一款广受欢迎的、提议收购价高达 30 亿美元的应用。埃文为 Snapchat 制定了与众不同的愿景和独一无二的核心理念。在他看来，一场彻底的转变正在发生，即从永久存在的帖子和个人资料转向一个新世界，而在这个新世界里，非永久性和转瞬即逝将会让用户在任何时刻都能展现出真实的自我。在把所有一切都设定为默认删除时，用户会上传更多个人内容，而 Snapchat 则会主宰这个新的帝国。现在，埃文和 Snapchat 团队需要开发他们的产品和业务，使之避免沦为历史书上经典的失败案例。

正如高屋建瓴地思考如何应对脸书的策略一样，埃文也需要深刻了解脸书的业务及其未来的发展路径。没错，Snapchat 是很受欢迎，但埃文和博比想做的是把它打造成真正的企业。为此，他们就需要知道主要竞争对手的潜在弱点在哪里，以及如何才能占据有利位置，对它们实施打击。

埃文在这方面不是专家，于是，他结交了一位专家朋友。4 月，埃文收到了安东尼 · 诺托的建议，后者是高盛集团全球科技、媒体和电信投资银行部的联合负责人，同时也是一位专家，深谙华尔街投资社交媒体公司之道。在这次邮件交流过后几个月，诺托加入推特，出任首席财务官。

4 月 24 日，诺托给埃文发来邮件，就脸书的未来发展问题展开讨论。通过脸书，Snapchat 不仅可以了解移动广告市场的很多情况，而且还可以弄清自身的未来发展之路。诺托解释说，脸书广告曝光量呈逐年下降趋势，但单次曝光收入却呈上升趋势。广告曝光量不断下降，是因为人们越来越多地通过智能手机登录脸书，而智能手机端的广告空间显然低于桌面端的广告空间。

诺托还解释说，虽然广告光曝光量持续下降，但移动端广告的收入却超过了桌面端广告的收入。Snapchat 有且仅有移动端平台，所以搞清楚移动端比桌面端更赚钱的原因，对该公司未来的发展具有极其重要的意义。诺托很想知道，这里的原因是单次点击价格高（在用户点击某一广告时，广告商支付给平台的费用）还是点击率高（用户真正点击该广告的比率）。这个问题至关重要，因为它关系到广告商的支付方式是否有可能持续下去并产生长期价值，或者说他们只是尝试一种新的广告形式，然后弃之而去。诺托说，如果原因是为实现更高的点击率，那么对Snapchat来说是非常有利的，因为高点击率同投资回报率是高度相关的，而高投资回报率则会催生广告投入。

接下来，诺托详细阐述了高点击率这个理念，并指出，如果高点击率可以驱动广告投入，那么所有专注于移动端广告业务的公司都将获益。

> 如果移动端广告比桌面端广告更能吸引客户，也更能找准目标人群，那么移动端精准广告市场的发展空间将会超过桌面端，移动端公司的估值将会高于桌面端公司，而从其他维度来看，比如受众和规模等，亦是如此。
>
> 如果脸书认为这就是趋势，那么相比于其他并购方，它更愿意为移动端公司支付较高的估值溢价，因为谷歌不知道这一点，雅虎和微软等公司也不知道这一点。这些公司移动端业务的规模都远低于脸书，它们无从了解这些强大的长期趋势。从根本上讲，它们低估了移动端公司和脸书的价值，结果就是在这方面投资不足，越落越远。

最后，诺托还对脸书的移动用户增长情况进行了评论，并指出该公司移动端的月活跃用户数同比增长34%，达到10亿。同时，他认为，这是一个“显著而又清晰的信号，表明脸书在移动渗透方面仍处于早期阶段，而对任何专注于移动端业务的公司来说，月活跃用户数的增长都存在广阔空间。对Snapchat而言，这是一个重大利好消息，因为你们秉持‘移动优先’的理念，且仅建有移动端平台。如果移动端用户群的规模超过桌面端用户群的规模（我认为会高出一个数量级乃至更多），那么按绝对价值计算，公司的估值会比之前更高。长期而言，它的价值也会高于桌面端公司”。

从绝对数值来看，脸书的成功对 Snapchat 来说是重大利好：两家公司同处于一个高利润、高增长的市场。在非常有吸引力的、持续向好的移动市场，Snapchat 是一款让人上瘾的、使用频率很高的应用。基于此，埃文决定筹集更多资金，用于雇员招聘和并购。

埃文是一个敢于挑战传统智慧的人，而与光速创投的合作，又给他留下了阴影，两相叠加，他认为以传统方式募集资本意义不大，而且他也不想和其他人一样。通常来说，初创公司的首席执行官会依照一个目标估值筹集一定数额的资金，并允许较小幅度的合理波动。他们会和众多风险投资人以及其他支持者举行会谈，看看谁有兴趣，并按照同一估值对所有投资者开出相同条件，然后在一个特定日期关闭该轮投资。每隔 6~24 个月，他们会开展一轮融资活动，当然，前提是他们的公司能够存活如此长的时间。

埃文经常能以优惠条件获得融资，这是因为 Snapchat 在用户增长和用户留存方面有着极其卓越的表现。此外，他也刚好赶上了一波创业浪潮，而用我的前老板的话说，这就是一个“类固醇时代”——向 20 世纪 90 年代和 21 世纪初期的棒球运动“致敬”，因为在这个时代，几乎每一名运动员都有着出色的统计数据和卓越的表现（主要原因是他们服用了能够提升成绩的违禁药物）。

2014—2016 年，已经融到大约 1.5 亿美元的 Snapchat 又从私募市场融到了 24.85 亿美元。其间，优步从私募市场融到超过 140 亿美元的资金。相比之下，亚马逊在创建 3 年后的 1997 年 IPO 时，只募集到 5 400 万美元的资金（估值为 4.38 亿美元）；谷歌在创建 6 年后的 2004 年 IPO 时，仅募集了 16.7 亿美元的资金（估值为 230 亿美元）；扎克伯格的脸书在创建 8 年后上市时，市值达到 1 100 亿美元。

仅仅是 2014 年一年，Snapchat 就从投资者那里募集到了约 5 亿美元的资金，足以帮它抵掉该年度 1.28 亿美元的亏损。技术类初创公司保持非上市公司身份的时间越来越长，一是便于从私募市场融到更多资本，二是监管和审查的力度较为宽松。对埃文来说，这有利于他秘密打造自己的帝国。

第十九章

故事无处不在

2014 年 3 月

威尼斯，加利福尼亚州

2012 年，Snapchat 的雇员不超过 10 人；到 2013 年，这一数字攀升至 30 人；2014 年，雇员总数超过了 100 人。埃文和博比需要搭建更多的公司架构。

原先由全职雇员额外担负的兼职工作，现在则由一个小型团队负责。在开发新功能和扩充人力资源等支持部门的过程中，新的事业部如雨后春笋般涌现出来。埃文和博比不遗余力地将公司文化和组织结构同他们的战略统一起来。对于公司推出的每一项新功能，埃文仍会参与其中，尽管 2014 年的发布速度较之前已经大幅提升。

Snapchat 的雇员对公司忠心耿耿，对埃文亦是如此。虽然很多人认为埃文过于固执、管得过细，但他们也承认，在战略和产品决策上，他通常都是正确的。回顾埃文做过的重大决策，从拒绝并购提议到引入各种新功能，你会发现正确的决策远远超过错误的决策。更重要的是，这些错误决策所造成的影响都非常小，而且很快就会被修正。而那些正确的决策，比如两次拒绝脸书、酝酿“故事”和“现场故事”，事后证明都是非常英明的决策。就各项新功能而言，如果它们在埃文的手机上载入速度不够快，或者埃文不喜欢这种设计，那么就会被舍弃，这会让雇员产生一种挫败感，但大多数人都能够理解，并认为他这样做完全是出于 Snapchat 用户的最大利益考虑。

埃文强烈反对开展用户测试，特别是反对基于搜集数据进行决策。如同先前的兰德和乔布斯一样，埃文认为 Snapchat 应该创造性地思考人们接下来想要什么，然后据此开发新功能。在他看来，数据、焦点小组和市场研究都无法帮助公司实现创新式跨越发展，亦无法满足他追求的目标。

Snapchat 前高管斯里拉姆·克里希纳恩曾经阐述过 Snapchat 公司的这一核心理念，并解释说，大多数公司会选用参照指标测量真实的人类行为，因为后者几乎不可能实现完美测量。

> 你可以将一项模糊不清的人类情感或行为转变成一个可计量的指标，然后对照执行，并将其作为团队的测量标准。“要让人们感到温暖和舒适”，工程师和数据科学家是无法按照这样的要求开展工作的；而基于“要让 × 指标每周提升 5%”这样的要求，他们就可以做很多事情。找出这两者之间的联系，体现的是产品管理的艺术与科学。

克里希纳恩解释说，这些可测量的指标通常都有着不可预见的负面效应，因为人们仅专注于实现指标的增长，而非遵从系统设计师的本意。

举例来说，设计师想要什么，他们开发或测量什么，以及他们无意中造成了什么，三者依次如下：

高质量新闻→测量点击量→创建“点击诱饵”内容

玛丽莎·梅耶尔曾经进行过一次谷歌用户测试，内容涵盖41种蓝色色调，旨在确定哪一种色调对用户最为有效。脸书和推特的产品经理定期开展用户测试，依据测试结果决定推出哪一种功能或设计。“数据胜于雄辩”是硅谷经常提及的信条。

不同于大多数技术公司，Snapchat的工程师并不是摇滚明星，设计师才是。主修产品设计的埃文亲自负责一个20人的设计团队，这种情况直到2016年才告结束，接任者是新任产品业务副总裁汤姆·康拉德。这个组织严密的小团队是Snapchat的核心，肩负着最大的责任，与公司领导者亦保持着最密切的关系。设计团队的办公室坐落在阿伯特金尼大道，非常隐秘，门口也没有任何标志。一周之中，埃文总有几天是在该办公室度过的，他会向团队通报公司的相关情况，并与他们一起解决产品问题。其间，设计师会提出各种创意，埃文会从产品角度给出判断。为了确保某项功能以正确方式展示，他经常和设计师待到凌晨一两点钟。埃文的这种干劲儿感染了设计团队里的每一名成员，激励他们全身心地投入新产品的设计中。

在很多项目上，设计师只是告诉工程师他们想要的是什么，而不是和他们一起决定应该打造什么。就职责而言，很多产品设计师扮演了产品经理的角色。顾名思义，产品经理负责的是一个团队以及具体的产品。在很多技术公司，担任产品经理的多是拥有工程背景而不是设计背景的人员。

在Snapchat，工程团队是围绕着产品而组建的，公司的人员规模虽然不断扩大，但核心工程团队却未发生大的变化，包括相机团队、货币化团队、身份团队、安全团队、广播团队和通信团队。此外，公司还设有以下规模相对较小的小组，比如工程支持小组，以及一些小分组，比如货币化团队下设的数据小分组，以及另外一个小组下设的、允许保持独立运营的并购小分组。Snapchat 工程部门负责人蒂姆·塞恩每周都会与下属团队分别开会，而不是召集所有团队成员一同开会。

在 Snapchat，规模最大的、人员增长最快的是货币化团队，这是一个涵盖非常宽泛的团队，负责处理公司所有与创收相关的业务。通信团队负责 Snapchat 照片、视频的发送和处理流程，并致力于将这一聊天产品打造成最出色的朋友间的交流工具。广播团队负责“故事”。身份团队专注于用户的个人小档案，开发游戏化功能，比如用户名一侧的表情符号，用以表明他们是不是你在 Snapchat 的“最佳朋友”（基于你向好友发送快照的数量），或者用以表示连续互动交流天数的“储火”（相互发送快照）。通过增加视频变焦等强化功能以及有趣的创意工具，相机团队致力于将 Snapchat 打造成“全世界的相机”。他们的目标是超越 iOS 和安卓标准相机（或其他任何相机），让 Snapchat 成为用户的默认相机。

在愿景和活动基金的加持下，埃文在 2014 年发起了三次关键并购：一次是为“当下”，一次是为中期发展，一次是为长远发展。

很多技术公司会以“收购式雇佣”的方式并购初创公司。所谓收购式雇佣，是指前者会以相对较小的数额（但通常也有数百万美元）收购一家初创公司，但收购的出发点并不是为了获取该公司的技术和产品，而是为了得到该公司的人才。对于收购式雇佣，埃文不感兴趣。如果 Snapchat 准备收购某家公司，那么一定是为了它的产品。在并购问题上，埃文和博比主要依赖公司核心圈的两位资深人士：一是史蒂夫·黄，此人曾供职于 Snapchat 的法律顾问公司科律律师事务所，后加入该公司；

一是德娜·加卢奇，她于 2012 年加入 Snapchat，在早年的“未来新生”项目中，她与埃文就已经开始合作。

在并购开支方面，埃文也是相当节省。2014 年秋，埃文在拉斯维加斯度假期间拜访过匿名通信应用平台“秘密”（Secret）。当时，很多硅谷人士认为，“秘密”、针对大学生的“伊克雅克”（Yik Yak）以及针对更年轻人群的“低语”（Whisper）等匿名应用将会成为新一波社交大趋势。在很多方面，匿名应用类似于非永久应用，其因摒弃脸书和其他知名社交网络的身份功能及信息永久性功能而火爆一时。但如果所有人都保持匿名状态，那么将很难打造一个持久社区。埃文不愿意为“秘密”支付超过 6 000 万美元的收购价格，当时该应用平台估值为 1.2 亿美元，所以也就没有达成任何协议。此后不到一年时间，“秘密”关门歇业。

2014 年 4 月，埃文将目光投向了 Snapchat 急需的一家初创公司，以 3 000 万美元的价格收购了 AddLive——一家可为高品质视频聊天提供后端基础设施的公司。

2013 年初，埃文和公司小型团队开始讨论有关 Snapchat 手机的话题；他们谈论的并不是硬件设备，而是手机的核心功能：发信息和打电话。埃文在高中时就沉迷于即时通信，对早前的即时通信充满渴望，即交流双方同时在线，即时回复对方的信息。在即时通信从 AIM 和其他桌面应用转向移动平台应用时，它的互动性被进一步强化，而且也越来越超越现实生活中人与人之间的交流方式。

在 Snapchat 平台，用户只能通过照片或视频交流；也就是说，Snapchat 教导用户通过媒体而非围绕媒体进行交流。由此，照片扮演了媒体和信息的双重角色。通过来回发送照片，用户可以传递海量的信息，就如同他们同在一个房间里，向彼此展示当前的生活。增加了视频聊天后，Snapchat 的功能变得更加强大了。

“没有电话铃声的手机会是什么样的呢？”埃文后来在接受记者采访时说，“在接下来的100年里，计算的最大约束是隐喻概念。”

埃文激励团队成员充分发挥想象力，不要总想着如何与FaceTime等视频聊天应用做比较，同时要认真考虑朋友应如何通过Snapchat聊天，并把重点放在非永久性和乐趣上面。对很多年轻人来说，Snapchat已经取代了一系列文本信息，比如问朋友正在做什么以及朋友就此问题给出的描述性回复。如果Snapchat取代了给朋友打电话的一系列动作（从拿出手机到拨打号码再到打通电话），直接切入这些动作背后的核心想法，即我想和朋友交谈，那会怎样？

2014年5月1日，Snapchat推出了一项更新，允许用户通过文本和视频进行交流。一旦你离开会话，信息就会消失（当然你也可以点击保存在线程中）。Snapchat用户有两种通话设定选择：一是允许任何添加用户都可以发起视频聊天，二是仅限于互为好友的用户发起视频聊天。此外，视频聊天布局也不同于以往，如果你和好友同时在线，那么小圆圈就会变蓝；长按该按钮，你就可以和好友发起视频对话。无须接通或拒绝你的邀请，他们马上就会看到你的视频流。他们或按住蓝色按钮，加入你的视频通话，并直到你结束通话，或直接离开，以此结束通话。

一旦你的手指离开屏幕，视频聊天就结束了，这与停止视频录制或停止快照或故事的播放颇为相似。将手指放到屏幕下半部分，通过前置摄像头给好友发送视频通话邀请，这时你的头像就会出现在屏幕上；将手指移至屏幕上半部分，转换前置摄像头，这时屏幕就会显示你所处的环境。对老用户来说，这些功能和设计是自然的、易理解和易使用的，他们已经习惯了Snapchat每隔一段时间推出的更新——从最初只能发送图片到发送视频到发送故事再到视频通话，越来越多的功能被嵌入该产品中。但对后期使用Snapchat的用户来说，这会让他们摸不着头脑，因为一时间他们无法消化这么多的功能。

Snapchat 的用户信息提示不区分照片信息、视频信息或文本信息，当朋友给你发送信息时，所有的提示都是一样的。这种统一性和用户的习得行为有助于人们把重点放到照片和视频的交流上。

并购 AddLive 以及新推出的聊天功能进一步提升了 Snapchat 已有用户的活跃度。与此同时，埃文又发现了另外一个有助于用户添加好友的应用——通过它，用户可能会添加非常多的好友。2014 年 9 月，Snapchat 以 5 000 万美元的价格收购了“扫描”——这是一家设在犹他州普罗沃的专注于二维码（一种条形码）扫描的初创公司。

“扫描”原本是加勒特 · 吉在杨百翰大学发起的一个学生项目，当时加勒特也是该校足球队的队长。加勒特、科克 · 维梅特和本 · 特利迷上了二维码扫描器，对利用智能手机与物质世界进行互动的想法充满兴趣，但他们下载的每一个二维码扫描器的使用体验都很糟糕。

于是，他们开发了“扫描”，通过一种简单易用的方式将你的手机转变为物质世界的遥控器。用户可以用它来扫描广告中的产品条形码，然后下单购买。通过该应用，人们还可以为自己的网站或社交媒体账户创建二维码。在杨百翰大学的一次派对上，有人对这三位创始人说，该应用的下载量已经超过 27。这个数量虽然谈不上壮观，但听起来也还不错。后来他们才意识到，他说的这个 27 后面还有一个计量单位：千。

基于直观的名称和易用的设计，“扫描”的下载量很快就达到了百万量级。2014 年 2 月，加勒特参加了美国广播公司的《创智赢家》节目；在该节目中，创业者向投资专家推荐他们的初创公司，专家中就包括亿万富豪马克 · 库班。《创智赢家》禁止参赛选手在电视上展示其公司的网址，但允许“扫描”利用带有二维码的大尺寸展示板进行演示。在节目播出前，加勒特更改了结束地址，观众扫描二维码后会直接转到该应用的 Instagram 账户页面。“扫描”项目虽然没有赢得投资者的青睐，但有超过 3 000 名观众扫描了节目中的二维码，其中有数百人关注了该应用的 Instagram 账户。

大约一年之后，时在夏威夷的加勒特接到埃文有意并购“扫描”的信息。他匆忙搭乘航班赶往洛杉矶，在威尼斯海滩同埃文会面。其间，加勒特向埃文阐述了自己的愿景，即利用“扫描”将物质世界和数字世界连接起来。很快，两人就达成了 5 000 万美元的收购协议。卖掉公司之后，加勒特和妻子又卖掉了他们的大部分财物，然后带着两个年幼的孩子开始周游世界。两个背包，两个手提包，这就是他们出行的全部家当。此外，他们还通过一个名为“人生目标清单之家”的博客分享旅程中的点点滴滴。

很快，Snapchat 就把“扫描”的二维码扫描功能嵌入自己的产品中；这样一来，用户就可以通过扫码轻松添加对方为好友。他们所称的这种 Snapchat 码，很容易让人联想到黑莓信使（BBM）——拿着你的手机扫描朋友的黑莓手机，你立即就会成为黑莓信使联系人。这是该团队杰出才华的又一次展示——让一项已经过时的技术或功能再次绽放光彩。Snapchat 的早期版本亦会显示前三名好友，类似于 Myspace 的好友排名模块。

通过“扫描”，Snapchat 致力于实现将数字世界和物质世界连接起来的愿景。举例来说，在一家商店，你可以扫描某一商品，比如这本书的条形码或二维码，然后获得该商品的相关信息。这会让你进一步了解这件商品，甚至还会促使你购买，购买平台可能是 Snapchat，也可能是亚马逊等合作伙伴。

2014 年 3 月，埃文押注了一家有可能给 Snapchat 带来真正改变的公司。Snapchat 斥资 1 500 万美元收购了这家名为“聚散实验室”（Vergence

Labs）的小型硬件初创公司。聚散实验室打造了一款类似于谷歌眼镜的产品，取名为顿悟眼镜（Epiphany Eyewear）——一种可以录制视频并可把视频上传到计算机的设备。

埃里克·米勒于2011年在加州大学洛杉矶分校攻读MBA课程时开始筹划这一项目，他原本准备打造一整套虚拟现实眼镜，但在谷歌眼镜宣布之后，他意识到他可以打造更超前、更易于操作和更美观大方的产品。在广受欢迎的众筹平台Indiegogo，米勒募集到了7万美元的资金，但他并未就此止步，仍通过各种渠道筹集资金。他经常前往脸书园区，希望能在那里遇见马克·扎克伯格，然后向他推荐自己的项目。

在众筹平台研究其他项目期间，米勒遇到了乔恩·罗德里格斯，后者是斯坦福大学的一名学生，正寻求打造X光视觉的虚拟现实硬件和软件。米勒说服罗德里格斯与之组建团队，并加入聚散实验室。最终，他们把公司卖给了Snapchat。在某种程度上，这可以说是重聚，因为罗德里格斯大一时就和埃文（以及雷吉）同住在唐纳楼。

埃文在公司内成立了一个新的事业部——Snap实验室。除了聚散实验室的团队成员，该部门还引入了富有经验的工程师，相关领域涵盖计算机视觉、视线追踪和语音识别等。在接下来的一年里，Snapchat又招募了十几名可穿戴技术专家、工业设计师和时装行业资深人士。Snap实验室的团队成员经常到中国深圳出差，为Snapchat硬件产品建立供应链平台做准备。

Snapchat从不发布并购活动声明。在被并购的初创公司实现完全独立之后，雇员就会告诉他们的朋友，他们会搬到洛杉矶，其他信息一概不会透露。Snapchat奉行隐秘的公司文化，而Snap实验室的运营尤为隐秘。在聚散实验室同意出售时，米勒给他们的第一位投资者、脸书早期高管查理·奇弗（Charlie Cheever）打去电话说："我们已经卖掉了公司，但不能告诉你买家是谁。我们会把支票给你邮寄过去。”

该事业部的未来取决于它取得的技术进步，但同样也取决于埃文对可穿戴技术所持的不断变化的观点。2013 年 9 月，埃文在 TechCrunch 颠覆大会上发表了一次演讲，当时谷歌眼镜正处在宣传的白热化阶段。他说，Snapchat 根本没有考虑过为谷歌眼镜开发相关功能，并表示该产品让人感到一种“侵略性”，因为它就像“一支指着你的枪”。未来，聚散实验室会不会向这个世界推出真实产品，抑或只是作为 Snapchat 内部的一个隐秘机构，都不得而知。

第二十章

别了，雷吉

2014 年 5 月
里约热内卢，巴西

真是怒火中烧。

感谢诸位。

希望昨天晚上至少有 6 个姑娘……

因为我还从未遇到过。

再次感谢一切。

冠军。

去你的……

斯皮格尔

2014 年 5 月，有人泄露了埃文在大一和大二时（2009 年和 2010 年）写给其他兄弟会成员的 13 封电子邮件。更糟糕的是，这些邮件被泄露给了高客传媒（Gawker Media）旗下专注于硅谷八卦新闻的博客

Valleywag。所有这些邮件，几乎都是在埃文严重醉酒状态下发送的。在某种程度上，这展现了埃文作为兄弟会成员最糟糕的一面。

另外一封邮件这样写道：

> 不要动里面的那根脱衣舞钢管。
>
> 先在屋子里放几天，我看看怎么把它保存起来。

我们谁也不想把大学时的信件公之于众。这些邮件被泄露是非常恐怖的，里面不仅充斥着埃文的各种白痴言论，而且还展现了他对同性恋者的极端憎恶和对女性的极不尊重。这对埃文的公众形象来说是毁灭性的，因为当时他正着力将Snapchat打造成一家严肃的、受人尊重的公司。

埃文和博比忙于应对之策。当时埃文正在巴西，为即将到来的夏季奥运会筹划一个特别项目。埃文在公司董事会的密友迈克尔·林顿在东京，两人相差好几个时区。如同之前的黑客丑闻事件一样，媒体评论人士再次呼吁Snapchat解雇埃文。鉴于埃文的这些言论，有人在想，有多少公司愿意通过Snapchat发布广告，又有多少优秀职业女性愿意在这样一家董事会成员均为男性的公司工作。

《华盛顿邮报》的杰纳·麦格雷戈将埃文的邮件同更广泛的行业问题联系了起来，发布了一篇题为《Snapchat、性别歧视以及女性远离技术行业的原因》的专栏文章。

"我在大学兄弟会期间写的那些愚蠢的邮件被公布于众，我感到非常羞愧和尴尬。"埃文最终在发给媒体的一份声明中表示，"我没有任何借口。我很抱歉当时写这样的邮件，真是愚蠢至极。但它们并不代表现在的我，也不代表现在我对女性的看法。"

我在TechCrunch的前同事乔丹·克鲁克发了一篇题为《Snapchat的

埃文·斯皮格尔就是个人渣》的回应文章，表示“他当然会感到尴尬。这些邮件展示了兄弟会最恶劣的心态，而这种心态会进一步导致女性在硅谷的边缘化”。

“他应该更深刻地反省自己，而不仅仅是道歉了事，我认为他应该辞职。”在线声誉顾问埃里克·希弗在接受彭博社采访时说：“试想，拥有女性首席执行官的公司，比如可口可乐、宝洁或百事，它们会把数百万美元花在一家高层领导视女性为牲口的公司上吗？”

两天后，斯坦福大学教务长约翰·艾克曼迪在发给全体学生的一封电子邮件中写道：“同你们大多数人一样，无论男生还是女生，我认为那些信息是令人厌恶的。现在写这封信，就是为了清楚表明那些邮件并不代表我们——作为斯坦福社区成员的我们——对彼此的期望。”

一时间，埃文从创业明星和斯坦福大学年轻有为的学生榜样，沦落为被人鄙视的社会弃儿。

在接受本书采访的人中，很多人都特意表示那些邮件并不能代表现在的埃文。在大一和大二时，作为兄弟会成员的埃文经常筹划各种稀奇古怪的派对，并撰写各种荒谬的活动宣言，试图胜过他的朋友、胜过过去的自己。那时的他是不成熟的、肤浅的，并试图以一种最糟糕的方式赢得他人的关注。很多人会说，他写那些邮件的时候已经19岁了，已经成年了、长大了，但他还是写下了那样的邮件。不同于Snapchat信息，邮件是无法抹去的，埃文的言语玷污了他的声誉。

邮件泄露事件连同雷吉发起的诉讼行动，让埃文和Snapchat团队大为分心。很快，他们就清楚地意识到，无论付出什么样的代价，

Snapchat 都需要尽快解决雷吉的诉讼官司，这样他们才能够将精力放到更重要的问题上。

自发起诉讼以来，雷吉已经改变了主意，放弃申请法学院的学位课程，同时也终止了在杜克大学的管理研究硕士学位课程。2013 年 6 月，他开始了为期一年的硕士课程，该课程涵盖了 MBA 项目第一年的大多数核心科目。他仍是那个讨人喜欢的、性情温和的雷吉，生活中广交朋友，晚上还会通宵排队，领取杜克大学男子篮球队的赛事门票。

有时，他的同学也会通过 Snapchat 拍下彼此在课堂上打瞌睡的照片或者其他做鬼脸的照片，但雷吉从未告诉任何人他与该公司之间的关系。不过，他的同学还是得到了一些小道消息，事情很快就传开了。

没有课的时候，雷吉会和詹姆斯 · 李及其律师团队讨论正在进行的这起诉讼案。

在春天和夏天举行的多轮会谈中，双方均未达成和解，甚至一度到了只能通过庭审裁决的地步。这样的结果无疑会将结案的时间拖长，而彼此不堪的一面也会得到充分暴露。通过各种立场文件和动议，双方出示了很多与对方相关的定罪证据，同时，双方也都保留了很多实证证据。对埃文、博比和 Snapchat 来说，这场诉讼是一个重大干扰，这时的他们比以往任何时候都更迫切地需要聚焦公司业务。

最终，双方达成和解。雷吉将拿到 1.575 亿美元，并签署禁言令，以后不得再提及 Snapchat、公司的创建或与诉讼案件有关的任何信息；Snapchat 将承认雷吉对公司的贡献。

如同脸书与温克莱沃斯兄弟以及爱德华多 · 萨维林的多起诉讼一样，你很难准确说出谁是胜利者、谁是失败者。雷吉 · 布朗很可能无法将 Snapchat 打造成现在这样一家估值高达数十亿美元的公司，但最初的想法是他提出来的，埃文也是他招募的——他心目中最适合这项任务的人选，并一同创建了这家公司。这种情况下，双方怎么分配才算公平呢？在诉讼期间，Snapchat 的估值之高、增长速度之快，远超双方的想象，更不用说如何公断彼此的所得了。

问题并未就此消散。影片《社交网络》展示了朋友间反目成仇以及通过收费高昂的律师在法庭上对彼此发起种种指控的场景，刺激着年轻的大学生纷纷投入创业大军。埃文以及 Snapchat 取得的巨大成功，进一步掀起了斯坦福大学校园里的创业潮。而雷吉聘请的 LTL 律师事务所，亦成为被驱逐的初创公司联合创始人对新兴技术公司发起诉讼的首选律所之一。

从某种意义上讲，这些诉讼是结构性的，是无可避免的。像 Snpachat 这样的公司，最初是作为兼职项目出现在大学校园里的，但很快，它们就从半成熟的想法发展成为真正具备潜力的初创公司。团队成员要平衡学业和其他承诺，在天赋上、在个人付出方面，彼此之间存在巨大差异。起初，这些项目无足轻重，朋友之间也不会相互计较，但在项目估值达到数百万美元之巨时，人们就会为利益而发起诉讼，这时，友谊就会被弃之一旁。

2014 年 9 月 9 日，Snapchat 在其发布的一则关于诉讼和解的新闻稿中表示，“在斯坦福大学求学期间，雷吉 · 布朗最先提出了打造阅后即焚的照片信息应用的创意。之后，他与斯皮格尔和墨菲合作开发了早期的 Snapchat”。公司刻意选了一个不受人关注的时间点，在苹果公司举行苹果手表（Apple Watch）、iPhone 6 和 iPhone 6 Plus 现场发布会的前一分钟发布了这一消息。

在启动 Picaboo 三年之后、在对 Snapchat 发起诉讼 18 个月之后，雷吉终于和他的老朋友达成和解，并正式得到公司认可。

新闻稿中包含埃文的一段话，他说："我们很高兴能以一种令布朗先生和公司都满意的方式解决这个问题。我们对雷吉创建 Snapchat 的贡献表示感谢，对他推动该应用落地的努力表示赞赏。"

第二十一章

现场

2014 年 6 月

门洛帕克，加利福尼亚州

在“戳一下”惨遭败绩 18 个月之后，脸书依然没有放弃；相反，它推出了一个新应用——“弹弓”（Slingshot），这是对 Snapchat 的又一次复制，尽管功能上略有改变。按照该应用的规则，用户必须给发送人回复一张照片，才能够查看其收到的照片。理论上讲，这会形成一种良性循环，用户之间会不断地发送照片，因为唯有如此，他们才能查看对方发来的照片。

脸书的努力再一次失败。这种强制回复规则意味着人们在看到照片之前必须给出回应，如此一来，他们可能会认真回应，也可能会简单回复一张无关的图片。与 Snapchat 不同，这不是一种有趣的、可持续的对话模式，而是一种怪异的、带有强迫性质的脸书游戏。6 个月后，脸书发布了复制 Snapchat 故事功能的“弹弓”新版本，该版本同样设置了强制回应前提。同先前的“弹弓”版本一样，这个版本也以失败告终。脸书总是不断复制 Snapchat 的功能，但它对 Snapchat 社区却知之甚少，也不了解为什么用户会迷上这样一个专注于非永久性信息的应用。

为更好理解脸书复制 Snapchat 失败的原因，我们不妨再回过头看看“戳一下”。2012 年 9 月 8 日，也就是在脸书推出“戳一下”一个多月前，Snapchat 提交了一项专利申请——“社交网络界面访问单一动作控制的装置和方法”。该专利描述了用户查看 Snapchat 故事内容的方式，其所展示的仅仅是你尚未查看的内容。举例来说，如果你上传了早餐的图片、下午在公园的图片，以及晚上在酒吧的图片，而我已经看过早餐的图片，那么在我点击你的“故事”的时候，我只能看到后面两项内容。

所以，脸书在准备仿照 Snapchat 开发阅后即焚的照片和视频应用时，Snapchat 已经就“故事”做出了更长远的规划。在短短一年时间里，这些故事就通过 Snapchat 的消息获得了每日浏览量，用户每天观看的 Snapchat 故事超过 10 亿条。而在脸书推出“弹弓”的同一天，Snapchat 为“故事”增加了一项新功能，进一步提升了该应用的吸引力。

2014 年春，魔术师大卫 · 布莱恩造访 Snapchat 的威尼斯办公室。Snapchat 的内容总监尼克 · 贝尔认为，如果查看所有同事发布的 Snapchat 故事，他或许就能揭开布莱恩的魔术秘密；同样，这也可以让他从数十个不同角度欣赏到布莱恩的表演艺术。这个想法，同 Snapchat 当时正在开发的一款内部产品的理念颇为相似，而且远比揭开布莱恩的秘密更有价值。单个人的 Snapchat 故事展示的只是他们个人角度的生活，而团体故事则不同，比如围绕音乐会或赛事录制的故事，则可以从每个人的不同角度展示具有吸引力的、有趣的现场活动；或者更进一步，这是从最佳角度展示活动现场。这就不是简单的“我的故事”，而是“我们的故事”。

于是，埃米莉 · 怀特、埃文和团队的其他成员前往拉斯维加斯参加在那里举行的电子舞曲音乐节——雏菊电音嘉年华（EDC），为Snapchat首次进军“我们的故事”督阵。

在雏菊电音嘉年华的举办地拉斯维加斯赛车场，14万名观众都可以进入“我们的故事”中。Snapchat围绕嘉年华场地设置了一个地理屏障，仅限场地内的观众参与“我们的故事”。用户可以像往常一样录制视频，然后选择发送内容至个人的“故事”或公共的“我们的故事”。

添加“EDC现场”为好友的用户可以通过Snapchat收看活动视频。不同于点击相册或搜索标签，所有内容都是由身在活动现场的人提交发布，并由Snapchat雇员负责管理。超过10万人观看了Snapchat首次推出的、来自雏菊电音嘉年华的“我们的故事”。这次直播模式不同于以往的任何现场活动报道，特别是音乐会活动。所有报道均来自现场人员通过智能手机捕获的一手资料，给人一种非常真实的、身临其境的感觉；但“我们的故事”由后台人员管理，他们仅仅展示来自最佳角度的最佳视频。这种组合模式为用户提供了两个最佳世界。Snapchat再一次完成了一项看似不可能完成的任务。

不过，用户会被告知他们正在收看的内容。Snapchat不会在屏幕上打出太多文字信息，所以它不会为了标示故事发生地而显示一个小的文本框。这就像是手机上的电视直播，通过叠加层给出位置等附加信息。

在Snapchat拍摄照片或录制视频之后，用户可以向右滑动手机屏幕添加地理滤镜（geofilters）——显示用户位置的一个小图签。地理滤镜会自动弹出活动所在地，显示“我们的故事”的观众所在位置。但不久后，Snapchat就发布了永久地址功能。最初的地理滤镜既可以显示纽约和洛杉矶的街区，也可以显示特定的位置，如健身房灵魂单车（SoulCycle）和迪士尼。后两处地点并非付费广告，但公司很快就让人们看到，地理滤镜是可以发展成为业务的。

在接下来的 6 个月里，Snapchat 的设计师为街区、城市、大学校园和咖啡店等诸多地点添加了地理滤镜，他们甚至还为门洛帕克的脸书园区添加了一个面带笑容、伸着手指的“鬼脸杀手”标志。随后，Snapchat 向所有用户开放了创建地理滤镜的权限。用户就学校、街区和最喜欢的场所提交设计稿，Snapchat 审查通过后将其添加到合适的位置。这一独特视觉标签比 Instagram 照片上单纯的文本位置更引人瞩目，用户可以据此向他们的好友炫耀自己所处位置的异国情调或抱怨自己所处位置的糟糕。地理滤镜是建立在 Snapchat 故事的环境知觉之上的，同时也进一步提升了这种基于好友位置的环境知觉。之前，你或许得细看天际线或其他具体的地标建筑，才能判定好友所处的位置；而如今，通过一行迷人的大字标题，你就能识别出他们所处的位置。

随着地理滤镜的流行，Snapchat 的“我们的故事”也同样带来了流量。地理滤镜和“我们的故事”相互提供动能：用户观看“我们的故事”，从中加深了对地理滤镜的了解，并越来越多地将地理滤镜用到他们自己的快照和故事中。随后，Snapchat 加大资源投入，为“我们的故事”开发了更多的程序。“我们的故事”进一步扩张，延伸出日常的大学校园故事和城市故事，而在此之前，你只能亲自前往这些校园和城市才能了解当地的风土人情；同时也延伸出全球故事，涵盖体育赛事、音乐会和其他活动。Snapchat 将“我们的故事”更名为“现场故事”，用户发布的内容都必须是在发布前 24 小时内拍摄的，意在营造一种近乎现场的感觉。对于这个老问题，即“我周围发生了什么”，Snapchat 给出了一个解决办法，并以一种引人瞩目的、让人上瘾的方式重塑了社交媒体。

大学故事成为校园里 24 小时的布告栏，展示着在某所大学中发生的种种趣事和各种令人难忘的活动。Snapchat 通过地理滤镜与学生交流，鼓励他们发布校园故事，并告诉他们这些校园故事会在何时因假期停课而结束。学生会上传深夜消防演习时各自跑到宿舍之外的场景，或在期中考试期间游荡于图书馆之中的场景。入选现场故事，意味着 15 分钟——错，15 秒钟——的热度时间。

当然，大学生发布的很多现场故事的内容都与撩情有关。在威斯康星大学，22 岁的大四学生艾比上传了一段她在图书馆的视频，还配上了“纪念图书馆”的地理滤镜，并表示，“威斯康星大学 Snapchat 故事中的那名身着维京人队球衣的男生，我真的爱上你了。来找我！”这名身着维京人队球衣的男生给出了回应，“神秘女生”和“维京人队球迷”开始通过校园故事交流。他们的同学开始在整个校园上传视频，为他们鼓劲加油，希望他们能够相遇，能够上演戏剧性的一幕。Snapchat 创建了名为“帮助维京人队球迷寻找神秘女生”的地理滤镜，以报道这一校园现象。最终，该事件迎来完美结局，两个人在一家名为 KK 的校园酒吧见了面。

城市故事的主角以年轻大学毕业生和提前适应大城市生活（特别是纽约和洛杉矶）的暑期实习生为主。所有故事都试图遵循一个叙事弧。它们或许始自某人喝咖啡或晨跑，中间是办公室里的喧闹，然后以落日或晚间酒会及恶作剧结束。很多故事的长度只有几分钟，但全是原创内容，因为每一段 Snapchat 视频的长度最多为 10 秒。

只有在同一座城市的人才可以观看这些日常故事。不过，Snapchat 也会针对特定地区发布城市故事，比如冰岛的雷克雅未克和肯尼亚的内罗毕。世界各地的任何用户，都可以观看这些一次性故事，并通过 Snapchat 了解一座城市的一天。此外，这些故事也展现了 Snapchat 用户的分布之广，世界各地的年轻人通过这些故事了解彼此的生活。在十字路学校，学生闲暇时仍可以给彼此发送快照，但现在，他们还可以拿出一分钟时间，看看沙特阿拉伯首都利雅得的周三是什么样子的。

为迎接 2015 年的到来，Snapchat 发起了一项全球现场故事活动，鼓励世界各地——比如迪拜、纽约和俄罗斯的圣彼得堡等——的用户贡献自己的故事。与往常一样，Snapchat 的所有用户都可以观看全球现场故事。同时，该公司还在时代广场的屏幕上播放全球现场故事；这样一来，在广场上跨年狂欢的人群在等待水晶球落下的过程中就会看到这些故事（进而有可能下载 Snapchat）。

现场故事是一种极其丰富的讲故事的方式：第一人称、第一现场，并编辑成娱乐叙事。而且，它深受用户喜爱，有数百万人定期收看。最令人印象深刻的是，现场故事是 Snapchat 自身创建的。推特用户可以自行设置标签，YouTube 和推特用户对各自平台的审美都会产生重大影响，但 Snapchat 不同，该公司及其内容团队创建了现场故事及其环境氛围。

克洛伊·德里摩尔负责公司的现场故事团队。她毕业于耶鲁大学，之前写过有关 Snapchat 的专栏文章，埃文读后深有感触，于是将她招募到公司。很快，德里摩尔和埃文就成为工作密切的同僚乃至朋友，两个人经常绕着威尼斯散步，一同讨论现场故事的未来以及其他公司业务。埃文很少与内容团队集体会面，他更愿意把时间用来与德里摩尔和尼克·贝尔交流，然后由他们全权负责各自部门的运营。偶尔，埃文也会和整个部门雇员一起分享公司的远景目标。

德里摩尔组建了一个小型团队，成员均有深厚的专业背景，比如电影制作和故事叙事等；他们来自电影工作室、出版社或文理学院的英语和电影研究等院系。Snapchat 的工程师为内容团队开发了一个定制后台，用于管理现场故事的素材。内容分析师先是挑出有趣的内容，然后回过头来对挑出的照片和视频进行重新编排、剪辑，制作成他们想要的现场故事内容。

德里摩尔鼓励内容分析师像对待一篇小说一样对待现场故事，要有线性时间序列，避免不和谐的跳转；如果故事需要穿过大学校园或某座城市，Snapchat 应显示用户在校园穿行或搭乘地铁的镜头。一般来说，分析师每隔几个小时都会增加三到四个新的 Snapchat“章节”，确保故事的可消化性。如果故事报道的是艾美奖等颁奖典礼，那么开场将会是名人化妆镜头以及他们参加盛大晚会的准备活动，然后是走红毯以及相关社交活动，接下来是现场演出“章节”，最后以派对结束后一线明星的庆祝活动为结尾。如果用户发送的内容没有给出地理滤镜，那么分析师可以加上一个滤镜，给出更多的上下文。一些滤镜仅是为了显示地点，另外一些滤镜是专为音乐会或节假日定制的，还有一些会更新数据，显示实时信息，比如比赛分数和选举结果等。

分析师偏爱话题性的内容。使用 Snapchat 功能，如绘图、字幕和地理滤镜等内容，会受到优先对待。描述性的照片和视频，以及具有故事线的或以独特角度展现的照片和视频更有可能被接受。任何攻击性或负面内容都不允许发布，亦不允许出现裸体、毒品或吸烟（乃至卷烟）的画面，这些行为不符合 Snapchat 致力于打造的年轻、健康和积极的形象。在故事中，负责任的饮酒行为是允许的，但饮酒者不能是未成年的孩子。

随着现场故事的发展，Snapchat 播放的内容越来越多元化——从麦加故事到“同志自豪游行”，再到最高法院裁定同性婚姻合法后的庆祝活动，不一而足。Snapchat 用户上传的数量庞大的内容远远超过了 Snapchat 所能制作的现场故事。早期的雇员在克洛伊的带领下长时间加班，但很快，她就需要组建一个更大规模的团队来应对日益增长的需求。

团队优化了制作流程，并开始提前筹划大型报道活动。依据报道活动类型的不同，比如体育、生活文化、娱乐等，团队被分成若干小组，各司其职。设计师被安排到内容团队，负责为现场故事设计特定的地理滤镜并开发创意资产。团队会每个月召开一次例会，筹划新一阶段的日历，从奥斯卡颁奖典礼到 NBA 总决赛等，人物、事件、时间、地点、起因、经过等诸多因素均包含在内。

如同国际新闻频道一样，Snapchat 也必须保持一周 7 天、一天 24 小时的全球内容更新。这意味着设在威尼斯的内容团队必须在一些非常不合理的时间工作，比如，周末上早班的同事，会在咖啡间遇到凌晨两点轮班的同事。

克洛伊和她的早期团队为该部门定了基调：长时间加班工作，对故事充满激情；工作内容虽然枯燥，但仍要自得其乐。在威尼斯，Snapchat 采取了分散办公的方式，设立了一系列办公室，而不是集中建立一个园区。内容团队办公地点到公司主办公室（包括提供各种美食的食堂）走路需要 10 分钟。这样一来，海滩人行道和威尼斯的各条小道成为奇特的文化熔炉：Snapchat 的安保人员、无家可归的流浪者、软件工程师、冲浪运动者、吸食大麻的当地人、内容分析师，以及拍照的游客紧密交织在一起。

内容团队的办公地点特意设在了工作、生活两用的阁楼；为符合监管部门的规定，Snapchat 在每间办公室的墙角处都放了一张床，使之看起来像个住家。办公室里挤满了内容分析师，他们对着办公桌上成排的苹果计算机显示器忙忙碌碌，一刻不停。如果有外人提出质疑，他们也有话说，你看，墙角摆放着床，壁橱里挂满了衣服，墙上还贴着画，看起来就像一处住所。一些邻居对这种明目张胆打擦边球的办公方式很不满；在收到多起投诉之后，洛杉矶建筑与安全局对 Snapchat 的办公室进行了调查处理。

新雇员首先从大学校园现场故事干起，然后转到地方团队，负责城市故事。如果在地方团队做得出色，他们就会升任内容分析师主管，负责报道大型故事，比如格莱美或超级碗等。克洛伊从加州大学洛杉矶分校等周边大学招募实习生，以他们的视角提供大学校园故事，同时她还招募海外远程雇员，帮助 Snapchat 翻译现场故事。

随着 Snapchat 的知名度越来越高，内容团队的成员开始参加各种大型活动，比如 MTV 音乐录影带大奖和格莱美颁奖典礼等，亲自为现场故事录制内容。除了用户提交的内容，威尼斯的分析师还会查看 Snapchat 团队成员提供的明星红地毯内容、后台内容和派对后的庆祝活动内容等。

Snapchat 吸引了无数眼球，但该公司仍有一个问题没有解决，那就是如何实现创收。

第二十二章

“我们要创收”

2014 年 10 月

威尼斯，加利福尼亚州

2012 年，埃文和博比进行过各种试验，试图让用户为 Snapchat 的附加程序和额外功能付费。在就专注增长还是专注赚钱的问题进行了多番讨论之后，他们最终把重点放到了增长上。在拒绝了脸书 30 亿美元的并购提议后，埃文再一次将创收计划提上日程，但讨论之后，他最终还是决定将 Snapchat 宝贵的资源用到产品开发上，进而打造出了故事、现场故事和地理滤镜等产品。

到 2104 年时，Snapchat 一年的开支已经超过 1 亿美元。埃文进一步推动加快产品的货币化进程。要想让 Snapchat 发展成为一家真正意义上的企业，就要推动公司走上 IPO 之路，这对实现埃文的梦想（打造世界上最重要的技术公司）来说将是一个重大里程碑。有了收入，可以让 Snapchat 在未来的产品开发上加大投入；但糟糕的收入计划会惹恼用户，会影响到增长和参与度，所以他们必须慎之又慎。

埃文、博比以及公司董事会成员米奇·拉斯基和迈克尔·林顿首先将目光转向了亚洲的即时通信服务公司，如韩国的连我（Line）和中国腾讯旗下的微信，它们通过赞助商广告信息和应用内购买虚拟商品方式创收，如贴图和游戏等。微信允许用户订阅品牌传播信息；连我允许用户购买虚拟贴图（描绘迷你场景和表情的小卡通画），用于朋友间的分享。

2014 年 8 月，米奇·拉斯基给迈克尔·林顿发去一封邮件，引述了一名对冲基金经理对亚洲即时通信服务公司的看法。作为公司的两位董事，他们当时对 Snapchat 可能的货币化战略也进行了讨论。

> 它是以“线上”（在亚洲主要是移动互联网）方式获取“线下”商品和服务；在美国，优步就是一个很好的例子，但在亚洲，它的范畴更广。在中国，人们使用微信买衣服、订餐、预订旅行产品、支付出租车费等。我的搭档马特对此评论说，“手机是生活的遥控器”。
>
> 这是一个远超广告一个数量级的重大机会，而这也是我对 Snapchat 的支付试验感到非常兴奋的原因之一。对于时间敏感的或临期的商品，比如音乐会门票，这些试验会让 Snapchat 建立起独一无二的优势。

脸书一直把 Instagram 视为一项广告资产，而之所以收购它，看重的也是这一点。与之相对，Snapchat 则有可能引领美国 O2O（线上到线下）领域的发展。在中国，人们在微信应用内就可以解决各种问题，所以操作平台（如 iOS 和安卓）对它的影响相对较小。如果 Snapchat 能够成为 O2O 领域的主导者，那么它可能就会拥有苹果和谷歌享有的大部分平台力量。

从理论上讲，O2O 策略是颇具吸引力的。但埃文和博比并不认为 Snapchat 用户（主要分布在北美和欧洲）在行为上与亚洲即时通信服务公司的用户存在相似之处，Snapchat 之所以一开始就能取得成功，部分原因是西方用户明显不希望通过一款应用解决所有问题。由此，他们放弃了 O2O 的可能性，并将目光转向广告。

埃文和博比认为 Snapchat 应发展两方面的业务：通信和娱乐。通信和故事相互竞争、相互促进，提升了用户的参与度；通信通过推送通知吸引用户，而故事则通过推送具有吸引力的内容，供用户打发无聊时间。埃文和博比决定分别推动这两大支柱业务的货币化进程。

通信业务包括朋友间发的所有信息，如照片、视频、文本、电话和视频聊天等。现在，他们准备对该业务进行货币化测试：如果用户想重新播放朋友发来的 Snapchat 信息，那么他们需要为该项服务支付 99 美分的费用。娱乐业务包括“故事”和“现场故事”，而从推送模式来看，它们与脸书和推特颇为相似（区别就在于 Snapchat 的所有故事都会在 24 小时后消失），所以它更适合发布广告。按照埃文的安排，埃米莉·怀特和迈克·兰德尔负责公司的广告业务。他们要做的就是引导广告商，并诱使他们在 Snapchat 平台投入时间、金钱和精力，但前提是不影响该应用的用户体验。

在过去的一个世纪里，尽管媒体的形式发生了重大变化，但总体来看，花在广告上的钱基本上是固定的。过去的几百年，见证了用户从广播到电视到互联网再到智能手机应用的迁移，但广告业对美国 GDP 的贡献率一直保持在 1.3% 左右。因此，在广告业，创收的唯一方式就是抢占其他人的市场份额。

2016 年第一季度，摩根士丹利的一名分析师估算说，在在线广告中，每一美元的新投入将有 85 美分流入谷歌或脸书的口袋。要想同这些科技巨头竞争，Snapchat 必须进入精准直销领域，而所依赖的是基于广告绩效的付费模式，比如依照应用安装付费（CPI）的广告或依照点击付费（CPC）的广告。但埃文发现，这种精准广告令人“焦虑不安”，而且 Snapchat 也缺乏与其用户及用户行为相关的数据，难以与脸书和谷歌竞争。脸书和谷歌建立帝国，靠的是抢占平面媒体的广告份额，而 Snapchat 则不同，它想抢占的是电视媒体的广告份额。如果 Snapchat 能够成功赢得电视广告商的青睐，那么它也就没有必要同脸书和谷歌共分一杯羹了。

怀特和兰德尔前往纽约，不遗余力地向广告商阐述 Snapchat 的潜力。初期会谈中存在着一条“陡峭的学习曲线”。因为广告商和营销商的年龄比 Snapchat 核心用户群的平均年龄要大，他们没有真正使用过这款应用，也没有完全理解这款应用。但早在脸书工作期间，怀特和兰德尔就同广告商建立起了联系，他们教后者如何使用 Snapchat、如何为自己以及他们的客户创建账户，并鼓励他们使用该应用，亲自体验它可能带来的广告机会。

在 Snapchat 早期的营销推荐中，最大卖点就是用户的参与度。年轻人每天都用 Snapchat，随时随地，每时每刻。2014 年，该应用的日活跃用户达到 7 100 万人；在美国 18~24 岁的人群中，40% 都在用 Snapchat。

对年轻人来说，他们已经习惯了网站上和其他社交网络上的广告，而网页上和电视上的广告（他们通常是用手机看），已经很难引起他们的关注。然而，就是在这样一个世界里，Snapchat 却让青少年爱不释手。在 Snapchat，用户的每一个行为都是有目的的——点击查看想看的内容，然后长按手机屏幕观看。Snapchat 之所以能卖出高价广告位，原因就在于它有着数百万忠实的年轻用户。

Snapchat 早期的广告中规中矩，但与同行相比，价格极为高昂——他们向广告商收取数十万美元的广告费，但展示时间却很短，通常在 10~30 秒之间。这样做的目的之一，就是以极其高昂的价格降低广告需求，因为当时的 Snapchat 还是一个规模相对较小的团队，而且仍在打造基础架构，无论是技术上的还是组织上的。早期的广告产品几乎不为广告商提供相关数据或信息分析。

其他技术公司（如脸书和谷歌）会给广告商提供海量信息，比如人们是如何与它们的广告互动的，并允许广告商根据用户意图（比如，费城郊区搜索过“园林软管”的人群）或兴趣（比如年龄在 22~24 岁、同时喜欢 NFL 和布鲁斯·斯普林斯汀的人群）进行极为精准的定向广告投放。但 Snapchat 不同，它只会告诉广告商有多少人浏览过它们的广告。在这方面，Snapchat 更关心用户体验，而不是广告商是否对公司团队满意、是否从 Snapchat 的广告中得到了它们想要的东西。这样一来，公司针对广告商的销售任务也就变得异常艰难，同时也把早期市场的门票让给了大公司，因为只有大公司才有高额预算，才有资本在这样一家广受追捧的新兴社交公司身上开展试验。

怀特和兰德尔向广告商强调说，Snapchat 有着不同于其他社交网络的众多特性。而且，迄今为止，该平台几乎没有开展过任何品牌传播或广告活动，所以对早前的广告商来说，它们的广告将会极具影响力。

少数公司已经看到了 Snapchat 早期的广告潜力，其中最知名的就是塔可钟。塔可钟的品牌形象与这个新兴的、原生态应用的审美非常匹配，而且在这个平台上，它还可以免费获取数量庞大的粉丝。用户乐意手动添加塔可钟为好友，这样一来，该公司就会出现在用户的真实好友列表中，从而获得宝贵的免费广告渠道。但对大多数公司来说，它们无法诱使用户在 Snapchat 平台添加它们为好友。

不同于脸书和推特等其他社交公司，Snapchat 不鼓励各品牌在该应用平台发展粉丝群。脸书和推特早先曾极力拉拢媒体组织和企业在各自平台开设账户，便于用户“关注”和“点赞”。与之形成鲜明对比的是，埃文告诉记者说，品牌在 Snapchat 平台创建账户并试图像个人一样与其他用户互动，只会让人感到厌烦。

Snapchat 只希望付过广告费的品牌出现在它的平台上。虽然它没有禁止各品牌创建独立账户，但不会对它们的账户进行免费推广、宣传。一方面，这对公司和品牌来说是有益的，因为它们清楚地知道该平台的游戏规则，而不像脸书、推特和其他社交网络一样，它们用几年的时间告诉你增加粉丝量，但等粉丝量上来之后，它们就会向你收费，唯有如此，你发布的帖子才会被所有粉丝看到。但另一方面，这也是一个非常昂贵的游戏。

怀特和兰德尔发现，Snapchat 是适合发展品牌广告的。品牌的成功源于其打造的持久的用户忠诚度，而基于这种忠诚度，当你走进超市时，吉列和欧仕派（Old Spice）等大品牌就会出现在你的脑海里，它们的产品最终也会出现在你的购物车里。一旦消费者认准了一个品牌，这家公司也就有了强大的顾客终身价值，因为消费者会不断购买。对 Snapchat 来说，重要的一点是，品牌广告旨在通过广告的不断重复而让消费者产生品牌印象，而不是推动消费者去点击广告或去购买，因而品牌广告商也就不会把重点放到数据和信息分析上。此外，品牌广告的市场空间也非常庞大，据估算，2016 年全球规模达到 5 780 亿美元。

传统上，品牌广告商会首选电视媒体，全球每年电视媒体广告额高达 2 130 亿美元。比如，超级碗就是广告的“超级碗”。但随着流媒体服务的到来，看电视的年轻人越来越少了。顺便说一句，大多数流媒体都没有广告，而且比以往任何时候都受欢迎。年轻人即便看电视，也不会看节目中的广告；如果是通过数字录像机（DVR）看，他们会点击快进；就算坐在电视机前，在插播广告时，他们也会低头摆弄手机。Snapchat 为广告商提供了一个与这些年轻人接触的平台，而且他们也确确实实会用手指点击屏幕广告。

10 月 17 日，Snapchat 在其网站上发布了一条名为“Snapchat 广告”的消息，表示该公司将首次在“故事”栏目中插播广告。“一开始这会让人感到有点儿怪异，但我们决定放手一试。”该公司解释说。该条消息继续写道：

> 我们不会在你的个人通信中植入广告，如快照或聊天，因为这是不折不扣的粗鲁行为。我们想知道我们能否为你提供一种有趣的、信息丰富的体验；我们想提供的是过去的那种广告，而不是令人厌烦的、以特定人群为受众的广告。

第一条广告是惊悚影片《死亡占卜》的预告片，时间为 20 秒。这就像是好友分享的故事，而且只有当你刻意点开时才会播放；你可以立即滑动屏幕，选择退出。数百万 Snapchat 用户主动点击，并观看了这条 20 秒长的预告片。

广告商乐意在这个最新、最热的媒体上投放试验性广告。但对 Snapchat 来说，它需要尽快证明广告的有效性，唯有如此才能获得持久的广告收入。很快，Snapchat 团队就对各种不同的新型广告形式进行了测试。11 月，Snapchat 将广告引入“现场故事”，为全美音乐奖制作了一个故事，并植入了三星品牌。在这个基于用户提交内容而产生的故事中，从开场时的红地毯和观众到幕后场景，地理滤镜都给出了明显的公司名称或三星标志。Snapchat 总的收入虽然不高，只有区区几百万美元，但形势令人鼓舞。

与此同时，克洛伊·德里摩尔和尼克·贝尔继续推进“现场故事”项目，与各方签署合作协议，以期获得更多的幕后场景。更多的关注意味着将有更多可与广告相匹配的内容，用户参与度的提高和日活跃用户的增加意味着广告不会吓走 Snapchat 用户。Snapchat 与 NFL、美国职业棒球大联盟（MLB）和美国大学体育协会（NCAA）等体育运动联盟签署了协议；与《名利场》合作报道奥斯卡颁奖典礼以及该杂志专属的派对活动。在这些协议中，有的合作方要求与Snapchat进行广告收入分成，有的则给予它更多权限，而作为交换，Snapchat 需要对合作方的活动进行更好的、免费的报道。所有内容仍由智能手机的 Snapchat 应用拍摄，没有任何内容是通过专业相机拍摄的。Snapchat 用户愿意也喜欢为现场故事提供素材，并希望自己提交的内容能被选中播出。在 2015 年赛季，球迷为每场 NFL 比赛提供的内容素材长达 60 小时。在一些关于大学橄榄球比赛的现场故事中，甚至会有球员上传他们在更衣室内的内容。

现场故事的收看人数已经趋于稳定，基本维持在 1 000 万 ~2 000 万人次之间。据尼尔森收视率数据，2015 年奥斯卡颁奖典礼在 Snapchat 的收视人数为 3 660 万人次，而《绝命毒师》（*Breaking Bad*）最后一集的收视人数为 1 030 万人次。就 2015 年 4 月举办的科切拉音乐节来说，有超过 4 000 万人次收看了 Snapchat 的现场故事。

此外，Snapchat 还在开展各种试验，致力于实现通信端的货币化。2014 年 11 月，公司推出了一项名为 Snapcash 的服务功能，允许好友相互转账。在 Snapchat 的聊天对话框中，用户只需输入美元符号“$”和金额，发送按钮就会变成绿色，这时点击发送就可以立即完成转账。

彼得·芬顿是拉斯基在基准合伙公司的同事、合伙人，同时也是推特的董事会成员，正是他向 Square 首席执行官、推特联合创始人杰克·多尔西引荐了埃文。2013年5月，多尔西推出了一项名为Square Cash的新的支付工具，并通过电子邮件给埃文转账25美元，无须任何签名，埃文就可以轻松将这笔钱转入自己的银行账户。

“这真是一个天才发明。”埃文在回复多尔西时说。

埃文后来表示，这是他在最近几年里看到的“最有趣和最令人兴奋的产品”。他和多尔西谈到了很多合作问题，Square最终决定为Snapcash提供支持，这样一来，Snapchat也就不用再开发独立的支付系统了。

但Snapcash的使用率一直很低。人们最初之所以选择用Snapchat，是因为它是一种有趣的、轻量化的娱乐方式，可以避开脸书、避开互联网的永久性。出于同样原因，他们也不愿意把信用卡信息透露给Snapchat，况且该公司还曾多次遭到黑客攻击。不过，Snapcash的失败并未对用户体验产生负面影响，这毕竟不是一个重大设计，也不是一项决定公司命运的变革。用户直接忽视了它的存在。Snapchat的设计非常巧妙，用户很容易忽略那些他们并不喜欢的新功能。因此，在Snapchat犯错的时候，它犯的只是小错，也就是说，这些错误不会让它失去用户；而在它取得成功的时候，往往都是巨大的成功，比如Snapchat“故事”和“现场故事”等。

第二十三章

空白

2014 年 7 月

威尼斯，加利福尼亚州

埃文·斯皮格尔喜爱音乐。如果没有创建 Snapchat，他可能会开发一款音乐应用。不管怎么说，音乐在他的工作和生活中一直扮演着至关重要的角色；他要见谁，他想出了什么样的营销计划，乃至他希望为 Snapchat 开发何种功能，或多或少都与音乐有关。

从为红牛组织派对，到担任卡帕·西格玛兄弟会的 DJ，再到 Snapchat 办公室震天响的音乐，埃文一直是一个喜爱音乐的人。他喜欢听新音乐，喜欢与朋友分享音乐，喜欢参加各种音乐会和音乐节。在 Snapchat 的早期雇员中，很多也都是音乐爱好者。但在埃文看来，当前的大多数音乐服务都是非差异化的，其带给消费者的体验是糟糕的。数字音乐并不具备现实生活中音乐具备的那种社交性。埃文迫切想改变这一点。

通过 iPod 和 iTunes，史蒂夫·乔布斯在 21 世纪初彻底改变了音乐行业，但音乐创新的步伐就此陷入停滞。从潘多拉（Pandora）到声田（Spotify），大多数新进入的流媒体音乐服务平台，更多的是开展商业模式的创新，并没有真正改变人们发现、分享和收听音乐的方式，更不用说与艺术家的互动方式了。埃文梦想担起偶像的领导角色，改善这个对他来说意义重大的行业。Snapchat 是埃文遇到的最好的创意，但照片分享从来都不是他的最爱，而革新人们分享和消费音乐的方式，才是他真正的梦想所在。

“音乐现在对我们来说真的很有吸引力。它所具有的一些特性，同我们最开始打造 Snapchat 时的一些通信属性是一样的。”埃文对南加州大学的学生说，“现在你们手机上安装的音乐应用，大同小异。通常情况下，你会搜索某首歌曲，然后点击播放。歌曲一般有四五个来源，收取的费用大致相同，但播放频率很高。在手机上，音乐是继通信之后频率最高的行为。所以，在我们看来，这是一个非常有趣的机会，也是我们正考虑进军的领域。”

在 Snapchat 之前，各种即时通信工具给人的感觉是大同小异，无论是 iMessage、脸书信使还是 WhatsApp，基本上都是功能一样的工具。但随着 Snapchat 的出现，图片成为通信媒介，删除成为默认选项，进而催生了新的行为。埃文希望他开发的音乐应用或音乐功能同样也能够催生新的行为。而且，Snapchat 是一家引领文化时尚的公司，它与硅谷的很多技术公司是不一样的。埃文很清楚现实生活中的普通用户喜欢什么，认为什么很酷。再者，Snapchat 的办公室设在洛杉矶，它在音乐方面是有比较优势的。

“当我们看时下的音乐行业时，我们会发现，很多关于音乐的对话都是围绕商业模式和分销渠道展开的。”埃文在技术新闻网站 Recode 举办的代码大会上表示，“从基于交易的模式到基于订阅的模式的转变，是云储存还是下载，这是我听到的人们关于这个行业的讨论话题。我们总是试图从产品角度考虑问题：人们真正想从音乐中得到什么？什么样的唱片是伟大的？怎样才能制作一张伟大的唱片？我们正在一步步接近音乐……那么，有没有一种比专辑曲目更好的音乐产品呢？我想一定是有的，而这也正是我们有兴趣去做的。”

在公司经营上，埃文采取了非常严密的组织管理方式，并为所有雇员设立了战略目标。他希望把 Snapchat 打造成一个超越通信和社交媒体的帝国，所以他想知道他们都把业余时间花在了哪里，以及怎样才能充分利用他们的时间并从中获取价值。幸运的是，他发现他们把很多时间都用来听音乐，这与埃文的酷爱完美匹配。

Snapchat 董事会成员、索尼娱乐首席执行官迈克尔 · 林顿利用自己在音乐行业建立起来的广泛人脉为埃文牵线搭桥，并为他安排了一系列重量级的会见活动，这其中就包括格莱美奖得主梅根 · 特雷纳、史诗唱片（Epic Records）前总裁 L.A. 里德和音乐视频及娱乐公司 Vevo 首席执行官里奥 · 卡拉夫等。经林顿引荐后，摇滚名人堂成员卢 · 阿德勒的两个儿子曼尼 · 阿德勒和艾克 · 阿德勒开始就音乐相关工作与 Snapchat 展开合作。

当时，埃文想收购或成立一家唱片公司，专注于发掘和投资艺术家。Snapchat 可以利用自身产品对签约艺术家进行宣传推广，埃文还想拿出一部分股权或采取收入分成模式，增加该平台对艺术家的吸引力。但公司顾问以及林顿告诉他，这样做不可行，而且会让 Snapchat 在核心业务上分心。最终，埃文理智地放弃了这个想法。

埃文持续不停地推动 Snapchat 开展各种试验活动。他更喜欢测试原型产品而不是观看 PPT，所以设计师和工程师会开发 5 个、10 个乃至 20 个聊天应用版本，然后提交给埃文，让他选择喜欢的版本。对 Snapchat

团队来说，他们经常开发一些从来都不发布的功能和产品。如果埃文能够在音乐产品上取得成功，那么无论是从用户还是从收入角度看，都会对 Snapchat 产生重大影响。

埃文曾经让团队开发过一款音乐产品，这款产品既具备 Snapchat 以媒体进行交流的功能，又符合埃文对数字化音乐运营的愿景。然而，这款产品从未发布过，或许是因为音乐版权过于复杂、成本过于高昂。

对于埃文提出的各项试验，公司雇员都愿意全力推进。在技术行业，埃文所持的这种“仁慈的独裁”并不鲜见。很多有远见的人，如乔布斯、埃隆·马斯克和杰夫·贝佐斯等，在组织管理上都采用了类似的乃至更专制的方式。但问题是，乔布斯、马斯克和贝佐斯已经取得了非常显著的成就，所以无论他们做什么决定，雇员都会全力以赴。埃文似乎已经迈入远见者的行列，但从目前来看，他只是打造出了一个蓬勃发展的 Snapchat 而已。当然，他值得人们给出的种种赞誉，但任何一家公司在发展过程中都会经历剧痛，都会接受市场的审查，而在这些剧痛期，埃文需要证明自己仍可比肩那些具有远见卓识的人士。

“我想我们团队会说我是一个做事果断的人，但我经常改变主意。这两者可以说是一个独特的矛盾体。”埃文对 Recode 网站的卡拉·斯维舍尔说，“但实际上，这意味着我们做决策的速度要快，同时又要保持变通性和灵活性。我们要让它成为我们业务的关键组成部分。所以，我们团队中有人会说，‘给我 6 小时’。”

埃文这种善变的做法会挫伤雇员的工作热情。虽然经验不多，但他是一个非常自信的人，甚至到了自以为是的地步。很多雇员认为，他不愿意接受他们的意见和建议。他是一个完全不考虑别人感受的人，喜欢诅咒人，而如果他认为某个想法不好，就会非常直白地表达出来。

埃文一直不断地试验各种音乐产品，有的是为了市场考虑，有的纯粹出于兴趣，还有一些是作为备用功能。Snapchat 为地理滤镜和现场故事等新功能发布的广告，让戈尔登罗姆、小泳池乐队（Smallpools）、卫兵乐队（Guards）、万斯·乔伊和提雅斯多等艺术家或艺术家组合走到了聚光灯下。在推出“故事”功能的时候，Snapchat 团队账户给用户发送了小泳池乐队的一支音乐短片，在视频播放结束后，用户看到了“双击收听”的字样，链接的是小泳池乐队的 iTunes 页面。

流行音乐 DJ 捷德为 Snapchat 聊天 2.0 版本制作了声音以及铃声。2015 年 2 月，麦当娜在 Snapchat 发布了新专辑《心叛逆》（*Rebel Heart*）中的首支音乐短片。在这个信息非永久性的应用平台，用户可以在 24 小时内收看《为爱而活》（*Living for Love*）。2015 年底，戈尔登罗姆通过 Snapchat 发布了他的新迷你专辑——《仿佛你从未离开》（*It's Like You Never Went Away*）。在 5 天的时间里，戈尔登罗姆发布了 4 支不同的音乐短片，然后再将它们组合到一起，制作成一个时间更长的连续故事。这 4 支音乐短片都是采用垂直方式拍摄的，并按 Snapchat 格式编排，使之适应于智能手机的竖频定向。这有别于你在 YouTube 或电视上看到的那种传统的宽屏模式，因而也就不需要用户将手机屏幕横过来观看。虽然这些视频被归入音乐类别，但对 Snapchat 来说，这也是对未来系列内容产品的一个有趣的试验。

埃文酷爱的音乐项目虽然没有花费 Snapchat 太多的钱，也没有造成用户流失，但同样也没有给公司带来收入或用户数量上的增长。在初创公司，试验文化很重要，但更重要的是要有一个强聚焦点，而这可能是埃文和 Snapchat 欠缺的。埃文的偶像之一乔布斯曾经这样说道：“人们认为专注就是对你所专注的事情说‘是’，但这根本不是专注的真正意涵。专注意味着你要对另外 100 个好的想法说‘不’。你必须要小心谨慎地做出选择。事实上，对于我们做过的和没有做过的事情，我同样感到自豪。创新在于对 1 000 件事情说‘不’。”

埃文为 Snapchat 打造的战略愿景与该公司办公室的布局如出一辙，即技术和艺术的组合以及持续进行试验的文化。Snapchat 的办公区分散在风格迥异的各个办公楼里，进而形成了鲜为人知的、“竖井式”的公司结构。

不同于设立中央总部的脸书或谷歌等公司，Snapchat 多年来一直购买或租赁小型办公室，办公地点遍布整个威尼斯、圣莫尼卡和玛丽安德尔湾。在安保人员的陪同下，埃文乘坐一辆黑色的路虎揽胜，往返于各办公室之间。Snapchat 的主办公区位于市场街，是一个由多处办公楼（一层或两层建筑）组成的集群，距离威尼斯海滩仅一个街区。

设计团队、高管办公室、商业运营部门、行政部门和公司食堂均设在 Snapchat 位于市场街的主办公区。进入主楼大厅，抬头就可以看到埃文在二层的玻璃墙办公室。同样，在办公室里，埃文往下望去，也可以看到任何进入办公楼的人。前台旁边有两台赛格威电动平衡车，分别标着埃文和博比的名字。最终，随着公司规模的不断扩大，食堂已经容不下雇员集体就餐。如此一来，Snapchat 各团队开始涌入威尼斯当地餐馆或是点外卖，比如艾尔瓦里克餐厅的秘鲁美食，或生鱼片小屋的生鱼片饭。

很多技术巨头都喜欢那种可以容纳公司全员的、开阔的开放式办公空间，而埃文则不然，他更喜欢小型办公室——可以满足一个小型团队办公需求的小型办公室。每个团队都有独立的办公区，仅限该团队使用，而不是为整个部门或整个公司准备的。

埃文让那些曾经给予他灵感的艺术家装修 Snapchat 的办公室。室内裸露砖墙上挂着蒂娜·菲、乔治·克鲁尼、安迪·沃霍尔、纳尔逊·曼德拉和“蠢朋克乐队”（Daft Punk）成员等名人的肖像画。所有这些明星都是以自拍方式出现在手机屏幕上。2013 年 8 月，埃文的一位朋友在会见派拉蒙电视台总裁艾米·鲍威尔时，在后者的办公室用手机拍下史蒂夫·乔布斯的一幅肖像画。埃文看到后非常喜欢，然后找到了这位艺术家——赖安·威尔逊。现在，Snapchat 的办公室里已经挂有 12 幅威尔逊的“自拍肖像画”，而第 13 幅，也就是威尔逊与埃文第一次见面后画的史蒂夫·乔布斯的肖像画，现在挂在埃文的办公室。

有一天，埃文带领早年在十字路学校时就认识的艺术家怀亚特·米尔斯参观 Snapchat。其间，米尔斯注意到办公室外墙一片空白，单调乏味。于是，埃文请他帮忙装饰一番。米尔斯在三个拱门上方的一堵墙上创作了一幅色彩鲜艳的巨型壁画。

埃文之所以选择威尼斯和洛杉矶作为公司办公地，就是为了避开硅谷，但他可能会把威尼斯变成第二个硅谷。人们对 Snapchat 乃至整个技术行业的怨恨情绪已经开始在威尼斯及周边地区发酵，它所反映的正是旧金山科技行业和社区之间长期以来存在的问题。

一方面，Snapchat 对威尼斯乃至洛杉矶的创业生态产生了积极影响。它给洛杉矶带来了高素质的人才和风险资本，为其他初创公司的发展提供了便利。几年之后，如果 Snapchat 成功上市，那么有的雇员最终会离开，进而成立他们自己的初创公司，并转变为天使投资人。这样一来，整个社区就会水涨船高，不断发展下去。

但另一方面，Snapchat 的成功也导致当地房屋租金的上涨以及社区的中产阶层化，使一些长期生活在威尼斯的居民不得不搬往外地。埃文最初将 Snapchat 的办公地点选在威尼斯，是因为雇员可以在酒吧公开谈论工作，而无须担心谈话会被竞争对手、记者或技术界的其他人听到。这座原本吸引艺术家、作家、诗人和披头族的小镇，现在吸引的却是希望能在技术界掘得一桶金的年轻专业人士。Snapchat 之所以能在威尼斯实现蓬勃发展，是因为这里没有人关心技术或应用；现在，无可否认的是，Snapchat 已经彻底改变了这一点。

第二十四章

发现

2014 年 7 月

威尼斯，加利福尼亚州

Snapchat 有意成为私人网络而非社交网络。

埃文希望用户与他们最亲密的朋友高频分享，而不是与数千人分享。用户在故事中分享的照片和视频，为 Snapchat 提供了非常出色的内容。但如果用户看完了朋友发布过的所有故事，他们就会感到无聊，进而退出该应用，或者添加更多的一般性朋友乃至新闻媒体，以及他们在现实生活中根本就不认识的人。内容是所有社交网络的核心，从朋友在 Instagram 晒的午餐，到总统发布的推特，再到你亲戚在脸书发布的帖子，无不如此。而内容的无限供应会最大限度地提升用户的黏性，这样一来，这些社交网络就可以向它们的用户展示广告了。

在脸书和 Instagram，用户看到的内容来自三个不同群组——密友、熟人和专业内容创作者，而所有这些内容的推送方式都是一样的。埃文对来自熟人的内容丝毫不感兴趣。Snapchat 的即时通信服务和“故事”可以让用户与密友实现互动，而“现场故事”和一款名为“发现”（Discover）的新产品，则是专门为用户观看第三方内容而开发的。

所有社交网络最终都会被那些寻找潜在受众的品牌、广告商和媒体公司渗透进来。那么，Snapchat 平台上的专业内容会是什么样的呢？如果它一早就能为媒体出版机构和广告商打造一个沙盒，为其辟出一个独立区域，那么它们可能就不会给“故事”造成污染。

埃文长期以来对新闻行业保持着浓厚兴趣，这可以追溯到早年他在十字路中学选修新闻课和兜售报纸广告的时候。同媒体和技术行业的很多人一样，埃文也感觉社交媒体推崇速度至上，认为速度比准确性和质量等要素更重要，而且在推送的新闻中，充斥着太多的“标题党”，诱使用户点击低质量的作品。他所梦想的世界是，出版商提供高质量的新闻，以此吸引有实力的、忠实的受众和广告品牌。在 Snapchat，所有这些将归属一个独立分区，确保故事推送不会因此而受到影响。

于是，在 2014 年初，埃文开始会见媒体公司的首席执行官，并向他们提出了一个简单建议：为 Snapchat 制作独家内容，入驻该应用，然后对广告收入分成。与他有过会谈的主流媒体公司包括 CNN、ESPN（娱乐体育节目电视网）、美国广播公司、《每日邮报》、喜剧中心频道（Comedy Central）、《大都会》（*Cosmopolitan*）、《国家地理》、《人物》（*People*）、《魅力》（*Glamour*）、*GQ* 和《连线》等；新兴媒体公司包括 BuzzFeed（嗡嗡喂）、Vice、Mic、NowThis、Deezer、Right Now 和 CSS 等；音乐公司包括声田、Rdio、Soundcloud、华纳音乐集团和 Vevo 等；他甚至还同视频点播服务平台 Hulu 公司的高管进行过会谈。

对出版商来说，Snapchat 的出现恰逢其时。媒体世界已经清楚认识到这样一个现实：读者花在手机和应用上的时间越来越多，而花在网站上的时间则越来越少。更糟糕的是，读者经常使用的也就是少数几个应用，大多数人都不愿意下载出版商的应用。人们不仅不再看报纸，而且也不再访问报纸的网站。正如网络毁掉了印刷版刊物一样，手机打破了出版商在线上建立起来的脆弱平衡。由此，出版商开始跨平台推送内容，而那些用户规模庞大的平台则成为它们的追捧对象。

对出版商来说，市面上已有的最佳产品当属脸书。无论是在网络端还是在移动端，它都拥有庞大的用户群，提供高度相关的广告，并收取高额费用。出版商试图重拾基于浏览器的商业模式，将展示广告和横幅广告转移到移动平台，但效果不佳。正如埃文对相机打开速度和快照发送速度的理解一样，在移动端，速度就是一切。用户在等待内容下载时，即便只是等 1 毫秒，他们也会考虑更换应用。

基于此，脸书开发了一款名为“即时文章”（Instant Articles）的产品，邀请出版商入驻“围墙花园”，创建下载速度更快的、更具美学特征的文章。“即时文章”发布于 2015 年 5 月，但同 Snapchat 推出“发现”时一样，在产品发布前的几个月里，脸书雇员也一直忙于与媒体合作伙伴的会谈。出版商不愿意将它们的客户关系移交给脸书，一个主要的原因就是，这家社交网络一直明确表示用户优于出版商。对出版商来说，最好自然是由它们自己来掌控客户关系；若非如此，那么同两三家技术巨头合作，也比仅同一家垄断公司合作要好得多。

在这种环境下，出版商对 Snapchat 开发媒体产品持欢迎态度。后者推出的“发现”可以作为脸书媒体产品的替代品；更重要的是，“发现”允许媒体公司在 Snapchat 内部的虚拟杂志摊创建它们自己的空间。出版商每天可以为数以百万计的 Snapchat 用户提供动态文章。这是一家发展速度非常快的公司，媒体机构与之合作，利远大于弊。

2014 年 4 月，Snapchat 从新闻集团（News Corp.）挖来了尼克 · 贝尔，由其担任媒体部门负责人。贝尔组建了一个新团队，成员包括乔希 · 斯通和尼科尔·詹姆斯。乔希早前毕业于十字路学校，同时也是斯坦福大学卡帕-西格玛兄弟会的成员；尼科尔曾开设博客，早在 2011 年 7 月就开始撰写与 Snapchat 有关的文章。克洛伊·德里摩尔继续负责“现场故事”内容平台。埃文很早就参与了“发现”项目，并亲自参加了针对出版商的早期推荐；之后，他将项目交给了贝尔。贝尔在 Snapchat 是一位很有影响力的高管，并很快融入了埃文的核心圈子。

前面提到的那些出版公司的内容创作者应邀前往威尼斯小镇，同贝尔、乔希以及项目团队的其他成员就 Snapchat 频道设计和所发布内容等问题进行商谈。他们大多制作了模拟版本，或被邀请加入这个平台，或被要求制作更多可证明自己的范本。对于应邀加入“发现”的媒体公司，Snapchat 严格保密；但同时，该公司也喜欢在示范材料中展示知名机构的标志，如《华尔街日报》，以此提升这个新平台的信誉度。

埃文原打算当年夏天上线该产品，但很快他就发现，在如此短的时间内开发用户功能，开发后台发布工具，并让媒体公司入驻，目标太不现实。于是，他将发布“发现”的时间延迟到了 2014 年 10 月。虽然项目延期，但整个团队却丝毫没有松懈，仍按部就班地同内容和广告合作伙伴共同推进产品开发。整个夏天，Snapchat 团队一直与潜在的出版商保持着密切联系，评估艺术团队设计的种种版本，决定产品各项功能，监测出版商每天可以发布多少篇故事，等等。Snapchat 最具争议的决定是，不允许出版商在故事中加入链接。这一点不同于脸书或推特，这两家公司均允许出版商将读者导流到它们自己的网站。但“发现”则不同，所有的故事只能在“发现”中显示，禁止用户前往出版商的领地。

“‘发现’将为最引人入胜、内容丰富和具有娱乐性的主题提供给服务平台。”该公司在一项演示中对出版商说。每一家出版机构每天都可以发布一个包含多项内容的版面，但需要遵循三项原则：简洁、混搭，以及沉浸式体验。版面由多个故事组成，而每个故事都包含一张主图或一段短视频作为导引；如果用户滑动屏幕查看故事，则显示更长的视频、更多的图片，以及文本文章等。整个夏天，他们都在讨论要不要把“发现”打造成一款持续更新的、类似于社交媒体的产品，但最终，Snapchat 团队决定把它打造成一款更像杂志而非传统社交媒体的静态产品。同伟大的唱片一样，伟大的“发现”也应由美妙的单曲组成，而这些单曲合在一起，讲述的则是一个强有力的、令人愉悦的故事。

尼克·贝尔、乔希·斯通和尼科尔·詹姆斯会与出版机构的合作伙伴会面，但都是单独会面，从未把所有出版商邀集到一起；会面时，他们会就出版商制作的样本给出反馈意见和建议。大多数反馈都是他们自己的个人见解，而不是建立在调研或焦点小组的研究结果之上。

早期开发的“发现”原型产品，笨拙而又复杂。在收看发现平台内容时，用户必须用手指按住屏幕，这就意味着出版商要为用户手指预留出空间，以免遮住一个故事的重要内容。“发现”的这一特性同 Snapchat 其他产品的特性是一样的（一旦手指离开屏幕，内容就会停止播放）。埃文总喜欢谈公司用户的高参与度，尽管用户需要按住屏幕才能收看内容，但是，当用户观看 CNN 或 Vice 推出的更长的视频时，强迫用户用手指按住屏幕是否有意义呢？

不同于最初上线的 Snapchat，那时它看起来非常丑陋，但现在，它已经是一家非常成熟的公司了，它需要拿出时间来改进“发现”，并消除各种各样的问题，然后再向世界发布。夏天过后，他们放弃了用户必须用手指按住屏幕才能查看信息的要求——不仅是秘密打造的“发现”放弃了这一要求，Snapchat 旗下所有产品都放弃了这一要求。用户用以分享内容或点击查看长故事或视频的上拉式菜单选项被进一步简化，用户只需下滑屏幕就可以查看长内容，点击并按住长内容则可以将其分享给其他用户。原先粗糙的、多层的图形叠加系统亦被简化，用户可以直接给视频和图片添加图形。

Snapchat 团队仍忙于发现平台的开发。在许多会议上，尼克·贝尔或尼科尔·詹姆斯会向出版商推荐新的功能，比如视频上传工具等；但这些新功能通常都还处于开发之中，所以出版商是无法实测的。最初开发的出版工具不仅速度慢，而且也难以操作。如果 ESPN 在发现平台上传的某版内容存在差错，那么他们就无法在 Snapchat 系统内编辑，而必须撤回并重新修订，然后再上传新的版本。鉴于这样那样的问题以及这样那样的变化，产品开发时间一点点流逝，Snapchat 不得不将 2014 年 10 月的发布计划推迟到 2015 年 1 月。

最终，Snapchat 为出版商推出了一个功能完善的内容管理系统（CMS），以及一款允许它们预览发布内容的应用。项目团队需要向创作者讲授内容制作的方法，原先拍摄电视节目视频或其他宽屏格式视频的方法需要改变，以适应 Snapchat 的垂直水平风格。为全屏观看视频，用户不得不把屏幕横过来，这是一个很不友好的设计，为此，Snapchat 推出了全屏垂直视频。Snapchat 教出版商如何剪辑现有视频，并将其转换成垂直格式，但实际上，它是希望出版商开始以垂直格式拍摄专属于"发现"的视频内容。

Snapchat 拒绝采用硅谷所热衷的以数据为驱动、以可量测性为中心的方法，比如脸书对动态消息和趋势话题所采取的算法，并要求发现平台的所有内容都必须由人工编辑添加。"对于'数据可以解决一切'这个想法，业界存在一种畸形迷恋。"埃文曾经说道，"我没有见过能给出成效的数据，但我见过能给出成效的伟大编辑。"

在这一点上，项目团队起初做得过于绝对化了，直到出版商提出要求之后，他们才将分析报告工具嵌入平台。最开始，这些分析工具非常简单，仅是从工程师的视角出发，给出相关活动数据。这些数据无非就是一个日常的电子表格，相关数据包括用户在出版商版面上停留的时间以及单条故事的点播量等。最终，这些工具发展成为一个提供可行性洞见的报告套件，相关数据包括文字和色彩的最佳搭配以及何种类型的故事会大规模吸引用户等。

在尼克·贝尔及其团队同出版商洽谈期间，Snapchat 组建了自己的发现平台团队。当他们教出版商如何在该平台创建内容时，一个显而易见的事实呈现出来：没有谁比 Snapchat 雇员更了解 Snapchat 用户。那么，为什么不自己创建一个发现频道呢？这样一来，他们既可以向出版商展示如何在发现平台赢得受众，又可以为公司打造一个广受欢迎的创收频道。再一次，Snapchat 按照好莱坞、网飞模式而非脸书、推特、硅谷模式（后者支持不创造任何内容的中立性平台）来打造内容频道。

Snapchat 聘请福克斯前高管马库斯·威利担任发现频道负责人，并在威尼斯为他配备了一个大型办公室，便于有才华的创作者制作每日更新的内容。威利是《杰茜驾到》、《神烦警探》、《明迪烦事多》和《开心汉堡店》等喜剧片项目组的负责人。Snap 频道的旗舰剧《真的没办法》由萨莎·斯皮尔伯格和埃米莉·高德温自编自演，前者是史蒂文·斯皮尔伯格的女儿，后者是约翰·高德温的女儿，而约翰·高德温的祖父就是美高梅公司中的“高”。埃米莉·高德温与埃文同一年进入斯坦福大学，同一年毕业。《真的没办法》共有 9 集，每集长度为 5 分钟，讲述了两名女主角在洛杉矶的各种恶作剧。同发现平台的其他所有内容一样，每集也都会在上线 24 小时后自动消失。此外，音乐艺术家也会前往威尼斯，在 Snapchat 办公室拍摄视频、制作歌曲，然后发布在发现频道。

转眼夏天过去，时间进入 9 月，广告商开始排队等候入驻这个新的平台。在广告收入分成方面，Snapchat 给出版商开出的条件是，如果广告是Snapchat卖出的，则五五分成；如果广告是出版商卖出的，则三七分成，出版商拿大头。这是一场艰难的议价谈判，但与脸书和推特等其他社交媒体相比，这样的条件还是蛮不错的。在广告收入上，脸书和推特等社交媒体并不与出版商分成，不过它们允许出版商通过内容链接提升站点流量。为避免用户遭到广告轰炸，Snapchat对出版商每期内容能插播的广告上限设定为三条，而在该期内容中，前三则故事中不得出现广告。此外，Snapchat还对广告采取了统一定价策略，即便是出版商卖出的广告，也必须经它批准后才能发布。广告要尽量与平台内容相匹配，全屏垂直有声视频最长时间可达10秒。

Snapchat董事会成员、索尼娱乐首席执行官迈克尔·林顿将尼克·贝尔和乔希·斯通介绍给索尼娱乐的其他高管，索尼娱乐很快就与该平台达成协议，成为最先签约的广告商之一。林顿还为他俩引荐了音乐行业的高管，但后期进展并不顺利。

索尼音乐娱乐和环球音乐集团共同成立的音乐视频服务平台Vevo，因不满收入分成计划而退出了与Snapchat发现平台的对话。在发给尼克·贝尔的一条信息中，Vevo首席执行官里奥·卡拉夫表示，Snapchat提议的收入分成协议是“我们迄今为止见过的最糟糕的商务协议”。

10月底，由于无法在内容的创意控制程度上达成一致意见，BuzzFeed退出了与Snapchat发现平台的对话，但这并没有阻止“发现”的前进步伐。12月，出版商开始陆续在该平台发布内容，并进行日常更新，尽管当时Snapchat还没有正式向公众公布这一平台。在平台发布前的一个月，出版商每日上线的内容仅对Snapchat雇员开放，供测试使用。埃文对此非常关注，他会就出版商上线的相关内容给出个人反馈。

这是Snapchat成立以来发起的最复杂的项目之一。工程师在开发产品时不仅要考虑用户，而且还要考虑出版商。尼克·贝尔的媒体团队要同数十家潜在合作伙伴进行谈判，要管理入驻平台的媒体公司，要应对中途退出的公司，并要确保平台内容的高质量。埃米莉·怀特、迈克·兰德尔和销售团队要说服广告商为一个新推出的、未经验证的产品买单，而且是出高价买单。新组建的原创团队需要厘清上线内容的风格和格式，确保与这个全新平台实现最佳匹配。此外，该平台的发布计划也延迟了数月之久。进入 2015 年，一切终于准备就绪。2015 年 1 月 27 日，“发现”正式发布，入驻该平台的媒体公司有 CNN、喜剧中心频道、《大都会》、《每日邮报》、ESPN、美食频道（Food Network）、《国家地理》、《人物》、Vice、雅虎新闻和华纳音乐集团。

“发现”给人的感觉就像 24 小时新闻周期之前那个时代的遗产。静态页面，再加上有限的频道，对用户来说这就像是看电视或者浏览 20 世纪 90 年代早期的门户网站（如雅虎等）。对于“发现”，用户一开始并未表现出极大的热情，但由于 Snapchat 用户规模庞大，即便是一小部分用户感兴趣，对出版商来说也意味着每天数百万的阅读量。由此，出版商可以接触到高度专注的年轻人群，而且内容的制作成本也不高，因为篇幅都很短。

对喜剧中心频道来说，Snapchat 很快就成为收看人数第二多的平台，仅次于电视，且轻松超过 YouTube、喜剧中心频道的官方网站和其他社交平台。通过发现平台，喜剧中心频道对那些通常不会在电视上首播的节目进行测试。如果一名喜剧演员或一名有潜力的新人，无力撬动数百万美元的预算来拍摄一部新电视剧，那么喜剧中心频道可以拍摄一部总共 6 集的 Snapchat 连续剧，成本只有区区几千美元。喜剧中心频道在发现频道上线了《尼基速成班》，并对《和尼基·格拉泽在一起不安全》进行电视首播前的推广。米歇尔·沃尔夫在喜剧中心频道上线的某部 Snapchat 原创剧中饰演一个角色，后成为《每日秀》（*The Daily Show*）

的常驻轮换演员。

音乐电视台（MTV）重新恢复了在21世纪初开播的真人秀节目《名人豪宅秀》（*Cribs*）。这是一档以名人豪华住宅为特色的节目，后于2011年停播。新一季的《名人豪宅秀》采用垂直拍摄方式，是专为Snapchat发现平台制作的。很快，内容制作人就组建起了完整的团队。他们对摄影师和制片人进行培训，教他们学习如何垂直拍摄并培养新的思维方式，确保节目播放格式与发现平台实现最优匹配。

不同于脸书或推特，在发现平台，所有频道的地位都是平等的——无论是CNN或ESPN等老牌公司，还是Vice等新兴公司，它们在吸引观众方面都处在同一起跑线上。这个地球上所有的年轻媒体公司，如Pop Sugar、Refinery29和Tastemade，无不采取积极推荐策略，希望入驻Snapchat发现平台。这家原本被媒体奚落为搞色情应用的公司，现在已经成为最新最重要的媒体平台、所有人都渴望加入的媒体平台。

发现平台是非常成功的，但研究一下Snapchat主动选择放弃的项目，也相当有趣。通过开发发现平台，Snapchat在系统内搭建起了一个迷你型互联网。现在，该应用已经具备即时通信功能、社交网络推送功能，以及专业出版商上线内容的传播推送功能。它还建立起了用户身份体系，包括个人电话号码、用户名和朋友图谱等信息。它甚至还拥有一个名为Snapcash的支付平台（但最终未能发展起来）。对Snapchat来说，这些就是它搭建应用平台的积木。

Snapchat原本可以打造一个强大的API（应用程序编程接口），允许开发者基于Snapchat平台开发他们想要的任何应用。脸书通过它的API（一个蓝色的脸书小按钮，用户可以通过自己的脸书信息登录其他诸多应用），将用户身份体系同整个互联网交织在了一起。苹果和谷歌对其应用商店内的付费应用抽取30%的佣金，大赚特赚。开发者希望基于

Snapchat 开发该公司从未想到过的应用、无数的应用；其中，最好的应用将脱颖而出，并将进一步提升 Snapchat 的用户体验。这样一来，用户就会把更多时间花在 Snapchat 上，而 Snapchat 也会赚更多的钱……一个良性循环由此形成。

但这不是埃文想做的。他不想看到一个基于 Snapchat 平台开发的《开心农场》。他希望完全控制 Snapchat 的用户体验，从头到尾都由自己的公司掌控。数十年来，开放式开发（允许开发者基于你的平台开发相关产品）和封闭式开发（控制你的用户的全部体验）一直是软件领域的一个热门话题。如同他的偶像乔布斯对麦金塔的态度一样，埃文坚定地认为 Snapchat 应走封闭路线。于是，他关闭了面向开发者的大门，但敞开了面向明星的大门。

第二十五章

成功的钥匙

2016 年 1 月

威尼斯，加利福尼亚州

“他们不想让我和 Snapchat 的首席执行官见面！就是这位首席执行官，他拒绝了 3 000 亿美元！大咖秀！请继续收看。”DJ 哈立德于 2016 年 1 月前往威尼斯访问 Snapchat 总部期间对着镜头说。他说埃文拒绝了一笔数额超过丹麦 GDP 规模的收购提议，显然是不可能的。讲完之后，他打开自拍视频，埃文出现在镜头中，就站在他身旁笑。哈立德给这段视频打出的字幕是：“首席执行官埃文·斯皮格尔，成功的钥匙!!!!!!!!!!!!!!”然后在下方添加了一个定制地理滤镜：滤镜中的哈立德手持麦克风，下方是他的崇拜者，举着写有“粉丝之爱”（Fan Luv）的牌子。

依据年龄和对 Snapchat 使用情况的不同，你可能会想：“哇，终于提到了 DJ 哈立德的 Snapchat”；也可能会想：“我这到底读的是什么？”让我们简单介绍一下背景。

哈立德·哈立德（Khaled Khaled）是 DJ 哈立德的真名，他是一名来自迈阿密的、40 岁的 DJ 和制片人。他原是音乐界的一个小角色，最知名的是他于 2010 年发布的白金唱片《做什么都要赢》。2015 年，在巡演休息时，一个朋友告诉哈立德可以试一试 Snapchat。自此之后，他开始用 Snapchat 记录生活中的每一刻：同狮子雕塑对话，同植物和花卉对话，并告诉它们他是多么爱它们；而最重要的是，他不停地向粉丝灌输“赢”的理念，并提供各种各样的建议。

他的积极态度引起了人们的共鸣，而他的口头禅，如“成功的关键”“我们是最棒的”“祝福”等，也成为一时的流行语。他讲他在床上和旅游巴士上会放很多很多的枕头，因为它们对他来说非常重要。他谈论那些公开憎恶他的人，并称之为“他们”。他说：“他们不想让你吃早餐，所以我一定要吃早餐。”我们已经习惯了电视真人秀节目中或社交媒体上那种精心剪辑的、不真实的名人生活；哈立德的不拘一格、发自内心的励志言语，以及相对粗糙的视频制作品质，让他在 Snapchat 平台获得广泛关注。

有一天，哈立德在迈阿密南部的比斯坎湾驾驶摩托艇游玩，但回家时突然迷了路。这次意外对他来说是一个转折点。“关键是要成功。”黑夜里的他一边寻找回家的路，一边不停地对自己说。他一直开着闪光灯拍摄视频，告诉粉丝怎样找回家的路。他录了一段自拍视频，并评论道：“关键是不要在黑夜里开摩托艇。”他的这个故事十分有趣、呆萌和怪诞。在 Snapchat 平台，哈立德受到广泛欢迎，经口口相传，他很快就积累起了 600 万粉丝。

很少有人能完全理解 Snapchat，而善于利用它为自己赢得广泛关注的人就更少了。DJ 哈立德也由此成为广受欢迎的商业化人物。以 2016 年为例，哈立德同诗珞珂（Cîroc）签署了一份协议，同意在他的 Snapchat 故事平台推广该品牌伏特加；他还签约担任了苹果音乐 Beats 1

台的 DJ，负责一档每周一期的电台节目，并与雷·利奥塔一起为苹果音乐拍广告片。2016 年 7 月，哈立德发布了他的第九张音乐专辑《成功的关键》，2017 年 6 月发布了第十张专辑《感激》。这两张专辑都有与音乐圈的大腕明星合作，从杰斯到蕾哈娜再到贾斯汀·比伯，不一而足。

在 Snapchat 平台，想要获得关注是很难的。脸书、推特和 Instagram 会依据用户已经关注的账户，向他们推荐应该关注的好友、好友的好友乃至名人和模拟账户。毕竟，从某种意义上讲，你关注的人越多，你要看的内容就越多，因而你看到的广告也就越多。但埃文致力于开发的 Snapchat，刚好与脸书和推特相反。Snapchat 旨在为你和你生活中的朋友打造一个互动空间，而不是为你和你的成千上万的线上好友或粉丝打造互动空间。对用户来说，除了少数他们特别喜欢的名人，他们很少会关注其他陌生人。

但在 Snapchat 成为广受追捧的新宠之后，名人仍蜂拥入驻这一应用平台。凯莉·詹纳就自称在该平台拥有 1 000 万粉丝。而 Snapchat 对名人也表现出了一定的热情，创建了自己的蓝色认证标志——类似于其他社交媒体使用的同类标志，并在名人的用户名一侧添加了一个表情符号，比如贾斯汀·比伯（其用户名为"rickthesizzler"）。DJ 哈立德在 Snapchat 平台的官方表情符号自然就是"钥匙"。不过，搜索和发现名人依然很困难，因为名人并不是平台的主导者。大多数名人最晚于 2016 年加入 Snapchat，有一些略早，可能是在 2015 年加入的；而在此之前，另外一个群体即"Snapchat 明星"早已赢得了广泛关注。在 Snapchat，这些非官方的明星把他们的故事转变成每日的电视节目秀，娱乐粉丝。

肖恩·麦克布莱德是一名来自犹他州的 27 岁的摩门教徒。早前在一家滑板和滑雪板运动服装公司任销售代表时，他经常到各地出差。出差期间，他会给 6 个年龄在 13~22 岁的妹妹发信息，告诉她们自己在哪里、在忙什么。她们让他去下载 Snapchat，尝试之后，他就开始给她们发快照。

基于这一平台，麦克布莱德在绘画上的创作天赋得到发挥，他的妹妹把他创作的涂鸦分享给自己的朋友，而她们的朋友又添加“Shonduras”（麦克布莱德的用户名）为好友，使得他的粉丝量不断增加。早在 Snapchat 发布“故事”前，麦克布莱德就已经获得了大量关注，所以他必须拿出 45 分钟的时间，逐一点击粉丝的名字，然后给他们发送自己的每一幅涂鸦作品。

与麦克布莱德大批量发送涂鸦作品大约同一时间，波士顿一位名叫迈克尔·普拉特科的美术老师开始不断听到自己的学生谈论一个十分奇怪的应用——Snapchat。于是，他决定下载一个，一探究竟；注册账户之后，他发现自己的联系人列表中只有一个人，那就是他 13 岁的堂妹。随后，他开始给她发送神秘博士（Dr. Who）、哈利·波特和其他著名角色的超精细绘画作品。最终，在妻子的强烈敦促下，他开始把这些作品发布在知名博客平台汤博乐。2014 年 1 月，BuzzFeed 的一位作家偶然发现了普拉特科发布在汤博乐的作品，并就此写了一篇文章，称这位创作者是“Snapchat 的凡·高”。几乎在一夜之间，他在 Snapchat 平台的粉丝从 12 个人增加到 1 万人。①

对普拉特科和麦克布莱德来说，除了媒体宣传，他们很难再有实现粉丝增长的渠道。Snapchat 平台没有转发或分享功能，也没有推荐关注或推荐好友功能，所以，任何一个粉丝的增加都源于口口相传。普拉特科和麦克布莱德在此期间相识，彼此分享最佳方法，并展开合作。通过

① 在 Snapchat 平台，大多数用户都会将个人账户设为隐私状态，也就是说，只有在用户接受并添加某人为好友后，后者才能够看到他们的 Snapchat 故事，但也有用户会设为公开状态，任何添加他们为好友的人都会立即看到他们的故事。

Snapchat 故事，这个二人组发起了一场拳击赛：普拉特科通过自己的账户（用户名为“MPlatco”）告诉粉丝说，他打出了一记重拳，然后让他们去麦克布莱德的账户看有没有击中对方。通过这种互动方式，两个人的粉丝量都出现了大幅增长。对那个时期的大多数 Snapchat 明星来说，这种相互引流的合作方式可谓标准规程，但最先蹚这条路的却是该平台的两位原创画家。

为进一步提升粉丝量，普拉特科购买了 10 000 张广告标签，并表示会免费邮寄给任何向他提供地址的 Snapchat 粉丝。这些标签印有他的用户名、Snapchat 标志，以及一条留言——“若看到该标签，请发快照至 MPlatco。”之后，他不断收到人们发来的快照信息——他们或是在路灯杆上、或是在浴室里看到了他的标签。此次活动给他带来数千名新粉丝。

普拉特科和麦克布莱德建立合作关系后不久，迪士尼向他俩伸出橄榄枝，并邀请他们飞往奥兰多参加迪士尼 Snapchat 账户的发布会。很快，两个人就辞去了先前的工作，将全部时间投入 Snapchat 平台。现在，普拉特科发布故事的单条平均点播量约为 12 万次。你能想到的所有影视工作室，几乎都和他保持着合作关系，他一天的收入高达 7 万美元。在 Snapchat 平台，能获得如此高的酬劳非常惊人，毕竟，内容制作只需要几分钟的时间，而且在上传之后的 24 小时内就消失了。对创作者来说，他们几乎不用做任何前期准备工作或后期制作工作，也几乎不用对内容进行任何编辑或剪辑。但也正是这种未经编辑的美学，使得 Snapchat 广告看起来更像是其他 Snapchat 内容而非赤裸裸的广告。普拉特科和麦克布莱德等明星可以让品牌真正抓住青少年的注意力，而这是极为宝贵的。

在 Snapchat 平台，很少有人能像朱莉安娜·戈达德一样积聚起数量庞大的粉丝。戈达德来自佛罗里达州坦帕市，是一名26岁的创业者，Snapchat用户名为“YesJulz”，自称“励志达人”，在Instagram、推特和脸书等平台拥有数十万粉丝。她原本是迈阿密某家夜总会的推销员，后于2014年成立自己的机构，主打社交媒体和夜店主题。Snapchat故事刚一推出，她就加入其中，虽然最开始时她的粉丝量很少，但都是忠实粉丝。2014年，赖安·西克雷斯特将她的Snapchat账户列为该平台七大最佳账户之一，粉丝量由此大增。

通过戈达德发布的内容，你会发现她生活中的每一分钟似乎都充满了力量和激情，并给人一种发自内心的真诚。她穿梭于各大城市和各大洲，参加各种会议和各种派对，无论是在大型活动结束后躺在床上，还是在NBA全明星赛或格莱美颁奖典礼现场，她都会把镜头转过来，以自拍模式同粉丝交流。在Snapchat平台，她拥有超过30万粉丝。据一些分析人士预计，她参加一场活动的费用在2.5万~100万美元，赚钱方式包括引流、使用赞助商产品，以及为相关客户如彪马、Vevo和红牛进行活动推广等。

在距离戈达德居住地不远的迈阿密，整形外科医生迈克尔·萨尔茨豪尔在Snapchat和Instagram平台上以“迈阿密医生”（Dr. Miami）的标签而出名——他在Snapchat平台的真实用户名是“therealdrmiami”。萨尔茨豪尔的成名之路始于Instagram，起初是一名找他看病的患者建议说，他可以在该平台分享自己的日常工作照片，这比分享美食和家人的照片要好。通过发布手术前后的工作照片，这位专注于整形外科手术的“迈阿密医生”在Instagram积累起了数量庞大的粉丝。之后的2015年2月，他15岁的女儿建议他试试Snapchat。先前他听说过这个所谓的色情应用，但不是很清楚该如何操作，后来是一名年轻的同事教他使用的。

过去，“迈阿密医生”习惯征求病人意见，问他们是否介意拍照发在

Instagram；但现在，他只会问他们是否介意发在 Snapchat。他的第一个病人故事获得了 1 800 次点播量，而紧接着第二个故事就上升到了 2 500 次。到第一个月结束时，已有 3 万人观看“迈阿密医生”解说手术规程、术前准备工作，乃至手术本身。而到 2015 年夏，观看他分享故事的用户已经超过 10 万人，有的粉丝还跑到他的办公室要求和他合影，另外还有很多人为他带去亲手制作的、以胸部或臀部为主题的蛋糕。

2016 年，“迈阿密医生”单个故事每天的平均点播量已经超过 100 万次。早前他的业务就很好，但现在更进一步，尽管他已经将费用提升了 20%，但手术安排还是预约到了几年之后。据他预计，社交媒体带来的业务量大约在 700 万 ~800 万美元，如果一天能有更多个小时，他还能赚更多的钱。

“迈阿密医生”认为，这种狂热现象源于 Snapchat 平台营造的密切关系。不同于真人秀节目，任何收看故事的人都可以直接给他发信息。现在，他请了两名全职雇员，负责录制他的 Snapchat 故事，并回应 Snapchat 信息，这些信息涵盖了咨询、手术、医学，乃至他在办公室演奏的音乐等各种内容。他还认为，他的 Snapchat 故事对社会是有益的，因为这些故事会让病人深入了解手术室，切切实实地看到外科医生的手术过程。

通过分享手术故事，“迈阿密医生”让人们更多地感受到身体之美，而志向远大的演员麦肯齐·斯蒂思则通过分享自己的故事，让人们更多地感受到内心的安宁。作为一位生活在洛杉矶的 Vine（短视频社交媒体平台）明星，斯蒂思通过分享生活中的各种笑话和短剧，在 Snapchat 平台赢得了超过 7 000 名粉丝。她还经常公开谈论自己的焦虑症和恐慌症。

同“迈阿密医生”一样，斯蒂思亦将自己的 Snapchat 账户设为公开状态，而且每天都会同大约 20 个粉丝交流，谈论各自的焦虑体验以及如何才能获得帮助等。在斯蒂思看来，人们不愿意过多谈论自己的焦虑症，而且一开始也会像她一样，觉得自己是这个世界上唯一患恐慌症的人。她认为她花在 Snapchat 上的时间是非常有意义的，并会经常收到粉丝的来信，感谢她在缓解焦虑方面为他们提供的帮助。

另一位 Snapchat 明星早在该平台成立之前就曾尝试过通过网络分享自己的故事。2007 年，创业者简侧田成立了现场视频平台——侧田电视（Justin.tv），并通过佩戴在头部的一台网络摄像机全天不间断播放自己的生活。在他看来，这是一个又酷又疯狂的创意：通过广告或赞助，或许有一天他能把它转变成一种生意。但最终，他关闭了这一平台，进而发展视频流业务，这就是后来的 Twitch——一个供人们观看视频游戏的平台。2014 年 8 月，简侧田及其合伙人以 9.7 亿美元的价格将 Twitch 出售给了亚马逊。

简侧田于 2013 年开始尝试使用 Snapchat，但当时并没有真正感受到它的魅力。用他自己的话说："我试了一下，当时主要是出于行业研究目的，发现它的用户界面相当不友好，而我在上面的活跃好友也屈指可数，总之，给人一种过时的感觉，之后两年我就一直没有打开过它。"2015 年，看到朋友们津津有味地讨论并一遍遍观看 DJ 哈立德驾驶摩托艇迷路的故事，简侧田决定再试一下 Snapchat。

他发现 Snapchat 比他早前尝试打造的侧田电视要好很多，后者是 7 × 24 全天播放，不仅耗费太多时间，而且还会涉及太多无聊的事情。通过 Snapchat，他把一天中最有趣的、阅后 10 秒钟即自行消失的照片和视频整合为两三分钟的故事。简侧田将个人账户设为开放状态，他的 1.1 万名粉丝都可以给他发送信息，平均每小时他会收到 10 条信息。① 2016

① 他同意接受本书采访，就是我通过 Snapchat 发信息跟他预约的。

年 5 月，在知名孵化器 YC（Y Combinator）担任合伙人的简侧田向他的 Snapchat 粉丝发出邀约：给予申请者一个小时的时间，让他们向 YC 推荐他们的初创项目。最终，简侧田和 YC 从超过 400 名申请者提交的项目中选出了三个资助项目。

风险资本不仅流向那些利用 Snapchat 平台进行宣传推荐的公司，还资助那些制作 Snapchat 内容的公司。2016 年 3 月，一个不同寻常的多风的下午，我来到威尼斯的格兰德沃克咖啡店，买了一杯咖啡；该店距离 Snapchat 总部只有几个街区的距离。之后，我叫了辆优步出租车，向北朝着圣莫尼卡驶去，途中经过优美的望远镜大楼（现为谷歌办公室）。在即将到达圣莫尼卡码头时，我们转向进入 10 号公路，驶过埃文早年就读的十字路学校。之后，我们驶入 405 号公路，不料拥堵了很长时间，然后向北行驶。我拿出手机打开 Snapchat，看看从布伦特伍德一路出发，经加州大学洛杉矶分校和保罗·盖蒂博物馆（ Paul Getty Museum），然后到穆赫兰大道，途中会出现哪些地理滤镜。当我们驶入山中经过哈佛西湖学校（Harvard-Westlake School，一所著名的私立学校，Snapchat 的很多早期用户就来自这里）时，洛杉矶尽收眼底；再往前走，抵达目的地——“阿森尼克之家”（Arsenic House）。

进去之后，我听到了蕾哈娜的高分贝电子单曲《加把劲》。6 名身穿性感内衣的模特正准备为媒体公司阿森尼克拍摄照片。在 Snapchat 平台，阿森尼克被称为新的《花花公子》。在这个厨房和办公室合二为一的工作场所，后方场地的玻璃桌上凌乱地摆放着含羞草（Mimosa，一种鸡尾酒）和红牛饮料，前方场地供模特揉面和烘焙蛋糕。几名 20 来岁的随从人员用苹果手机拍摄现场场景，另外还有多名专业摄影师负责给模特拍照。在震耳欲聋的音乐声中，模特和摄影师一起又跳又唱。

在拍摄期间，我同阿森尼克的智囊团成员阿曼达·米卡列夫和比利·霍金斯聊了起来。霍金斯早前在华尔街工作，后成为好莱坞经纪人，服务威尔·史密斯等明星。米卡列夫同杰米·林恩·西格勒和朱莉亚·罗伯茨一起拍过电影；作为业余爱好，她创办了《阿森尼克杂志》——原本是打算出纸质版的。米卡列夫很快意识到，摄影师和模特是很乐意搭配合作的；如果给予其足够的创作自由并提供作品展示舞台，他们都愿意免费工作。模特越来越多地将Instagram账户作为她们的数字简历，并利用社交媒体的影响力获取高薪演出机会。正是在这种情况下，阿森尼克成长起来，但主要平台还是Instagram。

一名在该公司实习的南加州大学学生建议说，阿森尼克也应入驻Snapchat平台。米卡列夫和霍金斯对Snapchat一无所知，但她们告诉这名女生，不妨由她试试看。试运营非常出色。现在，阿森尼克发布的Snapchat故事，每天点播量超过50万次。此外，它还在Snapchat平台创建了专注于音乐、艺术和幕后场景等内容的新账户，增加频道数量。它同一线音乐人，如迪波洛、史奇雷克斯、杰雷米和狄龙·弗朗西斯等建立了合作关系。凯蒂·埃文斯是阿森尼克旗下的签约模特，曾经登上过时尚杂志《箴言》（*Maxim*）和其他知名杂志。早前，她在Snapchat平台分享的故事，点播量只有区区几百次，但同阿森尼克合作拍摄之后，这一数字飙升至近5万次。这是因为，模特经常把她们的Snapchat账户植入阿森尼克的拍摄中，模特与模特以及模特与阿森尼克相互引流，就像早前麦克布莱德和普拉特科采取的推广方式一样。

那么，为什么阿森尼克会在Snapchat火爆起来呢？仅仅是靠色情吗？一开始我就是这么想的，但事实是，任何拥有智能手机的人，只要点一下屏幕，就能获得他们想要的那种色情。实际上，在Snapchat平台，阿森尼克甚至算不上是最色情的，因为那里有真正的色情内容！

如同每一位利用Snapchat“故事”推荐作品、获取粉丝的Vine明星和有抱负的演员一样，脱衣舞女郎和色情明星也抢滩入驻Snapchat平台，很多人为了区区几美元而发送自己的裸体视频和照片。事实证明确实有人使用Snapcash给她们转账！有的人利用Snapchat故事宣传推荐他们在其他网络的作品，或仅仅为增加粉丝量。有的人通过Snapchat视频信使提供个性化色情节目并以此换取现金。色情信息违反了Snapchat的社区指导方针，而该公司也一直严厉打击色情信息传播，坚决关闭与色情相关的账户。尽管如此，色情信息在该应用平台依然存在，毕竟这是互联网，只是未呈泛滥之势。

那么，为什么一个Snapchat内衣频道会火起来呢？这同样源于一种亲密关系。当然不是那种关系。在你看阿森尼克播放的节目时，你看到的是美女，但她们展示的是自然的美，而不是粉饰到极致的美。她们也会像你的朋友一样手舞足蹈，做各种鬼脸。而就制作品质而言，这些视频与你好友分享的故事又颇为相似。所以，即使只是百万受众之一，你也会产生一种亲密感。阿森尼克的走红，同DJ哈立德、麦克布莱德、戈达德或我们谈及的该平台的其他任何明星一样，都是靠朋友之间的口口相传。

2012年，时任《大西洋月刊》主编的阿列克西斯·马德里加尔创造了一个术语——“暗社交”（dark social），用以描述我们通过信息和电子邮件私下分享文章和其他链接的方式。据他估计，70%的推荐流量来自“暗社交”而非脸书和推特。Snapchat不提供链接，所以这些小王国的崛起完全依仗“暗社交”，这和该应用最初在校园里的发迹一样，靠的就是人与人之间的悄悄传播和文本信息推荐。

随着Snapchat越来越受欢迎，以15~30岁人群为目标客户的各品牌意识到，它们需要以某种方式参与这场游戏，但实际上，它们大多数并不知道如何使用该应用。自21世纪初锚定脸书之后，广告商和营销商已经非常适应推特和 Instagram 的推荐模式了，但 Snapchat 是一个截然不同的社交媒体网络。在推特和 Instagram，喜剧品牌如“去他妈的杰里”（Fuck-Jerry）和“胖犹太”（TheFatJewish），以及模拟账户上传的各种有趣的原创图片或其他互联网图片受到广泛欢迎。广告商和营销商可以与那些最受欢迎的账户合作，传播与其受众相关联的有趣内容。然而，Snapchat 过于个人化，而用户分享的基本也是个人故事，这种模式并不适用于喜剧品牌和模拟账户。同样，对品牌账户来说，它们大多也无所适从。

在此背景下，一批数字机构迅速填补了广告商和 Snapchat 用户之间的空白。有的专注于为广告商和 Snapchat 用户牵线搭桥，比如纳里蒂弗（Naritiv）和德尔蒙多（Delmondo）；有的将 Snapchat 作为其提供的数字产品之一，同时也为 Instagram、推特和其他社交媒体站点制作产品，比如壁龛（Niche）。这些机构在相互竞争中又保持着合作，因为它们要为广告商制定关键绩效指标和标准体系（比如，如何计算点播量，如何对一个没有链接、点赞、评论或转发功能的应用进行测量，等等）。

2015 年初，在发现平台刚刚推出、Snapchat 广告尚处于起步阶段时，广告商开始不遗余力地在该平台上传有吸引力的内容。对于 Snapchat 广告，60%~70% 的用户会在收看 3 秒之后关闭。同其他大多数广告商一样，可口可乐也把用于电视的广告直接迁移到 Snapchat 平台。但在该平台为 NCAA 半决赛制作的现场故事中，这家碳酸饮料巨头发现其广告效果很差，之后，它对自己的战略进行了反思和调整。

可口可乐将目光转向了一位冉冉升起的年轻新秀——在 Snapchat 平台以系列短喜剧和定格动画故事而闻名的哈里斯 · 马科维茨。马科维茨向可口可乐解释说，在 Snapchat 平台，尽管内容会在 24 小时后自行消失，但创建和发展官方账户仍是有价值的，因为这一播放期限会创造一种紧迫感。

“如果可口可乐有自己的电视台，而且你们知道每个晚上都有3万人观看，这有价值吗？”马科维茨问。当然有价值。“这就是Snapchat。”他解释说。

在他的第一支可口可乐广告中，马科维茨制作了一条把可乐递给朋友的定格动画故事；可口可乐的Snapchat官方账户在这次推广宣传中获得了5 000名粉丝。接下来，他又制作了一支广告：他和一个朋友争夺一听可乐，希望把它作为礼物送给某个女孩，这给可口可乐带来了更多的粉丝。再后来，可口可乐又请他为Snapchat的秋季返校日现场故事拍广告片。

马科维茨首次参与现场故事广告时段的拍摄，可口可乐为此支付了数十万美元。在研究了其他广告商的现场故事后，马科维茨发现它们的广告看起来了无新意，基本是电视广告的翻版。他拍摄了一段自己返校前在公寓试穿各种衣服的延时视频，当然还不忘抓起一听可乐。整个视频都是用苹果手机拍摄的，他甚至还刻意降低了视频的质量，让它看起来更粗糙一些。这支广告在Snapchat现场故事独家播出，54%的用户观看了这段长10秒的广告，而这也是Snapchat历史上表现最佳的广告之一。

事实证明，要让年轻的Snapchat用户观看广告，最好的方法就是交给年轻人来做。

第二十六章

保密

2014 年 11 月

卡尔弗城，加利福尼亚州

2014 年 11 月下旬，一个周一的上午，索尼娱乐首席执行官、Snapchat 董事会成员迈克尔 · 林顿驱车赶往位于洛杉矶西部卡尔弗城的索尼影业办公楼。索尼影业首席财务官打电话告诉他，该公司遭到了黑客攻击。美国政府后来表示此事件有幕后黑手，而这也是该公司史上最具破坏性的黑客攻击事件，起因是索尼影业制作的喜剧片《采访》。该片主演为塞斯 · 罗根和詹姆斯 · 弗兰科。当林顿到达办公室时，索尼影业的整个系统已经宕机下线。他要应对雇员、媒体和美国联邦调查局（FBI）提出的一系列问题；而且，他还要给埃文 · 斯皮格尔打个电话。

对埃文来说，恐怕没有什么比董事会层级电子邮件大规模泄露更糟糕的事情了；当然，Snapchat 本身遭黑客攻击除外。媒体连篇累牍地发布被泄密信息，包括 Snapchat 私下收购的公司、拒绝脸书 30 亿美元并购提议的内部操作以及其他高机密文件等。

埃文给Snapchat团队发了一封题为《保守秘密》的信。早前在Snapchat遭黑客攻击、用户数据泄露时，他曾发表过无关痛痒的声明和似是而非的道歉，但这一次不同，他的表态非常个人化、充满了激情。他还将这封信发到了推特账户，对媒体乃至整个世界公开：

保守秘密

昨天晚上，我们的商业计划被公布于众，对此我想了很多。特别愤怒。特别崩溃。

整个早上我都想哭，所以我出去走了走，把一些事情好好想一想。我甚至还遇到了我的一位高中设计老师，她给了我一个大大的拥抱。我真的很需要这样的拥抱。

我发自内心地告诉你们，我真的为你们感到骄傲。我想给你们所有人一个大大的拥抱，因为保守秘密让人备受折磨，让人精疲力竭。

保守秘密意味着你要夜以继日地工作，你要很晚才能回家，意味着你和你的爱人、你的朋友在一起时，你不能分享你正在做的所有非凡的事情。这是痛苦的、累人的。

但秘密也把我们聚集到一起。

我们保守秘密，是因为我们喜欢给人惊喜。我们保守秘密，是因为这是我们向这个世界持续展示我们的最佳方式——成长不仅是可能的，而且也是必需的。我们保守秘密，是因为这样做是对的，而不是因为这样做是容易的。

我们保守秘密，是因为这可以让我们的工作免于人们的论断——直到我们做好公布的准备为止。我们保守秘密，是因为保守秘密可以为你提供一个改变主意的空间——直到你确信你是对的为止。

我们所关心的，就是花时间把事情做好。秘密可以帮助我们做到这一点。

秘密为我们保留了我们这个社区和公众之间的空间，这是一个我们在表达和创造上感到安全的空间。

我很抱歉，我们的工作被扰乱了、被曝光了。

有人问我接下来会怎样。首先，我们会抓狂、愤怒和丧气。但这没什么大不了的。

有人试图按照他们的意图塑造我们或者解散我们，一窥我们的真实面貌，这是不公平的。有人试图拿走我们所有的努力成果，让我们的社区、家人和朋友吃惊，这是不公平的。

有人窃取我们不愿公开的秘密，并公之于众，这是不可以的。

在我们不再抓狂、愤怒和丧气的时候，我们就该继续做我们要做的事情了。而且，我们要比之前好十倍。

我们将改变这个世界，因为它并不是我们想要生活的那个世界。

埃文·斯皮格尔

2013 年初，在雷吉对埃文、博比和 Snapchat 提起诉讼时，埃文转入蛰伏状态。对于任何追踪报道该起诉讼的记者，他都怒不可遏，尽管他也知道这是他们的职责。而且，记者已经证实是他把雷吉赶出了公司，是他谎称阅后即焚的最初创意来自博比而非雷吉。在我以撰稿人身份为 TechCrunch 报道该诉讼时，埃文切断了与我的联系。自从我开始跟踪雷吉的诉讼案后，埃文就再也没有接受过我的采访。

在雷吉提起诉讼之后的 4 年里，埃文只接受过少数几次采访。此外，他也极少安排公司的其他人接受媒体采访，包括公司高层管理人员、董事会成员和投资者等。即便是投资者、顾问或朋友，在被动接受媒体采访后，他们也会感受到埃文的怒火。

在埃文同意接受采访时，身边通常会有一个和蔼可亲的面孔，比如迈克尔·林顿或《大都会》总编辑乔安娜·科尔斯，后者后来加入Snapchat董事会。埃文偶尔也会接受高中生或大学生的采访，因为他渴望帮助下一代的创业家、艺术家和思想家。但毋庸置疑，还有一个原因就是，学生提出的问题的尖锐程度自然赶不上专业记者。在接受家乡报纸《帕利塞德邮报》采访时，文末写有一条声明，声明全文："斯皮格尔同意在不问及争议性问题的指导原则下接受《帕利塞德邮报》采访，他亦不允许记者对采访对话进行录音。"

埃文同很多记者之间的关系，也是他生活中其他关系的写照。他倾向于以一种二元化的方式看待别人：聪明的或愚蠢的，有用的或无用的，是或不是。他是一个情绪化的人，不喜欢戴面具，不喜欢装模作样。无论是接受记者采访还是参加潜在广告商的鸡尾酒会，他从不掩藏自己的棱角。若以年龄和职业地位为标准维度，很少有记者能与年仅27岁、事业有成的埃文相称，而即便有，那也是屈指可数。年长的、有资历的记者很难完全理解Snapchat，令埃文倍感挫折。整体来看，Snapchat的用户群偏向年轻化，而在报道该公司的记者中，与核心用户群年龄相仿的几乎没有。

因此，媒体对Snapchat的报道声音一直以来都很刺耳。起初，它被扣上了色情应用的帽子；之后，记者又称它是一个幼稚的玩具。自始至终，都很少有记者认真做过功课，去理解Snapchat，去理解它的用户、它的影响。而埃文一直以来又不愿意与记者分享Snapchat背后的故事，所以在媒体的叙事中，Snapchat仍是一家幼稚的、无足轻重的公司。

对于大多数首席执行官常被问及的问题，埃文都极不情愿回答。彭博社的一位商业记者在撰写 Snapchat 的封面文章时，问及埃文对公司的长期愿景，埃文对此回答说："伙计，这类问题是我最讨厌的。"由于担心激怒埃文，Snapchat 的投资者和顾问甚至连一些基本问题都避而不谈，比如公司的差异化特性在哪里，又比如公司的使命是什么等。

埃文并不是第一个守口如瓶的技术公司创始人。这个行业中最受人尊敬的领导者，如史蒂夫·乔布斯和杰夫·贝佐斯，也都以严守公司秘密而闻名。一方面，埃文和马克·扎克伯格互为竞争对手，但另一方面，扎克伯格披荆斩棘，亦为埃文开辟了一条道路。史蒂夫·乔布斯直到第二任期才担任苹果公司首席执行官；谷歌投资者要求聘请更有经验的埃里克·施密特作为该公司首席执行官，而非由联合创始人拉里·佩奇和谢尔盖·布林担任这一职务。但扎克伯格一路走来所取得的巨大成功，以及他从一名不成熟的天才成长为一位远见卓识的首席执行官的历程，使得硅谷改变了以往的成见，转而强烈支持创始人出任首席执行官。这一影响深远的、快速的转变，让高成长的、取得爆发式成功的初创公司的创始人在媒体和投资者面前占尽了优势。扎克伯格的宣言"我是首席执行官，贱人"（I'm CEO, Bitch）为埃文开辟了一条道路，让他成为 Snapchat 唯一的、不容置疑的领导者。

同史蒂夫·乔布斯执掌苹果时一样，埃文对公司的所有并购活动都严格保密。乔布斯认为，消费者与品牌的每一次相遇，都会强化或弱化消费者对该品牌的印象分，而对品牌的加分项之一，则源于消费者获得满足后的快乐和惊喜。埃文希望，新功能一经宣布就立即推向每一名用户，给他们惊喜，并能让他们瞬间喜欢上公司推出的新功能或新产品。

产品更新后，公司官方推特账户会转发大量反馈信息，既包括正面的也包括负面的。在洛杉矶国际机场的安检筐和时代广场的巨型广告牌上，公司会打出它的同名标志，但文案中丝毫不提 Snapchat，亦无任何文字说明。时代广场的很多广告牌上，都只是单纯覆以标志 Snapchat 的黄色。对那些认识公司标志的人来说，他们觉得这是一个很酷的秘密；而对那些不了解内情的人来说，他们或好奇地去问，或保持沉默，无动于衷。

令人难以想象的是，埃文没有公开的 Snapchat 账户，这一点与杰克·多尔西、马克·扎克伯格或凯文·斯特罗姆截然不同，这些人在各自的社交网络上都设有公开的个人账户。扎克伯格还成立了一个 8 人团队，负责打理他的脸书账户。该团队几乎每天都会上传内容，旨在为扎克伯格塑造一个完美的公众形象。然而埃文正相反——无论是从用户还是他个人的角度，他都不喜欢这样做。埃文很久之前就已经删掉了他的脸书账户；在推特，他过去偶尔也会转发一些信息，但后来也都删除了。

相比于大型活动上的发言，埃文在小型活动上的发言通常更为精彩，原因就是他会放下戒心。在备受关注的高规格会议上，比如 Recode 举办的会议，埃文会把话题放到 Snapchat 的娱乐性上。但通过一些私人演讲，我们会看到埃文在 Snapchat 上的核心理念，也是他对这个世界的愿景。比如，2014 年 4 月他在洛杉矶举行的全球区块链黑客马拉松大会上发表的主旨演讲，就反映出了他在隐私和秘密这个问题上所持的理念：

遗憾的是，在太多的情况下，隐私被表述为秘密，而正如海伦·尼桑博姆指出的，隐私实际上聚焦的是对背景的理解。它所涉及的并不是你说了什么，而是你在哪里说的以及对谁说的。我们在不同的背景中与不同的人分享不同的事情，而正是因为隐私，使得我们享有一种亲密关系，并在亲密关系中学习。

米兰·昆德拉写道：“我们私下里说朋友的坏话、讲粗口；我们在私下里的表现有别于公共场所，这是我们每个人最明显的体验，是我们个体的生活的根基所在。奇怪的是，这样一个显而易见的事实，却仍未被意识到、仍未被承认，总是被透明玻璃房子里的抒情梦所遮蔽。隐私是我们必须捍卫的首要价值，但很少有人能理解这一点。”

互联网出现之前，在美国，公共和私人生活的界限通常与我们所处的实际位置有关，比如我们的工作场所或我们的家里。我们与朋友和家人交流时，由于扮演的角色不同，交流的方式也不同。在工作中，我们是专业人士；在家里，我们是丈夫、妻子、儿子或女儿。

在互联网上，我们依照信息的受欢迎程度来组织信息，并力图确定它的效力。如果一个网站被其他很多网站引用，那么通常来说，这个网站会被认为更有价值或更具准确性。社交媒体上的情感表达以一种类似的方式被量化、被证实、被分发。流行的表达成为最有价值的表达。社交媒体象征着资本主义在我们的个人关系中的积极扩张。我们戴着面具为朋友表演，去创造他们喜欢的东西，去打造“个人品牌”；而品牌则教导我们，真实性是一致性的结果。我们必须尊重“真实的自我”，我们必须向朋友展示这种自我，否则就会冒名誉扫地的危险。

但人性不能以真或假来划分。我们充满了矛盾，我们总是在不断改变。这是人类生活的乐趣。我们不是品牌，这根本不是我们的本性。

埃文对隐私极为珍视；他要把 Snapchat 打造成他心中的样子，要让它远离那些窥视的眼睛，这样一来，公司就有了修正和成长的空间。董事会成员米奇·拉斯基曾经说，埃文是一个“超级偏执狂，我不想他再这样走下去”。新雇员自入职第一天起就被教导不要谈论工作上的事情，他们甚至被告知不能在个人领英主页上展示他们的具体职位，他们被反复灌输一种秘密至上的狂热文化。信息分享仅限于雇员需要知道的信息，因为他们在公司中是以团队为工作单位的。早期雇员成为榜样，他们以对外界保密而自豪。

埃文最喜欢的开会方式之一，就是与雇员和投资者沿着两英里长的海滨水泥路边走边谈——从 Snapchat 设在威尼斯的办公室一直走到圣莫尼卡码头。他认为这样的交谈有一种“大隐隐于市的隐秘感”，因为人们穿行于人群中时，很难听到别人的谈话。

埃文很不喜欢 PPT 演示和报告，所以他取消了 Snapchat 的全员会议（他们称之为“公司聚会”），而早前，他通常每周召开一次。被取消前，全员会议被用于宣布一些让人高兴的消息，比如雇员的生日和工作周年纪念日等，而不是进行 PPT 演示或就公司战略和产品进行现场问答。雇员获知 Snapchat 新功能的渠道主要有两个：一是新功能发布当日公司发给全体成员的邮件，二是媒体的报道。在一次全员会议上，一名雇员曾问埃文：“作为一家公司，Snapchat 的愿景是什么？”埃文回复说，我们的目标就是打造有趣的东西。他还表示，他不想像谷歌或脸书那样制定一个笼统的使命陈述，因为他认为这会限制公司的行动。埃文不希望这种使命陈述压制雇员的创造力，导致他们无法开发又有趣又酷的产品。埃文对未来有着强大的愿景，对公司发展也有 5 年和 10 年规划。但他只愿意和他的密友以及极少数 Snapchat 雇员分享这些规划，其中主要是设计师和入职已久的团队成员。

在这种文化下，来自其他技术公司的雇员很难融入 Snapchat 团队。相比之下，脸书、推特和谷歌等诸多硅谷巨头则更推崇开放的文化，定期举行全员会议，与高管进行互动问答，而且在公司当前业务及未来发展方向方面，他们通常也都有着更多的共同信任感。然而，在 Snapchat，雇员入职培训与电影《搏击俱乐部》中的保密政策颇为相似。

每个周三的晚上，Snapchat 雇员都会开一个被称为议事会（Council）的例行会议，10 人坐成一圈，讲述各自的感受。会议主题从深层次的自省谈话到社区服务，比如为无家可归的家庭提供食物或帮助他们装配房屋等，再到典型的团建活动，如上拳击课、打排球、唱卡拉 OK、画画和泡吧等。加入 Snapchat 后，雇员会成为 3 个核心团队的组成部分：他们的入门班、他们的实际工作团队和他们的议事会组。议事会组的成员是随机安排的。该会议有 3 条规则（埃文很喜欢数字 3）：第一，讲话要发自内心；第二，你有义务倾听；第三，议事会上的一切事情，仅限于议事会内部讨论。埃文认为，这样的隐私保护会为雇员创造一个空间，便于他们充分展示自己脆弱的一面，分享自己内心最深处的想法和感受。

埃文的议事会动议最早可以追溯到十字路学校。该校创建者保罗·卡明斯借鉴了奥哈伊基金会（Ojai Foundation）的理念，把议事会引入学校，并将其作为他在 20 世纪 80 年代中期创建的一个名为“奥秘”（Mysteries）的新项目的核心。奥哈伊基金会是一家非营利机构，位于洛杉矶以北约 90 英里处，坐落在奥克斯纳德和圣芭芭拉之间。该基金会旨在通过议事会这一形式，并充分利用其土地保护区内的休养地，促进人与世界的联系以及人的完整性。根据项目的要求，学生围坐成一圈，而只有手拿发言棒的学生才能讲话，其他学生静静坐着倾听，或者用美国原住民语言——“啊呼”（A-Ho）给予鼓励，意指他们同意发言者所说的话或被发言者所说的话打动。十字路学校高年级的学生会前往奥哈伊基金会，并在那里住几天。他们住的是圆顶帐篷，吃的是素食，并致力于增进彼此之间的关系。议事会对就读于十字路学校的埃文产生了重大影响，后来他将这一做法变为公司文化的一部分。

第二十七章

埃文的帝国

2015 年 3 月

威尼斯，加利福尼亚州

2015 年 3 月，埃文在公司餐厅召开了一次罕见的全员大会。面对公司全体人员，他发表了一则简短的声明：首席运营官埃米莉·怀特（被普遍认为是 Snapchat 的谢丽尔·桑德伯格）和负责业务与营销合作的副总裁迈克·兰德尔（实际上的首席营收官）已经离开公司。

结果证明，怀特并不是 Snapchat 的谢丽尔·桑德伯格，而更像是欧文·范·纳塔。范·纳塔是亚马逊前高管，2005 年加入脸书担任首席运营官，后又担任首席营收官和负责运营的副总裁；在桑德伯格加入脸书前夕，范·纳塔离职。

怀特之所以同意加入 Snapchat，而不是选择自己创业或寻求首席执行官职务，是因为她认为她在 Snapchat 可以承担起更广泛的职责，而且与埃文共事，发展空间巨大。按照双方达成的协议，怀特负责公司的业务运营、销售和人力资源，而埃文则专注于产品开发。怀特和迈克·兰德尔对Snapchat早期广告产品的上市做出了巨大贡献。两人合作得很好，而且与广告商和营销商也都保持着长期良好关系，这得益于他们早前在脸书的工作经历。

但埃文发现，Snapchat的广告产品以及Snapchat广开财源的方式，将会对用户产生极大影响。简而言之，他认为Snapchat的业务和Snapchat的产品是不可分割的。这样就把怀特推进了死胡同。

范·纳塔加盟脸书后的表现，并没有达到扎克伯格的预期要求，所以在聘请桑德伯格时，他非常清楚地知道他需要一位什么样的首席运营官。在正式聘请桑德伯格之前，扎克伯格与她进行了超过100个小时的沟通和交流，确保他们会建立融洽的工作关系，并就她的工作职责进行了总体描述。桑德伯格于2008年年初加入脸书，当时这家公司已经走过了4个年头。而埃米莉加入的Snapchat，当时成立只有两年半左右。从时间上看，一年半可能算不上巨大差别，但对一家发展非常快速的公司来说——比如2013年的Snapchat和21世纪初的脸书——这个时间却是相当长。怀特的工作经验源自规模更大也更成熟的谷歌和脸书，对她来说，将这些经验应用于迅速变化的Snapchat是很难的。顺便提一句，在怀特加入时，Snapchat还只是一家拥有50名雇员的公司。

离开Snapchat之后，怀特加入了美国超级高铁公司，担任公司董事。超级高铁是一家初创公司，致力于实现埃隆·马斯克提出的超高速管道交通运输系统的愿景。此外，怀特还创建了梅弗（Mave，总部设在圣莫尼卡的一家提供私人管家服务的初创公司）。

怀特离职后不久，又有相当数量的高管离开公司，局面一度变得很糟糕。他们中的很多人在Snapchat工作的时间不超过一年。迈克·兰德尔在公司工作了7个月；人力资源总监萨拉·斯珀林和负责工程部门的

副总裁彼得 · 马格努森各在公司工作了 6 个月；通信主管吉尔 · 黑泽尔贝克在公司工作了一年，后跳槽去了优步。

虽然埃文是一个难以共事的人，并是这些人离职的一个原因，但在大多数人看来，这并不是该公司高管集体出走的主要原因。Snapchat 的发展速度实在是太快了，快到难以招聘到能担起相关职责、能适应公司文化、能跟上公司发展步伐的人才。

埃文仍采取非常积极的人才招聘策略，并将 40% 的时间花在了这上面（其余 60% 的时间用于产品开发以及参加各种会议和活动，前者占 60%，后者占 20%）。他不遗余力地物色高管人选，还曾向前白宫发言人杰伊 · 卡尼伸出过橄榄枝，但卡尼最终加入了亚马逊。

Snapchat 试图从旧金山的初创公司中挖人，采用的方式就是对它们的办公地点添加地理滤镜。对于优步总部，他们添加的地理滤镜是满脸悲伤的、驾驶出租车的“鬼脸杀手”，配图文字：“这个地方快把你逼疯了吗？”对于爱彼迎办公室，他们添加的地理滤镜是满脸恐慌的“鬼脸杀手”躺在床上，配图文字：“没有睡好吗？”对于推特办公室，他们添加的地理滤镜是带有光环和天使翅膀的“鬼脸杀手”，配图文字：“飞得更高！”而在 Pinterest（拼趣），“鬼脸杀手”躺在保龄球瓶旁，配图文字：“感觉动弹不得？”所有这些地理滤镜都指向了 Snapchat 的招聘页面。

说服人才离开硅谷前往洛杉矶，从来都不是一件容易的事。在旧金山湾区，好的公司实在是太多了，而且它们大多也都比 Snapchat 更重视工程师人才。多名在 Snapchat 工作不足一年就离开的高管的家人一直留在湾区，这虽然不是他们离开公司的主要原因，但显然，这对他们留在公司是有影响的。

加入 Snapchat 的雇员，意味着他们要在埃文 · 斯皮格尔的王国里工作。整个公司围着埃文运转，而他的决定就是最终决定。有雄心的、认同公司使命的且适应公司文化的人，会长时间待在那里，但很多人很快就离开了。同埃文争论会被解雇。除了担任首席执行官，埃文还是Snapchat非官方的质控负责人。他会扼杀他不喜欢的新功能，并会推动开发符合他个人喜好的功能。他经常会在最后关键时刻阻碍并终止广告协议。举个例子，某工程团队准备推出一项新功能，但没有人确切知道为什么它会导致Snapchat在埃文的手机上运行变慢。埃文最终推迟了该功能的发布，因为它会让Snapchat变慢且运行出错——仅就埃文自己的手机而言；他是不允许这种情况发生在用户身上的。

对高管来说，要在这样一个环境中取得成功，需要与埃文处理好关系，需要适应他不断改变主意的做法，需要跟上公司发展的步伐，需要为公司的发展建言献策。握有实权的公司高管包括首席战略官伊姆兰·汗、工程总监蒂姆·塞恩、内容总监尼克·贝尔、现场总监克洛伊·德里摩尔，以及（理所当然地）公司联合创始人博比·墨菲。

从一开始，博比在Snapchat就很低调，早期负责公司工程部门，后转向幕后研究角色，而作为公司的门面，埃文则负责处理与投资者、媒体和合作伙伴之间的关系。尽管蒂姆·塞恩负责工程团队的日常管理，但博比仍担任公司首席技术官职务，并亲自带领一个专注于研究和创新的小型团队。

蒂姆·塞恩是从亚马逊离职后加入该公司的。同埃文一样，他也是一个非常自我的人，他经常和埃文一起讨论工作问题，但一旦做出决定，他就会毫无保留地给予支持。举例来说，对于Snapchat的“发现”产品，塞恩个人并不是很看好，但在埃文决定推进该项目时，他就带领工程师团队全力以赴了。在给雇员加压方面，他跟埃文也颇为相似：他经常告诉工程师，他的首要任务并不是让他们感到轻松自在，而是督促他们交付最佳成果。公司在 2015 年大规模招聘时，塞恩非常严肃地提醒工程师说，如果工作不达标，他们就会被解雇。

除了高层管理人员，很少有雇员会主动离职。而 Snapchat 也通过非线性股份兑现来保留雇员，即雇员工作满一年后可以获得 10% 的股票期权，满两年后可以再获得 20% 的股票期权，满三年后可以再获得 30% 的股票期权，满四年后获得最后 40% 的股票期权。

在埃文看来，Snapchat 要取得成功，重要的一点就是要摒弃技术公司所谓的宏大使命陈述。硅谷的每一家公司乃至照片分享应用，无不宣称它们的使命是改变世界；但埃文认为，Snapchat 及其团队应该把重点放到好玩和快乐上。毕竟，大多数 Snapchat 用户使用该应用是为了好玩。几乎每一个节日，比如万圣节、圣诞节、7 月 4 日的美国独立日、新年、9 月的公司成立周年庆典，Snapchat 都会举行派对活动。这些活动对公司雇员及其朋友开放，提供免费酒水、食物以及大礼包——里面塞满了带有 Snapchat 标志的物品，从运动衫到袜子，不一而足。活动现场，公司标志和黄色装饰物随处可见。

工作时间，埃文通常会和设计师以及前面提到的那几位重要高管在一起。而到周末，如果没有工作安排，埃文会和博比以及早期的几名雇员，如工程师戴维·克拉维茨和丹尼尔·史密斯在一起。内容总监尼克·贝尔是公司中少有的能同时融入埃文工作和社交圈子的人之一。

首席战略官伊姆兰·汗于 2014 年 12 月加入 Snapchat，此前担任瑞士信贷互联网银行部门的负责人。时年 38 岁的伊姆兰是一个和蔼可亲的人，出生于孟加拉国，就读的是美国丹佛大学丹尼尔斯商学院，专业为金融。他在摩根大通工作了 6 年，专注于互联网股票分析。2009 年，伊姆兰以第一作者的身份发布了一份关于移动广告和报纸行业持续衰退的报告。颇为有趣的是，在这份报告中，他对社交网络具有重大长期盈利潜力的说法持怀疑态度；在他看来，广告商是不希望把它们的品牌放到"它们无法控制的内容中去的"。

通过技术公司，伊姆兰重振了瑞士信贷的声誉。任职期间，他进一步提升了公司与亚洲方面的关系，并为微博、游戏开发公司 King 和团购网站 Groupon 等公司的超大规模 IPO 提供咨询。但伊姆兰的最大业绩是让瑞士信贷成为阿里巴巴 250 亿美元 IPO 的顾问。因此，在加入 Snapchat 后，他很自然地被寄予厚望，希望帮助公司获得资金，并最终推动公司走上 IPO 之路。埃文和伊姆兰同沙特阿拉伯的阿勒瓦利德·本·塔拉勒王子就潜在投资和合作机会进行了磋商。而在阿里巴巴对 Snapchat 高达 2 亿美元的投资中，伊姆兰起到了关键作用，尽管该应用在中国是被屏蔽的（这一点后面再讲）。

"我来这里是因为埃文。"伊姆兰后来接受《华尔街日报》采访时说，"他是我这一生中见过的最优秀的产品愿景擘画者。而在技术公司，如果你没有好的产品，那么只有死路一条。"

按照入职前埃文和伊姆兰的商谈，伊姆兰负责的工作内容包括公司战略以及为首席执行官提供建议，但在 2015 年，他的职权大大扩展，成为埃文在公司广告业务方面的代理人，负责传递广告商和营销商的反馈意见和建议。在 Snapchat 的核心圈子中，伊姆兰是除埃文之外唯一经常出现在媒体上的成员。由此，我们也可以一窥该公司的秘密文化。很快，伊姆兰又填补了其他高管离职后的空缺，成为埃文在业务和合作关系方面的得力助手。在 Snapchat 今后的发展中，伊姆兰扮演了至关重要的角色。

埃文和伊姆兰经常在树屋碰头讨论问题。树屋位于 Snapchat 主建筑物后方、埃文办公室楼下第一层，中间摆放着一棵盆栽树。这里也是埃文、伊姆兰·汗、蒂姆·塞恩以及其他高管的聚集地。埃文当时的女友、现在的妻子、超级模特米兰达·可儿有时也会陪同出席公司高管在树屋的活动。

尽管在2014年和2015年初出现了高管大规模离职的情况，但埃文还是稳住了以伊姆兰、塞恩和贝尔为首的核心高管团队，他们将带领公司走上IPO之路。

第二十八章

IPO 之路

2015 年 6 月

兰乔帕洛斯弗迪斯，加利福尼亚州

代码大会是一项年度科技盛会，举办地设在加利福尼亚州兰乔帕洛斯弗迪斯的一座高级度假村。会议的高潮部分是科技媒体传奇人物卡拉·斯维舍尔和沃尔特·莫斯伯格的采访。坐在标志性的红色椅子上，他俩在这里采访过包括史蒂夫·乔布斯、埃隆·马斯克和比尔·盖茨在内的众多商业大腕。

现在，时间到了 2015 年 6 月，埃文作为嘉宾坐到了同样的红色椅子上，就 Snapchat 的未来等问题接受斯维舍尔和莫斯伯格的联合采访。

对初创公司来说，IPO 在很多方面都是终点线。它是“流动性事件”（liquidity event），即给予创始人、雇员和投资者实实在在的现金回报，回报他们多年来对公司的投资和对工作的投入。它为公司输送资金，助力公司实现未来的远大目标。它向世界展示公共市场的投资者已经对公司进行了尽职审查，并愿意购买它的股票。经 IPO 之后，一家公司就从初创公司转变为公开交易公司。

“我们需要进行 IPO。”埃文告诉斯维舍尔和莫斯伯格，“我们已经有了计划。显然，我不能给你们透露太多。IPO 意味着很多事情，但最重要的，它像是我们业务增长的另一个点。我们不认为这是终点，相反，它是一个起点。”

综观互联网历史，在 2015 年的那个时刻，用户数达到或超过 Snapchat 的公司屈指可数。当时的 Snapchat 正坐在一座潜在的金矿上，但尚未证明自己有掘金的能力。拒绝脸书并购提议是一回事，因为他们认为公司的估值可能会超过 30 亿美元。但在不伤及用户增长和用户参与度的情况下，切实赚到数百万美元则是另一回事。

对埃文来说，提升 Snapchat 估值的方法主要有两个：一是通过提供新产品驱动忠实用户的增长，二是通过提供更好的广告产品拉升 Snapchat 的收入。公司需要在这两方面齐头并进。

在广告产品推出的早期，Snapchat 是一家极难合作的公司，要价高，内容需定制，而且几乎不提供任何与广告相关的分析信息和测量数据。对于这款新应用的威力，Snapchat 团队心里很清楚：它可以直抵那些难以触及却非常有价值的受众。由此，在广告商眼里，Snapchat 也就成了一个难以合作的讨厌鬼。

广告巨头 WPP 集团首席执行官苏铭天 2014 年会见埃文时说：“你是我见过的第一个在 25 岁就成了亿万富翁的人。”埃文回答说：“我今年 24 岁。”

按照公司要求，广告商每天的广告费支出最低为 75 万美元。Snapchat 表示，用户观看其垂直广告的概率是其他平台的 9 倍，因为他们不需要再旋转手机屏幕。对广告商来说，高完成率自然是好的，但垂直视频意味着它们必须专门为 Snapchat 制作广告，而这些广告却无法重复利用投放于 YouTube 和脸书。

随着人们使用手机的时间越来越多，相比于水平视频（适用于电视、笔记本电脑和台式计算机），垂直视频（适用于智能手机直接观看，无须旋转屏幕）越来越受欢迎。在埃文看来，让用户旋转手机全屏观看 Snapchat 视频是毫无道理的。所以，该平台的一切内容都是垂直观看的。广告商最终认可了埃文的观点，专门为 Snapchat 拍摄内容，尽管这会额外增加成本。现在，每天点击收看的垂直视频超过 80 亿条。

在广告商倍感沮丧的同时，埃文则继续致力于为用户提供最佳使用体验。他没有把广告看作加在免费产品上的税，也没有把它看作无可避免之恶，而是视它为另外一种产品，一种可以向用户提供更多内容的产品。对于自己不喜欢的广告或者他认为用户不会喜欢的广告，埃文会亲自拒绝。在 Instagram 推出广告产品之初，凯文 · 斯特罗姆也做过同样的事情。

埃米莉 · 怀特和迈克 · 兰德尔在 2015 年初从公司离职后，Snapchat 对广告商采取了收缩策略。对很多广告商来说，怀特和兰德尔是该公司的名片。然后，突然之间，他俩都离开了 Snapchat。在接下来的 6 个月时间里，有些广告商觉得这家公司就是一个黑洞，因为它一直忙着组建新的销售团队。

伊姆兰 · 汗暂时接管销售团队，埃文则继续寻找合适人选。伊姆兰和埃文实在是太过繁忙，以至有些广告商表示，和他们约见一次就跟拜谒教皇一样难。同公司的大多数团队一样，销售团队的成员普遍都很年轻，人员扩张很快，要做的工作也很多，因为他们要同非常成熟的企业竞争。埃文在纽约市设立了一个办事处，用以提升与广告商和媒体合作伙伴的关系，而埃文和伊姆兰也越来越善于接受广告商提出的反馈意见和建议。

在广告价格和测量数据方面，Snapchat 也开始做出让步。公司多次修订服务条款，旨在为广告商提供更有针对性的产品。结果就是，Snapchat 已经基本放弃先前所持的隐私保护和反追踪立场，现在，它允许广告商按地址、性别、年龄、设备、操作系统和无线运营商等信息对用户进行细分。当然，有的信息是需要用户主动提供的，比如他们的生日。

Snapchat 委托市场监测和数据分析公司尼尔森开展一项调研：对该公司令人觊觎的受众和电视网络的受众进行对比研究。结果显示，在美国 18~34 岁的人口中，Snapchat 覆盖了 41% 的比例，而在同一群体中，美国前 15 大电视网络的覆盖率仅占 6%。Snapchat 与尼尔森签订了另外一项协议，委托后者通过总收视点（GRP）——广告行业的标准指标之一 ——对 Snapchat 广告进行追踪。这家傲慢的初创公司想要广告商通过对比数据，亲自证实 Snapchat 是新时代的电视。

埃文一直想方设法提升 Snapchat 的用户体验并增加公司收入。2015 年 9 月，出于这两方面的考虑，Snapchat 收购了一家名为 Looksery 的初创公司。

设在乌克兰敖德萨的 Looksery 公司开发了一款允许用户通过面部滤镜改变表情的应用。该公司联合创始人尤利 · 莫纳斯特夏恩在工作面试中首先会问求职者："为什么 Snapchat 会如此流行？"并购后，Snapchat 关闭了 Looksery 的这个独立应用平台，并将该技术植入它的相机中。在用户长按相机中的自拍照时，一个透镜菜单（有别于显示所在位置的地理滤镜）就会从屏幕下方弹出来。通过选择不同的透镜贴纸，用户可以提升或降低自己的魅力，可以口吐彩虹，也可以让自己的头爆为火球。

透镜贴纸每天都会更换。一方面，这会促使用户不断查看新的贴纸，另一方面，Snapchat 也可以由此确定哪些贴纸会更受用户欢迎。受欢迎的贴纸会被留下来，比如让人看起来更漂亮的花环、狗耳朵和狗鼻子，以及让人声音变调的呆萌笑脸等，而其他贴纸则会被定期轮换。

Snapchat长期以自拍作为表达和回应的方式，Looksery的技术大大提升了这种基于自拍的表达效果。透镜贴纸的整合是Snapchat在不影响应用运行的情况下增加新功能的一个经典例子。如果你仍希望像2011年时那样使用Snapchat，也是完全没有问题的：打开应用，拍照，然后点击发送给朋友。但如果你了解它的更多功能，那么你就可以用它来做更多事情：在拍摄照片之前用手指按住屏幕，新的透镜贴纸会弹出；在拍摄照片或视频之后，滑动屏幕可以添加滤镜或地理滤镜，用以显示拍摄时间和地点，亦可将照片或视频转化为黑白色。

在推出镜头贴纸之后，Snapchat紧接着就对该产品进行了货币化。2015年10月，福克斯影业（Fox Studios）出资购买该公司地理滤镜和透镜贴纸，允许用户变身为史努比或伍德斯托克，意在推广影片《史努比：花生大电影》。此外，Snapchat还针对一些透镜贴纸推出了应用内购买服务，用户每天只需支付0.99美元即可享有免费的透镜贴纸等服务。但很快，它就放弃了这种做法，并于2016年1月关闭了透镜贴纸商店，持续时间仅为两个月。Snapchat用户每天购买成千上万的透镜贴纸，但所有这些收入加起来，尚不及一条Snapchat广告的收入多。基于此，公司关闭了该商店，进而专注于广告业务的发展。

透镜贴纸让Snapchat的销售团队又获得了一个向广告商推荐广告产品的独特创意工具。在推荐时，销售团队首先会强调该应用的通信和自我表达功能，以及Snapchat与脸书和Instagram的不同之处。然后，他们会向广告商解释说，现在Snapchat可以提供打包式广告服务，产品平台包括现场故事、发现、透镜贴纸和地理滤镜等，广告既可以覆盖某一特定区域，也可以覆盖整个世界。对于营销商，Snapchat则帮助它们挑选最契合其品牌的广告产品，并帮助它们进行广告、透镜贴纸和地理滤镜的创意创作。彼时，Snapchat 无论是业务规模还是所提供数据都不及脸书或谷歌，但它拥有一个独特的媒体格式，对用户、对广告商都极具吸引力。

基于 Snapchat 与各品牌共同打造的新型互动广告模式，透镜贴纸成为公司日渐重要的广告收入来源。2015 年 12 月，伊姆兰·汗前往芝加哥拜访佳得乐（Gatorade）高管。他推荐了一款超级碗透镜贴纸——图片中的用户被浇了一桶佳得乐，就像赢得超级碗比赛的球员往教练头上倾倒一样。在超级碗比赛的那个周末，这个透镜贴纸整整播出了两天，佳得乐为此支付了数十万美元的广告费。Snapchat 用户在透镜贴纸列表、好友信息以及故事中看到了这个贴纸，然后也拿来试用，试用次数超过 1.6 亿次。

塔可钟团队与 Snapchat 一起，花了 6 个星期的时间为“五月五日节”创作赞助商透镜贴纸，他们最终决定将用户头部转变成一个巨大的塔可钟饼皮。该贴纸在一天内被点击查看超过 2.24 亿次。平均来看，用户花在该贴纸上的时间为 24 秒，播放时长加起来超过 12.5 年。

增强现实（AR）一直以来都是技术迷的乌托邦之梦。时间倒推几年，人们根本想不到增强现实的第一个重大突破竟然是青少年口吐彩虹、戴狗耳朵或者把他们自己转变为塔可钟的饼皮。如果埃文最大的赌注得到回报，那么 Snapchat 也将拥有增强现实的未来。

广告商很快就发现，如果同 Snapchat 合作，它们就可以制作出用户极感兴趣的广告内容，这远比把电视广告硬塞进该应用强。Snapchat 地理滤镜很早就已经对广告商开放，可以用于某一特定日的促销推广，而连锁零售商和餐厅也可以在门店内使用该服务。比如，在麦当劳，用户就可以把一个包含有双层芝士汉堡和炸薯条的地理滤镜添加到他们的 Snapchat 信息中。2016 年 2 月，Snapchat 开放赞助商地理滤镜，用户可以付费为他们的生日、派对和订婚宴等获取定制滤镜服务。该项服务起价5美元，小到一间办公室，大到多个城市街区，都可以按需定制，而持续时间从一个小时到30天不等（价格依据滤镜尺寸、时长和时间安排等因素综合确定）。

到2015年秋，营销商似乎已经找到了契合Snapchat用户习惯的广告创建方式。2015年10月，Snapchat董事会成员迈克尔·林顿执掌的索尼影视娱乐购买了一个时长为24小时的发现频道，用于宣传推广詹姆斯·邦德的新片——《007：幽灵党》。该影片没有将广告植入发现或现场故事频道中，而是新辟了一个24小时频道，上线内容为影片营销资料、片花和花絮视频。《007：幽灵党》频道可以说是Snapchat原始广告模式——比如为环球影业惊悚影片《死亡占卜》制作的现场故事广告——的改进版本，用户点击收看次数超过4 000万次。

影视公司仍不断尝试新方式，利用Snapchat推动用户观看它们的电影或电视节目。2016年5月，美国有线台AMC在发现平台首次发布新剧《传教士》的宣传片，时间为5分钟。同月下旬，二十世纪福克斯（20th Century Fox）为宣传即将上映的新片《X战警：天启》，特意制作了多种X战警透镜贴纸。在Snapchat现场故事和发现平台，如果用户向上滑动X战警广告，那么他们无须离开该应用就可以购买该影片的门票。

第二十九章

新电视

2015 年 10 月

威尼斯，加利福尼亚州

在开发平台内容方面，埃文愿意大张旗鼓地开展下去，但如果团队无法交付成果，他会迅速终止相关项目。

2015 年 10 月，埃文决定关掉 Snapchat 自有的发现频道。在成立之时，Snapchat 对该频道寄予厚望，亦曾播放过萨莎 · 斯皮尔伯格和埃米莉 · 高德温自编自演的《真的没办法》等原创剧。但这些短剧未能引起观众的共鸣，也未能赢得粉丝的普遍关注。团队负责人、福克斯前高管马库斯 · 威利以及该团队的其他 15 名成员大多被解雇。

这一举动让人大跌眼镜。威利和其他 Snapchat 雇员正向主要的影视机构和制作公司推荐自有节目，而频道节目组则刚刚入驻新的工作室——位于玛丽安德尔湾的 1.2 万平方英尺（约 1 114 平方米）的工作室。但这恰恰说明了一个问题——埃文针对 Snapchat 的发展采取了众多不同的策略，但并非所有的策略都取得了成功。为了更好地服务用户，为了最大限度地利用有限资源，埃文会无情地砍掉无效益的项目。

2015 年初，埃文从 CNN 挖来了 33 岁的政治记者彼得·哈姆比，担任公司新设立的新闻主管一职。这时的 Snapchat 要进军更严肃的内容领域。哈姆比在 CNN 工作了 10 年，最近 8 年还担任全国政治记者。

同克洛伊·德里摩尔、埃利斯·汉姆伯格和内森·杰根森等人一样，哈姆比对于数字时代之于政治的粗鄙化影响有着独到的见解，且通常是挑衅性评论。2013 年，哈姆比撰写了一份 95 页的报告，对数字时代的竞选报道予以抨击。从 2012 年自己参与的竞选活动报道谈起，哈姆比写道，社交媒体迫使媒体和竞选活动“去适应变化莫测的媒体障碍场，它奖励的是速度、碎片化和冲突，从而使得善意或优秀新闻业失去转圜余地，留下的只是推特等社交媒体的大量信息”。

哈姆比在撰写该报告两年后选择加入 Snapchat，乍看上去，似乎极具讽刺意味。但埃文和哈姆比一样，对于媒体所专注的速度和碎片化深感忧虑，这也是他创建发现平台的主要原因之一，即把它作为一个没有转发的、无须时时更新的封闭花园。埃文可以说是为哈姆比提供了一个机会：利用 Snapchat 的平台力量以及人们口袋中的照相和传播设备去制作高质量的新闻。

哈姆比聘请 CNBC（美国消费者新闻与商业频道）制片人凯蒂·拜伦担任 Snapchat 的编辑部主任。之后，他们又从哥伦比亚广播公司、美国广播公司以及各有线电视网招募了 6 名雇员，组建起新的 Snapchat“发现”团队。哈姆比的影响力和采访突破能力很快就得到回报：在报道卡特里娜飓风周年纪念活动的现场故事中，他采访到了新奥尔良市长米奇·兰德鲁。

但对哈姆比和 Snapchat 新闻团队来说，这个舞台的主角是 2016 年美国总统大选。

“这里是彼得。我是一名记者。我已经报道过很长时间的政治新闻了。我和希拉里·克林顿一起碰啤酒杯，我和米特·罗姆尼一起做汉堡包。我在电视上同很多重要人物都有过辩论。”哈姆比在2016年Snapchat竞选栏目《好运美国》（*Good Luck America*）正式开播时表示。当时他正在艾奥瓦州竞选活动的现场。“这是我见过的最诡异的一场选举。让我们先看一下真正重要的人物和选举地。”他接着说。

从党团会议到初选再到辩论，《好运美国》从不错过任何有趣的政治内容。它没有节目表，没有公告，只会在Snapchat的现场平台弹出消息，告知何时会有节目播出。Snapchat制作的每一期节目的收看人数都超过100万人。在总共12期的《好运美国》首映季中，收看人数达到了2 200万人。

哈姆比将直播和用户录制的视频融合在一起，在报道新闻的同时，顺便向Snapchat年轻的受众讲解政治进程。“把初选想象成《饥饿游戏》（*The Hunger Games*），但候选人的魅力要打个折扣。”哈姆比在节目试播时解释说。这是一个有趣的混合体，它融合了专业团队的制作内容和用户的现场故事。

很快，用户就开始提交他们在幕后拍摄的照片和视频，而这些活动通常是不对媒体开放的。哈姆比采访了众多人物，从伯尼·桑德斯的拉票人到共和党总统候选人克里斯·克里斯蒂，再到艾奥瓦州一名以“狄兹·纳兹”之名注册为总统候选人的高中生，不一而足。

不过，这种模式也有它的缺点。哈姆比的节目片段是高清摄像机拍摄的，而且允许超过Snapchat早前设定的10秒时限。但用户提交的内容是用智能手机拍摄的，而且不能超过10秒，所以很多情况下很难听清候选人在说什么。再者，很多候选人的演讲或辩论发言也不适合设定10秒时限的内容平台。

为此，Snapchat 做出调整，为地理滤镜增添了一个情景层。这样一来，原本仅用于显示用户位置的地理滤镜，现在则可以用来添加候选人的演讲引语、事件说明，以及实时更新的初选结果等。

很快，候选人也开始使用 Snapchat 的地理滤镜，并通过付费方式获取辩论厅和集会地点的定制滤镜。2016 年 1 月，特德 · 克鲁兹对唐纳德 · 特朗普缺席最后一场共和党辩论加以嘲讽，滤镜文字写道："老唐去哪儿了？"（Where is Ducking Donald?）配图是一只黄色的鸭子，头上顶着特朗普式的发型。伯尼 · 桑德斯在竞选活动中也使用过不同的地理滤镜，在艾奥瓦党团会议前的 9 天里，每天更换一次。这些地理滤镜大多以"感受伯尼"（Feel the Bern）为主题，敦促选民外出为党团会议之夜投票。2016 年 5 月，希拉里 · 克林顿的竞选团队定制了一个指向阿纳海姆会议中心（Anaheim Convention Center）的地理滤镜，而该会议中心正是特朗普的集会地点之一。在这个以黄色为背景的滤镜上，配有特朗普 2006 年说的一句话："我有点儿希望发生（房地产崩溃），如此一来，像我这样的人就可以买入了。"

2016 年 10 月，也就是选举日前一个月，民主党候选人希拉里 · 克林顿接受了哈姆比的采访。选举日前一个星期，时任美国总统巴拉克 · 奥巴马接受了哈姆比的采访，谈到了投票的重要性，总共有 440 万 Snapchat 用户观看了该期节目。共和党总统提名人唐纳德 · 特朗普拒绝了 Snapchat 提出的采访请求。直到击败希拉里之后，特朗普才加入 Snapchat，并通过该应用分享了一些特殊活动信息，比如他的就职典礼。

2015 年 12 月，加利福尼亚州圣贝纳迪诺发生了一起枪击案，造成 14 人死亡、17 人受伤。悲剧发生后，Snapchat 创建了一个对美国所有人开放的现场故事。该条故事为受众呈现了现场的照片和视频，以及当局发布的进展情况与声明等。对用户来说，这便是由专业人士整合和讲解的公民新闻。

在公司内部，Snapchat 将其制作的所有节目都称为“内容”，哈姆比的团队成员亦遵循了这一惯例，但该团队的目的很明确：利用平台力量，将高质量的专业新闻同公民记者制作的突发新闻故事结合到一起。Snapchat 有能力播放用户在最前沿现场分享的故事。但尚不清楚的是，在一个相互发送口吐彩虹的应用中，他们是否需要这种有影响力的新闻。

那些未能在 Snapchat 发现平台获得一席之地的媒体公司，则不遗余力地利用“故事”平台打造自己独立的受众群。如果用户不想收看《好运美国》的政治报道，那么他们可以转向《华盛顿邮报》的 Snapchat 故事。但 Snapchat 还是想保留“故事”的私密性，所以对用户来说，在该平台找到新闻机构并不容易，从而阻碍了“故事”平台的成长。此时，大多数新闻机构仍处于试验阶段，一方面设法发展粉丝群体，另一方面探索如何更好地使用这一平台。对它们来说，货币化计划遥遥无期，甚至还没有提上议事日程。在观看者点击一条 Snapchat 故事时，他们无从判断会看到什么样的内容——这些故事既没有标题也没有预告，根本无法诱使用户点击。所以，媒体要想让用户每天都回来观看它们发布的故事，唯一的方法就是持续不断地制作优秀内容。

如同为用户提供的通信服务一样，Snapchat 为出版商提供的服务也具有无与伦比的私密性。专注于千禧一代的媒体公司 Mic.com 在 Snapchat 发布了一条关于心理健康意识的故事，并向它的数千名粉丝开放了留言信息，读者的反应如潮水般涌入。不同于大多数社交媒体的评论和回复，所有这些回复都是 Mic.com 和读者之间的一对一对话。有人说他们非常压抑，不知该怎么办。Mic.com 的编辑通过辅导资源将他们联系起来，并对他们进行追踪，定期给他们发送信息，以了解相关情况。读者与编辑之间的交流一路演变，从早前的写信到发送电子邮件，再到脸书或推特的评论乃至现在的 Snapchat 信息。

Snapchat的自制内容始于拉斯维加斯雏菊电音嘉年华的现场故事；之后再进一步，发起了对美国总统候选人的采访。在此过程中，Snapchat不断发展壮大。

第三十章

式微的“发现”平台

2016 年 6 月

威尼斯，加利福尼亚州

尽管 Snapchat 的发现平台备受期待，但发布仅仅几个月后，它就明显运转失灵了。埃文对该平台寄予厚望，而在签约出版商看来，这也是新闻业的下一个重大事件。事实也是如此，排队入驻发现平台的出版商中亦不乏一些最知名的媒体品牌，比如 CNN、喜剧中心频道、《大都会》和 ESPN 等。尽管出现了排队现象，但自 2015 年 1 月发布以来，该平台的用户流量已经下降了 30%~50%。

2015 年 7 月，Snapchat 对发现平台进行了重新设计。有人认为用户之所以忽视该平台，是因为没有给予它突出的显示位置。为解决这一问题，Snapchat 在用户每天访问的“故事”页面为“发现”添加了小图标。

这次改版提升了“发现”各频道在 Snapchat 中的可见度，同时也显著提升了出版商的流量。但 Snapchat 要做的远不止这些。6 月下旬，也就是发现平台发布 6 个月后，Snapchat 下线了华纳音乐集团和雅虎的发现频道。在雅虎的“发现”节目中，开场是坐在演播台后面的凯蒂·库里克，她对着摄像机播报新闻，场景就像经典的新闻播送一样。就内容团队而言，Snapchat 和雅虎在纽约的同一栋建筑内办公，双方约见过多次，并一同制定后者的评价标准。但 Snapchat 几乎没有提供任何数据给雅虎方面，只是单纯地告诉它，按收视观众规模看，它在“发现”各频道中排名倒数第一。

埃文原本希望华纳音乐集团能够在 Snapchat 平台重现 MV 的昔日光彩，并曾问过该公司：“有没有什么方法可以再造 MTV 版的《绝对现场》（*Total Request Live*）？”华纳音乐集团的发现频道既不能表达埃文对 MTV 所持的那种怀旧情感，又无法吸引到 Snapchat 观众，甚至还有一些 Snapchat 用户连 WMG（华纳音乐集团英文首字母缩写）是什么都不知道，迫使该公司在其自 20 世纪 70 年代就开始使用的标志性的“W”标志下加上了“Warner Music”（华纳音乐）两个单词。

Snapchat 先是在发现平台上线 6 个月后关闭了华纳音乐集团和雅虎的发现频道；几个月之后，它又因业绩欠佳关闭了自有的 Snap 频道。这些举措传递给出版商的信息是非常明确的：Snapchat 不会把宝贵的平台空间浪费在表现不佳的频道上。尽管公司采取了这种达尔文主义式的策略，但媒体公司还是趋之若鹜，希望能在地盘有限的发现平台上占得一席之地。很快，Snapchat 就宣布了雅虎和华纳音乐集团的替代者：iHeartRadio（网络电台）接替华纳音乐集团的位置，BuzzFeed 接替雅虎的位置。Snapchat 和 BuzzFeed 就相关问题达成了共识，而此前，正是因为这些分歧，导致 BuzzFeed 在发现平台发布前的最后时刻被淘汰。

2015 年 11 月，为提升流量，Snapchat 调整政策，允许出版商分享内容链接。在移动端，读者点击这些链接，可直接进入出版商在 Snapchat 的发现频道页面，或 Snapchat 应用的下载页面；在桌面端，这些链接呈现给用户的是二维码，通过手机扫描二维码，即可打开链接内容。

尽管关闭了自有的 Snap 频道，Snapchat 还是会择机制作原创内容。在首次亮相《晚间秀》（*The Late Show*）之前，史蒂芬·科尔伯特在 Snapchat 平台客串过一部为期 5 天的迷你剧。尼克·贝尔的内容团队在 2015 年底制作了一档年度音乐评论节目，每天讲述不同音乐流派的年度大事件。音乐流媒体平台声田成为该节目的签约赞助商。

此外，Snapchat 还不断为发现平台寻找新的合作伙伴——从老牌报纸（如《华尔街日报》）到媒体新贵（如专注于女性生活方式的 Refinery29），再到移动优先的美食媒体初创公司 Tastemade，等等。埃文起初为增设频道而苦恼，因为将频道从 12 个增加到 15 个会多出一行，这样各频道在手机屏幕上的排列就不那么整齐了。但对读者来说，以牺牲美感换取更多内容是值得的。Snapchat 为专注于 DIY（自己动手设计或制作）生活方式的初创公司布里特（Brit & Co.）增设了一个临时性的发现频道。该公司仅在母亲节、父亲节、独立日、万圣节、感恩节和圣诞节等节日期间发布内容。

能在发现平台占得一席之地，对初创媒体公司的发展来说具有转型变革意义。入驻该平台后，Tastemade 获得了 4 000 万美元的风险投资，并新招募了 20 名雇员。该公司在圣莫尼卡设有影视工作室，专为 Snapchat 拍摄垂直视频。比如，在它搭建的一个具有 20 世纪 50 年代风格的厨房场景中，家具布置就别具一格，以便尽可能地全部纳入摄像机的窄边垂直取景框中。Tastemade 也为其他平台拍摄视频，但会在工作室的显示器上用黑色胶条标出 Snapchat 的取景框。在拍摄过程中，该初创公司尽可能多地使用摄像机中间 1/3 的取景框，便于后期用于 Snapchat 平台。Refinery29 的 10 人团队则每天在发现平台发布 14 条内容。

但在发现平台，有太多内容可以归于无聊的点击诱饵类别，它们不仅仅来自 Tastemade 和 Refinery29，所有入驻该平台的出版商都发布类似内容。这明显有悖于 Snapchat 打造发现平台的本意。但对合作伙伴来说，这却是一个两难境地：一方面，Snapchat 会进行业绩评估；另一方面，它们认为自己制作的内容是那些青少年受众喜欢的。比如，作为发现平台最精通数字技术的出版商，BuzzFeed 在频道建设方面理应比其他机构更出色，然而，它发布的既不是病毒式的内容也不是严肃报道，相反，它打造的是一个大杂烩式的频道，文章内容从“压力很大？看看这 19 张令人愉悦的狗狗图”到“你的阴道长什么样？”，无所不包。

从发现平台的受众结构——迎合无聊的、承担着多种任务的年轻人——来看，长篇、调查性新闻和突发性新闻报道根本不受欢迎。而从青少年受众群体来看，很多出版商缺乏想象力，只会发布一些无聊内容。理想情况是，出版商制作类似于 Snapchat 故事和现场故事的内容，以更直观的视角从现场发布有趣事件，并提供第一手资料。但这样的审美很难做到，对纽约的媒体公司来说更是如此。就这些媒体的记者而言，即便是年轻的社交媒体主编和社区经理，真正理解 Snapchat 及其用户的也屈指可数。

在没有标题和链接的情况下，入驻发现平台的出版商不可能依靠噱头来驱动流量，这一点从一开始就很明确，它们必须持续不断地制作优秀内容，并以此建立和发展忠实的受众群体。这原本被认为是件好事，因为在摆脱了脸书和推特的流量限制之后，记者可以回归本真，制作用户喜爱的、纯粹的、优秀的内容。但现在的问题是，平台上充斥着各种垃圾内容。不过，我们也不能把所有责任都归咎于出版商。Snapchat 用多年时间建立起了一个令脸书难以复制的独特品牌，但同时，这个专注于年轻人的、有趣的应用，也使得发现平台、支付平台（Snapcash）以及其他种种努力成果难以发展起来。青少年不希望在一个给好友发送醉酒照片的应用中获取严肃的世界新闻。Snapchat 认为它可能拉开了一场革命的序幕，但同时，它对此也不是信心满满。发现平台仍过于强调出版商的品牌，但用户并不在意 CNN 的标志是否会从该平台弹出，他们感兴趣的是个人的故事。

就“发现”这一产品而言，它未必会走向彻底失败。有些频道就取得了非常好的发展，比如表现最佳的《大都会》的每日独立访问量超过 400 万次，《每日邮报》紧随其后，排在第二位。相比之下，其他开设发现频道的出版商则处于净亏损状态，但它们认为它们必须留在这一平台，以便继续维持与年轻读者之间的联系。不过，总体来看，发现平台对公司成长产生的影响以及它的增长潜力，均不及现场故事、地理滤镜和透镜贴纸等产品。

2016 年 6 月，Snapchat 发布了第二次改版的“发现”，试图解决上面提到的一些问题。新推出的发现平台摒弃了之前仅显示各家出版商标志的设计，取而代之的是新的平铺布局，即允许出版商为每期内容添加图片和标题以及各自的标志。用户还可以订阅出版商的发现频道，新的频道内容会置于“故事”页面好友的更新状态的下面。但在此次改版中，最重要的一点就是把发现平台和现场故事平台整合在了一起。此前，在好友的“故事”和“现场故事”页面顶部是小图标的发现频道，而所有发现频道则集中显示在下一页面。现在，小图标的“发现”和“现场故事”分享了顶部位置，紧接着是好友发布的新故事，然后是大图标的现场故事，再然后是好友发布的旧故事（24 小时内发布的故事，但用户已经点击浏览过）。向右滑动屏幕，用户可以看到大的矩形窗格，以及窗格中显示的“发现”和“现场故事”的内容。

“发现”和“现场故事”聚合到了一个更大的内容板块中。“现场故事”本身就有更好的内容，因为它利用了 Snapchat 的独特优势，也就是超过 1 亿用户手中的相机；另外，它在用户中的受欢迎程度也远超过“发现”。“发现”给人一种呆板的感觉，它就像是一个源自网络的文章被强行塞入平台的文章列表。相比之下，“现场故事”则是互联网上独一无二的创新产品。一直以来，Snapchat 都致力于维持和发展它的这种独特性，不仅加大编辑力量的投入，而且还游说各路名人使用它的社交媒体应用。它会告诉这些名人，他们所有炫酷的粉丝都在使用该应用。

在对 2016 年 8 月巴西里约热内卢夏季奥运会的报道中，Snapchat 采用了合作伙伴 NBC（美国全国广播公司）的独家视频内容，以及体育迷和运动员发布的现场照片和视频资料。NBC 决定推迟播放比赛录像，并采取积极措施，迫使其他社交网络下架体育迷或媒体网站发布的侵权赛事视频，这一举措使得 Snapchat 成为追踪奥运会赛事的最佳平台之一。报道里约奥运会的“现场故事”涵盖广泛，从特定赛事视频（如游泳比赛）到美国游泳运动员瑞安 · 罗切特在奥运村房间内摆弄 Snapchat 透镜贴纸的花絮，不一而足。

在 Snapchat 为本届奥运会开幕式制作的现场故事中，开场是美国总统巴拉克 · 奥巴马和第一夫人米歇尔 · 奥巴马对美国运动员的美好祝愿，视频内容来自 NBC。紧接着是高尔夫球选手里奇 · 福勒步行穿过奥运村。然后是美国篮球队明星球员凯里 · 欧文录制的自拍视频，画面中还有队友凯文 · 杜兰特。再之后是超级网球明星塞雷娜 · 威廉姆斯在奥运村发布的 4 段视频，以及她和篮球明星卡梅隆 · 安东尼闲逛的视频。Snapchat 还插入了奥运火炬在巴西传递的视频，以及 2008 年和 2012 年两届奥运会的开幕式视频。来自各个国家和地区的诸多运动员也被加入该故事中，比如意大利水球队和尼日利亚篮球队等。巴西模特吉赛尔 · 邦辰对着摄像头送上了一个飞吻，并向为她量身定制地理滤镜的制作团队表示感谢。

约有 5 000 万人——相当于 Snapchat 日活跃用户的 1/3——观看了至少一个奥运会现场故事。Snapchat 与 7 家广播公司达成版权合作协议，这其中就包括美国的 NBC 和英国广播公司（BBC）。对于每天播放的里约奥运会故事，NBC 向 BuzzFeed 工作人员开放了完全编辑权限，内容既包括精彩片段和重播节目，也包括 BuzzFeed 式的故事，比如“你能通过运动员的屁股猜出某项运动吗？”NBC 环球 2015 年向 BuzzFeed 投资 2 亿美元，这可能是两家公司展开合作的原因之一。这些故事打的是 NBC 的台标，没有显示 BuzzFeed 的标志。

广告商并不是很关心“现场故事”和“发现”的区别，它们关心的是投放的广告能不能抵达目标受众。现场故事为广告商提供了更多的准备和筹划机会，因为 Snapchat 会提前数月给它们发送“现场故事”日程表。列入日程的故事包罗万象，从体育赛事到音乐节，从节假日庆典到海外留学。城市聚焦也是重点之一，从冰岛的雷克雅未克到尼日利亚的拉各斯，不一而足。大多数故事都会以某个地理位置为焦点，比如体育场或城市等；另外一些故事则不然，比如大学毕业典礼和毕业舞会等。

对于“现场故事”，Snapchat 越来越倾向于直接获取内容资源。作为发现平台的合作伙伴，《人物》杂志希望就奥斯卡颁奖典礼与 Snapchat 共同制作现场故事，但后者直接联系了美国电影艺术与科学学院和活动组织方，独立制作现场故事。2016 年，Snapchat 同 NFL 达成一项协议，为赛季中的每一场常规赛（共计 256 场）、每一场季后赛、超级碗以及其他联盟活动（如 NFL 选秀大会）等分别制作现场故事。2015 年，NFL 和 Snapchat 就赛事活动和选秀大会联合制作了 58 个现场故事，全世界范围内收看人数达到 7 000 万人。

2016 年，约有 2 100 万人通过 Snapchat 现场故事收看了 MTV 音乐录影带大奖颁奖典礼，总浏览量达 3 050 万次；而在上一年度，通过“现场故事”收看颁奖典礼的人数是 1 200 万。相比之下，仅有 650 万人通过电视收看了 2016 年度的 MTV 音乐录影带大奖颁奖典礼，较 2015 年下降 34%。要知道，总共有 11 家电视网络转播了此次颁奖典礼，它们分别是 MTV 台、MTV2 台、MTV 经典台、VH1 台、喜剧中心频道、史派克频道（Spike）、电视乐土频道（TV Land）、黑人娱乐台（BET）、乡村音乐台（CMT）、中央台（Centric）和标志台（Logo）。MTV 音乐录影带大奖颁奖典礼、奥斯卡颁奖典礼和体育赛事等活动的现场直播，是有线网络电视台最后的一块大蛋糕，对 Snapchat 来说极具诱惑力。如果你想看这些内容，但又不想为此支付有线电视费或不想去酒吧看，那么 Snapchat 的现场故事将是一个不错的选择。Snapchat 不仅想成为脸书的替代者，而且也正成为电视的替代者。

2016 年 8 月，NBC 环球与 Snapchat 签署了一份旨在为“发现”平台创作新内容的多年期协议。在发现平台，NBC 并非简单地把已有电视内容（比如用于脸书或 YouTube 等）重复使用，而是专门制作适用于 Snapchat 平台垂直视频格式的内容。首先，《好声音》（*The Voice*）登陆 Snapchat：用户提交自己的表演作品，然后由明星评委如麦莉·赛勒斯和布雷克·谢尔顿进行点评，所有这些都在 Snapchat 平台进行。NBC 还将展示《周六夜现场》（*Saturday Night Live*）和《吉米·法伦今夜秀》（*The Tonight Show Starring Jimmy Fallon*）等节目中的喜剧明星在 Snapchat 平台创作的短剧。Snapchat 与内容创作者讨论了为该平台制作原创节目的问题，并希望他们能推出类似于彼得·哈姆比主持的《好运美国》那样的节目。

在为新节目创造和拓展空间的同时，Snapchat 继续关闭那些已经被证明无效的产品。当地故事被砍掉，比如纽约和洛杉矶的城市故事。这些故事都是所在城市的用户提交的素材，但故事内容仅对该城市内的用户开放。当地故事的受欢迎程度远不及基于大型活动的现场故事。当然，大学的校园故事仍广受欢迎，因而得以保留。当时，当地故事团队共有 15 名成员，尼克·贝尔把他们全部叫到警卫室，直截了当地告诉他们，这是他们在 Snapchat 的最后一天，因为公司已经关闭了当地故事平台。

对于发现平台，最初的设想是打造一个数字杂志日刊，现在这个设想已经开枝散叶。但这并不能归功于“发现”平台的出版商，这让它们陷入莫名的煎熬之中。同 Snapchat 的其他产品一样，“发现”也是试验的沃土。对于发现平台，无论是改版还是关闭该平台表现不佳的出版商频道，Snapchat 一向行动果断。如果用户关注的重点始终是以特定事件和话题为主题的故事而不是出版商的数字杂志，那么 Snapchat 将会把更多的精力投入故事平台；相应地，在发现平台的投入就会减少。在某个时间点，它甚至有可能彻底关闭发现平台。

另一方面，Snapchat 真想在自己的围墙内打造一个新时代的康泰纳仕（Condé Nast）或赫斯特（Hearst）[①]吗？现场故事已经是一个艰巨的任务。在科切拉音乐节的现场故事中，用户提交了超过 800 小时的视频，而内容分析师必须从中筛选出最优秀的素材，然后制作成故事。未来，机器学习和图像识别软件可以帮助解决这个问题，但埃文可能还是希望由人工编辑来处理，至少在某种程度上要介入。对 Snapchat 来说，与其自己制作所有内容，倒不如就特定故事与出版商展开合作，就像里约奥运会的报道一样。当然，也不是给予出版商完全的控制权，让它们每天都发布自己制作的故事。出版商仍可与 Snapchat 进行收入分成，并在自

① 康泰纳仕是一家总部位于纽约的国际期刊出版集团，赫斯特是美国出版界巨头和多元化传媒集团。——编者注

己制作的现场故事中展示公司的标志。

在一个理想的内容策略的指引下，Snapchat 仍会继续开展试验、调整方向，仍会不断发展演化。但它并不是唯一试图让媒体公司相信这就是出版业未来的技术公司，Snapchat 在各个方面都面临着脸书的竞争。

第三十一章

门洛帕克风情画

2016 年 3 月

门洛帕克，加利福尼亚州

2012 年脸书上市前夕，马克·扎克伯格将一本名为《牢记脸书人的初心与使命》（*Facebook Was Not Originally Created to Be a Company*）的红皮精装书放到了每一名雇员的办公桌上。该书倒数第二页给出了一个严肃的战斗口号：

> 如果我们不能先人一步，创造出颠覆自我的杀手级产品，那么其他人就会颠覆我们。
>
> 仅仅“拥抱变革”是不够的，我们必须非常清楚地知道我们是谁，清楚到连讨论这个问题都显得多余。互联网不是一个友好的地方。那些与之不再相干的想留下遗迹都是一种奢望，它们会消失得无影无踪。

同任何好的宗教一样，狂热的初创企业世界也有自己的“圣典”：哈佛商学院教授克莱顿·克里斯坦森1997年出版的著作《创新者的窘境》。在HBO出品的喜剧《硅谷》(*Silicon Valley*)中出现的“颠覆式创新”已经成为经典，而克里斯坦森的著作比它要早得多，在20年的时间里，《创新者的窘境》一直保持着它在圈内的崇高地位。

从Snapchat的故事中，我们可以看到《创新者的窘境》的核心理念：一个新进入者推出的产品远不及先前已进入者推出的产品，甚至该产品看起来都让人觉得好笑——为什么我们要把时间浪费在那儿呢？谁会关心一个色情信息应用呢？但新进入者填补了一个需求空白，因为青少年更愿意使用一个阅后即焚的通信应用。然后，这个新进入者的发展越来越好（为产品添加了新功能，如视频分享和地理滤镜），并进军高端市场（添加了现场故事，并进入社交网络社区），获得了更大的市场份额（日活跃用户超过了推特）和更优质的客户（年龄更长的、更富裕的用户、名人以及作为出版商签约的媒体公司等）。

马克·扎克伯格非常清楚来自初创公司的这一潜在致命威胁。他在脸书内部设立开发各种新应用的独立团队，并加快抢夺那些最优秀的、广受欢迎的新兴初创公司（给予它们难以抗拒的收购要约），比如Instagram、WhatsApp和Oculus Rift（傲库路思）等。但埃文不会卖掉一手创建的公司，所以Snapchat就成了一条成功逃掉的漏网之鱼。之后，它不断发展壮大，不仅吸引了越来越多的用户，也吸引了越来越多的图片和视频，而这些图片和视频原本是要发在脸书或Instagram上的。

一种普遍的观点认为，谁有更好的团队和更好的技术，谁就会在竞争中获胜，但这并不适用于社交媒体。事实上，纯粹的技术可能是最不重要的。最重要的是文化和风俗，即你看重的是什么，以及它们在你的行动中如何发挥作用。如果对比一下脸书和Snapchat，你会发现你在

Snapchat 上做的事，脸书和 Instagram 完全可以取代：发布照片、给朋友发送信息、转账、阅读文章和观看名人视频等。但你不会转到这两个平台，因为不同的应用是依据不同的受众、根据不同的规则打造的，它们有着不同的审美和不同的风俗。

Snapchat 的精神特质与脸书截然相反，任何选择在脸书工作的人都很难理解前者所具备的这种特质。助长这种误解的并不仅仅是傲慢，但不可否认，就该案例而言，傲慢在最开始时还是发挥了作用。如果你认为你的使命是通过一个永久的在线社交网络联通整个世界，并对此深信不疑，愿意花时间来打造这样一个网络，那么你怎么可能会充分认识到一个阅后即焚应用的长期发展潜力呢？这已演变成为意识形态领域的一场“圣战”。你要么相信脸书和 Instagram 所持的以数据永久性为基础的信条，要么相信 Snapchat 所持的以数据转瞬即逝为基础的信条。你不可能两者都信。

2016 年夏，马克·扎克伯格在一次全员会议上对公司雇员说，不应让自尊心妨碍他们为用户提供最佳体验，即便这意味着抄袭对手公司。扎克伯格的这一信息在脸书演变成为一条非正式的口号：“不要为了面子而不好意思抄袭。”它当然不会拒绝这么做。

Snapchat 已经证明了转瞬即逝内容的庞大市场，因此，在试图收购和抄袭 Snapchat 失败之后，扎克伯格决定从多方面对脸书面临的最大威胁发起攻击。

2016 年初，脸书大力推动媒体公司和名人使用它的视频直播工具——脸书直播（Facebook Live）。通过旗下移动分析公司奥纳沃提供的数据，脸书已经了解到人们是如何在初创公司蒙哥（Meerkat）和推特旗下应用潜望镜（Periscope）收看直播视频的；脸书还了解到了 Snapchat 用户每天发送的信息量极为庞大，其中很多内容都是视频。脸书必须大幅度增加它的视频服务。在脸书直播平台，用户既可以收看直播内容，也可以在直播结束后收看重播。平台内容包括名人访谈、记者对相关事件的采访报道，以及普罗大众与朋友之间的交流，等等。

鉴于脸书无可比拟的规模，即便是愚蠢空洞的内容也会在网上疯狂传播，而且这类内容可能更受欢迎。2016 年 4 月，BuzzFeed 在脸书直播平台发布了一条视频：两名雇员在一个西瓜上缠橡皮筋，一直缠到西瓜爆裂为止。这条直播视频时长 45 分钟，最多时有 80.7 万人同时在线收看，另有数百万人看了重播。一个月后，坎迪斯 · 佩恩给自己买了《星球大战》中的楚巴卡（Chewbacca）面具，这是一种一张口就咆哮的面具。佩恩在脸书直播平台试戴了这个面具，然后歇斯底里地发笑。她这条视频的点击量达到近 1.6 亿次。

对名人和趣味活动来说，直播视频是非常好的传播方式，但从简侧田的侧田电视试验中我们也看到，大多数人的生活都不够有趣，达不到视频直播的程度。无论是脸书还是 Snapchat，都还没有明确的内容策略。两家公司都试图赢得媒体公司的青睐，也都在原创内容制作上开展各种试验。

脸书首席运营官谢丽尔 · 桑德伯格亲自拜访洛杉矶的人才服务机构，游说它们入驻脸书直播平台。脸书同媒体公司和名人签了 140 份协议，签约方将在脸书直播平台发布视频内容，而脸书每年为此支付的总费用超过 5 000 万美元。同早前签约 Snapchat 发现平台的媒体公司一样，入驻脸书直播平台的出版商从老牌机构（如 CNN 和《纽约时报》）到小型的初创公司，不一而足。很多出版商在这两家公司都设有自己的频道。Tastemade 每月为脸书直播平台制作超过 100 条视频；相应地，一年下来，它会从脸书公司获得 100 万美元收益。之前，脸书从未向内容创作者支付过费用，但现在，它已经签下了 17 个金额在 100 万美元以上的合同，其中金额最高的当属它和 BuzzFeed 的合同，金额略超过 300 万美元。另外，凯文·哈特、戈登·拉姆齐和拉塞尔·威尔逊等明星也都和脸书签了合作协议。

随着 Snapchat 越来越受到媒体公司和名人的欢迎，很多用户开始将他们在脸书和推特的个人资料图片制作成 Snapcode。Snapcode 是 Snapchat 生成的一种二维码，用户扫描二维码后，即可添加另一名 Snapchat 用户。脸书和推特不愿意看到这些有影响的用户利用它们的站点，增加其在 Snapchat 平台的粉丝量。脸书向一家媒体公司暗示，如果它继续使用 Snapcode 作为个人资料图片，将会影响到它所发布内容在脸书最重要产品——动态消息中的排名。随后，脸书更新了公司政策，并向媒体公司和名人表示，如果他们的个人资料图片和封面照片中带有第三方品牌或赞助商标志，则不能分享有关赞助商的内容。推特要求《赫芬顿邮报》将其个人资料图片从 Snapcode 更改为其他内容。Instagram 告诫用户不要点击“要求你添加其他服务平台用户的链接”。

脸书此举的目的在于延滞 Snapchat 的成长，继续延续它与 Snapchat 多年来看似激烈却毫无意义的竞争，而 Snapchat 在早前发布地理滤镜时，亦曾在脸书园区添加过一个面带笑容、伸着手指的“鬼脸杀手”标志。至于推特，Snapchat 甚至都懒得回击，因为它的日活跃用户数在 2016 年 6 月就已经超过了推特（1.5 亿用户对 1.4 亿用户）。

2016 年 8 月，Instagram 推出了一项名为“Instagram 故事”的新功能，允许用户发布可在 24 小时后消失的照片和视频幻灯片；基本上，这是对 Snapchat 故事的抄袭。“Instagram 故事”不同于 Instagram 的其他功能，反而与 Snapchat 故事类似——没有点赞和评论按钮，也有没有分享工具，所以用户无须为他们发布的内容而感到焦虑。Instagram 特意将用户的故事置于推送顶部，一是为了加快推广该功能，二是避免该功能影响到图像的正常推送。基于这样一项功能，用户不必再担心自己更新过快，他们可以随心所欲地发布各种非永久存在的照片和视频。

在 Instagram 推出“Instagram 故事”几天后，脸书开始测试一项面部滤镜功能——与 Snapchat 透镜贴纸极为相似的一项功能。在巴西和加拿大，用户打开脸书应用后会看到一个打开的摄像头窗口，这一点同 Snapchat 直接打开摄像头的功能亦非常相似。面对摄像头，巴西或加拿大的用户可以应用两国主题的面部彩绘，为各自国家加油助威。他们还可以在图片上方添加类似于地理滤镜的文字，比如“加拿大队”“巴西队”等。整个 2016 年，脸书都在抄袭 Snapchat：通过脸书、脸书信使、WhatsApp 和 Instagram 等应用测试故事功能，同时为 Instagram 和脸书信使添加了非永久性信息选项。

Snapchat 一直以来都致力于用最好的相机锁住最好的、最有创意的内容和最酷的用户——新潮的年轻人和有影响力的创意者。脸书和 Instagram 已经认识到，它们无法通过简单的抄袭策略打败 Snapchat，但通过吸收 Snapchat 的所有功能并把这些功能用到不同产品的不同方面，它们共同构建的这个庞大帝国自然就可以延缓 Snapchat 的成长。要知道，使用脸书和 Instagram 但不使用 Snapchat 的用户达数亿人之多。如果他们喜欢上脸书尚显幼稚的透镜贴纸或被阅后即焚的“Instagram 故事”吸引，那么他们可能永远都不会下载 Snapchat。

在接受 TechCrunch 的乔希 · 康斯廷采访时，Instagram 创始人凯文 · 斯特罗姆非常坦率地谈到了对 Snapchat 的抄袭：

> 滤镜能够成为一项备受关注的功能，完全可以说是 Instagram 的功劳。这里的关键并不在于谁发明了什么设计，而是谁将这种设计用到自己的网络，并用到极致。

脸书发明了信息流，领英在用，推特在用，Instagram 在用。现在，信息流在各公司看起来截然不同，且有着截然不同的用途。但没有人会因为某人采用了明显非常适合呈现某种类型的信息的创意而轻视他。

硅谷在创新，人们在发明，这都很伟大。然后，你看到的是这些发明的扩散。“@ 用户名”是推特发明的，标签也是推特发明的。现在 Instagram 都在用。图片滤镜也不是 Instagram 发明的。

我想你会看到，每家公司都在不断寻找和吸收最好的格式或最先进的技术。Snapchat 也是吸收利用了现成的面部滤镜，不是吗？而幻灯片放映也存在于其他地方。Flipagram（短视频应用）做幻灯片也有一段时间了。我认为这是硅谷很有意思的一个部分。你不能重新创造另一个产品，但你可以说：“这个格式有什么特别之处吗？它能用到我们的网络上吗？”

你不觉得 Snapchat 做得很棒吗？而脸书堪称伟大。Instagram 也很伟大。我认为所有这些公司都很棒。有的人在发明东西，而我们也发明了很多东西。

Gmail 并不是最早的电子邮件客户端。谷歌地图显然不是最早的地图。苹果的 iPhone 绝对不是最早的手机。问题在于，你拿这个格式做什么？你拿这个创意做什么？你要在它的基础上开发吗？你要增加新的功能吗？你有没有尝试把它带入一个新的方向？

我不认为它们（Instagram 和 Snapchat）是替代品，事情就是这样。

在“戳一下”和“弹弓”失败之后，脸书终于认识到仅仅将阅后即焚功能迁移到它的服务中是不可行的。但 Instagram 就不一样了，它在年轻用户中仍是一个很酷的应用。

作为一个产品，“Instagram 故事”取得了巨大成功。发布仅仅两个月之后，它的日活跃用户数就达到了 1 亿，到 2017 年 4 月翻了一番，达到 2 亿，6 月更是达到了 2.5 亿，令 Snapchat 的 1.66 亿日活跃用户数相形见绌。

从 2016 年底到 2017 年初，我记得朋友们经常说他们的“Instagram 故事”的浏览量超过了 Snapchat“故事”的浏览量。Instagram 拥有超过 7 亿的日活跃用户（就该应用整体而言，并非仅指“Instagram 故事”），而 Snapchat 只有 1.6 亿日活跃用户；对大多数用户来说，他们在 Instagram 的好友及粉丝数超过他们在 Snapchat 的好友及粉丝数。早前，Snapchat 充分利用了用户基于故事浏览量而产生的兴奋感；如今，也正是因为这种兴奋感，用户已经开始向拥有更大规模用户群的 Instagram 转移。

Snapchat 从来都不是一个以追求粉丝数量和故事浏览量为目的的平台，大多数用户都难以拥有成千上万的粉丝。毕竟，追求故事浏览量无异于追求点赞数量和转发数量。但埃文的这种设想是不利于平台发展的。而 Instagram 则不同，“Instagram 故事”可以说是完全为用户量身定制，因为该应用会向用户推荐好友；这样一来，你就很容易找到并关注你可能喜欢的账户。

“Instagram 故事”在关键时刻打击了 Snapchat 用户的参与度与平台的成长性，因为当时 Snapchat 正忙着 IPO。但同时，Instagram 也可能会像 21 世纪初期的脸书一样，打击无果，反而进一步提升了 Snapchat 的受欢迎度。对“Instagram 故事”用户来说，高浏览量和高关注度现在已经演变成为高糖陷阱：它们带来了太多的信息流，而好友之间却缺乏足够的亲密感。

ESPN 记者凯特·费根在她 2017 年出版的《麦迪为何而跑：一个典型的美国青少年的秘密挣扎与悲剧死亡》中讲到了这种亲密感的缺失。在这本记述 19 岁的麦迪·霍勒伦一生的书中，费根谈到了我们彼此之间的交流是如何被高度过滤的：

> 对一个社交账户来说，最重要的特征或许就是它的公共性。每个用户心里都清楚，自创建账户时起，一切都是为了大众消费。但我们可能夸大了这种公共性的影响。如果说私下里，我们大多数人允许自己说一些在公共场合不会说的话，写一些在公共场合不会写的东西，那么反过来，在公共场合这可能同样适用。在公共场合，我们可能会分享私下里不愿分享的东西。如果我们认为我们在私下里是不同的，那么我们在公共场所，难道不也是不同的吗？私下里的我们和公开场所的我们，哪一个更真实呢？
>
> 作为年轻人，我们试图找到自己的声音。我们一次又一次地确认我们是谁，直到我们有了比以前更准确的感觉为止……我们相信眼见为实，我们不相信自己没有看到的。我们是如此轻信，我们认为其他所有人在公共场所的样子就是他们真实的样子，而实际上，即便是我们自己，也很难将真实的自我呈现给他人。
>
> 我们之所以把时间投入社交媒体，是因为我们相信这是塑造自我身份的独特机会。我们之所以在意我们发布的图片、在意我们在这些图片下写下的文字，是因为它们反映了我们是谁、它们构建了我们想要的自己。如果你知道某个帖子是你的最后一个帖子，你会花更多的还是更少的时间在上面？你会希望这张图片及感想文字是完美的，是你理想的、持久的化身吗？或者，你很快会认识到这种追求是徒劳的，这一切都是海市蜃楼，无非是一个真实世界的失真

反映。这样一来，你会把时间用于展现真实自我吗?

展现真实自我是 Snapchat 对其用户的最终期望。但在很多情况下，这种赋能与用户的短期愿望是相悖的，与 Snapchat 的成长及盈利目标也是相悖的。越是私密的地方，就越难投放广告。相比于光彩亮丽的 Instagram 照片，Snapchat 的信息可能更原始、更本真，但在推送方式上，Snapchat 故事平台越来越像其他社交媒体。

在 Snapchat 的核心用户中，有一些年轻人已经找到了一个解决方法：他们在 Instagram 上创建了另外一个账户，用于和最亲密的朋友分享更真实的、更私人的照片与视频。在被戏称为“虚假 Instagram”的账户上，他们将关注者限定为密友，人数通常在几十人之内甚至更少，并摒弃了 Instagram 典型的社交规范；他们每天都会发布各种各样的图片——平淡无奇的照片、对话聊天截图和搞笑的自拍照等。

尽管如此，为提升亲密关系，这些用户还是决定创建第二个 Instagram 账户而不是更多地使用 Snapchat。埃文不希望 Snapchat 成为一个专注于用户点击量的社交网络，但高点击量无疑会吸引更多的广告收入。

脸书试图抄袭 Snapchat 百万次。失败并不重要，重要的是成功。

第三十二章

SNAP

威尼斯，加利福尼亚州

2017年初，Snapchat发布了美国证券交易委员会（SEC）要求拟上市公司必须提交的S-1文件。该文件揭示了Snapchat所持的多方下注和快速止错的策略：

> 我们的策略是投资产品创新，同时要敢于冒险，不断改善我们的相机平台。我们这样做的目的是提升用户的参与度，然后再通过广告实现货币化。我们会把公司收入用于未来的产品创新，进而推动我们的业务发展。
>
> 在一个任何人都可以即时分销产品并免费提供产品的世界里，最好的竞争方式就是通过创新手段创造最有吸引力的产品。这是因为，分销或成本已经很难成为竞争优势——新的软件会在第一时间提供给用户使用，而且是免费的。我们认为，这意味着我们这个行业支持创新的公司，因为人们会使用它们的产品。

在扎克伯格着手抄袭 Snapchat 推出的任何成功功能时，埃文则专注于产品的快速试验。

他大幅押注最先让 Snapchat 走红的即时通信功能，发布了聊天 2.0（Chat 2.0）版本，允许用户录制和发送 10 秒甚至更短的音频笔记或视频笔记。这些笔记类似于聊天中的短消息，视频笔记则在一个环状图形中以动画形式播放。现在，用户也可以通过 Snapchat 打电话或视频聊天，即便他们所要联系的人还没有出现在聊天对话中。早前，埃文曾经说过他不希望 Snapchat 像一个响铃的电话，不希望人们被动地开始聊天，但同很多问题一样，他后来改变了主意，认为通过 Snapchat 打电话对用户来说是有用的。

2016 年 7 月，Snapchat 发布了一项名为“记忆”（Memories）的新功能，允许用户在应用中保存他们的照片、视频和故事，而更重要的是，允许用户从 Snapchat 乃至他们的相机胶卷中上传旧照片，然后发送给朋友或发布到他们的故事中。在该公司成立最初的 5 年里，你不能上传任何东西，每一张照片或每一条视频都必须在 Snapchat 内拍摄或录制并立即分享；它聚焦的是实时，即此时此地。

记忆的永久性同 Snapchat 的核心理念是相悖的，但该功能发布的时间已经足够晚，用户行为和规范早已建立起来了。如果 Snapchat 早在 2012 年就发布记忆功能，那么这可能是一场灾难，因为它击中的正是 Snapchat 所具备的实时、转瞬即逝的特质。但在发布“记忆”之前，Snapchat 已经拥有数亿活跃用户，所以它能够在不改变核心行为的情况下将该功能添加到产品中去。“记忆”甚至让 Snapchat 相机变得更加有用，因为它允许用户将照片、视频以及他们自己的 Snapchat 故事——名副其实的记忆——存储在 Snapchat 的服务器上而不是他们自己的手机上，因而也就无须占用手机空间。在让 Snapchat 相机成为人们默认相机的道路上，它又迈出了一步。

在增添记忆功能之前，Snapchat 基本上是与脸书相背而行打造它的产品的。最先是非永久性图片信息，然后增加了社交消息推送，持续时间从早前的 10 秒钟提升到 24 小时，最后又更改了所发布内容的即时性质。

回到 Snapchat 的 S-1 文件，我们可以看到埃文所持的产品开发策略：

> 未来，我们将加大对产品创新的投资，要敢于冒险，不断改善我们的相机平台，并致力于提升用户的长期参与度。有时候，这意味着我们要牺牲短期参与度，以引进可能改变人们使用 Snapchat 方式的产品，比如"故事"等。另外，我们的产品也经常应用新技术，经常需要人们改变他们的行为，比如使用手机相机同朋友交谈等。这意味着我们在产品开发方面要投入大量的时间和金钱，并有可能延滞普及率。从长期看，并不是我们所有的投资都会带来回报，但我们愿意冒险，力图打造市场上最好的和最具差异化的产品。

2016 年 3 月，Snapchat 收购了位元漫画（Bitstrips）。作为最具吸引力的新型社交产品的开发者之一，位元漫画 2007 年成立于加拿大多伦多，旨在帮助教师创作教学漫画。基于该公司提供的模板，教师可以自己创作小型漫画，添加对话气泡，以及为图中人物添加服装等。2014 年，位元漫画将连环漫画简化为用户及其好友的单幅人物素描，受到广泛欢迎。通过一些功能强大的定制绘图软件，用户可以在位元漫画制作卡通形象，这些被称为"位元表情符号"（Bitmoji）的卡通像看起来和用户一模一样。制作完成后，用户就可以把他们的小卡通像用于多种场景和表达中，比如与朋友交流或发布到社交媒体。

埃文之所以喜欢这家公司，是因为它把技术和艺术以一种完美的方式结合了起来。在这家公司，真正的摇滚明星是艺术家而不是开发者。公司创始人拥有动画和媒体背景。公司办公室墙上贴着个性化卡通图，让人感觉这是一家艺术工作室而不是技术初创公司。

2014 年 7 月，Snapchat 在位元漫画官方网站的卡通板块宣布了它与该公司达成的协议。在这次并购中，Snapchat 并未采取以往的处理方式，而是保留了位元漫画的旗舰产品——位元表情符号以及该应用的独立性。自成立以来，这是 Snapchat 首次采取超越其单一身份的发展策略。Snapchat 鼓励用户下载“位元表情符号应用”，并将其关联到他们的 Snapchat 账户。这样一来，用户和他们的 Snapchat 好友就可以使用“好友表情符号”（Friendmoji）了。很快，Snapchat 员工胸卡中的真人照片就被他们本人的位元表情符号取代了。

在对位元漫画完成收购之后没几天，埃文便向他的女朋友米兰达·可儿求婚。可儿答应了他的求婚，并在 Instagram 上发布了她的订婚戒指图片：该图片中还有埃文向她求婚的卡通像，而在两个人的卡通像下面，则用粗体大字写着：“嫁给我！”

对位元漫画的并购为 Snapchat 打开了一扇大门：它有可能成为一个平台，一个非常赚钱的平台。在应用内，Snapchat 已经拥有了广泛的创收产品线：发现平台广告、现场故事平台广告、地理滤镜、透镜贴纸，以及电子商务机会（如票务销售）等。现在，该公司还可以通过其他应用创收，比如位元漫画或其他已经并购的公司的应用——这些公司来自广泛的开发者社区。

再回到 S-1 文件，我们可以看到 Snapchat 利用创意产品驱动广告收入的策略：

我们通常依照现有的消费产品和行为开发广告产品，确保广告产品有效且可能为社区喜爱。在我们公司，设计消费产品的团队也帮助设计广告产品，这意味着这些设计对我们的用户来说是有吸引力的，同时也是他们熟悉的。比如，在塔可钟赞助的透镜贴纸活动中，用户可以把头转变成一个塔可饼皮，这进一步提升了我们平台的用户参与度，因为它提供了一个有趣的创意工具，人们愿意使用它，也愿意与朋友分享它。

2015 年，Snapchat 投资了一个名为 Spring 的移动购物平台。《华尔街日报》曾公开表示希望通过 Snapchat 进行报纸订阅。不久，《大都会》总编辑乔安娜 · 科尔斯加入 Snapchat 董事会，她对 Recode 网的卡拉 · 斯维舍尔说，Snapchat 很快将进军电子商务领域。

“甜心（Sweet）是赫斯特集团和 Snapchat 在 Snapchat 平台合力打造的一个频道，以‘每天爱上新玩意’为推荐语。”科尔斯说，“但在将来的某个时刻，它会发展成为一个电子商务平台，到时你就可以在上面购物了。”

此外，Snapchat 还一直在尝试基于二维码扫描技术的新的广告类型。还记得最早在该平台进行的促销活动吗？冷冻酸奶连锁店 16 Handles 给它的关注者发送了一张优惠券，后者必须在照片消失前在店内使用这张优惠券，其阅后即焚时间只有短短 10 秒。Snapchat 的新广告可以继续采用这一模式，允许用户通过扫描二维码达成一个特定的时间敏感型交易，从而促进广告商产品的销售。

Snapchat 再一次把目光投向亚洲即时通信巨头连我。在寻求早期创收模式时，Snapchat 曾经研究过这家公司，而后者在贴纸方面取得的成功可以为位元漫画借鉴。2015 年，连我的贴纸销售收入超过 2 亿美元，其中近 1 亿美元来自在该公司平台创作和销售贴纸集的第三方卖家。此外，该公司还通过赞助商贴纸获得了更多的收入（超过 3 亿美元）。这些贴纸对用户免费，其收入均来自广告商。在某种意义上，你完全可以说赞助商地理滤镜就是 Snapchat 的赞助商贴纸。在推出地理滤镜时，Snapchat 已经将文化符号（如灵魂单车和迪士尼等）包括在了里面。虽然这些地理滤镜并不是付费广告，但不难想象，Snapchat 平台的赞助商贴纸会展示用户及其好友的喜好，比如在灵魂单车健身、在 In-N-Out 汉堡店吃汉堡或分享可口可乐瓶等。

“记忆”扩大了 Snapchat 的内容世界。因为大多数 Snapchat 用户允许该应用获取其当前的地理位置（以便使用地理滤镜等功能），所以当你出现在马德里某家两年都没有去过的餐馆时，一个特殊的“怀旧星期四”选项就会弹出来，这时你会看到你上次在这里时的照片和视频，当然，前提是你已经把它们保存在了 Snapchat“记忆”平台。这家公司喜欢重新包装旧技术，让它们焕发新的光彩，比如二维码和挚友清单等，而且也善于让一些功能获得新生，比如，四方的市长徽章（比如某个汉堡店，签到次数最多的人会成为该店的“市长”）。Snapchat 会对某个特定地点的“市长”给予特别的滤镜和贴纸奖励。这种地理位置策略也是明显的赞助和创收机会。

2007 年 1 月，史蒂夫·乔布斯面向世界发布了 iPhone，并展现了这家公司日渐增长的雄心。苹果计算机公司随之更名为苹果公司，它不再仅仅是一家计算机公司。2016 年秋，埃文决定扩大 Snapchat 的经营范围，他的眼光早已超越了与之同名的应用的业务范畴；随后，公司更名为 Snap 公司（Snap Inc.），并宣布进军新的领域——Snapchat 眼镜。

神秘的聚散实验室——Snapchat 于 2014 年 3 月收购的一家硬件初创公司——多年来一直致力于打造可为 Snapchat 录制视频的太阳镜。2015 年，在与未婚妻米兰达·可儿远足时，埃文对该产品的早期模型进行了测试。

“那是我们的第一个假期，我们准备去大苏尔玩一两天。”埃文后来回忆说，“我们要穿越森林，走近自然，寻找那些美轮美奂的树。回看当时录制的视频，我可以看到我自己的记忆，而且是通过我自己的眼睛，这让人难以置信。对于一段经历，你看过去的图片是一回事，而对于这段经历的再次体验，则是另一回事。这让我产生了一种从未有过的身临其境的感觉。”

通过智能眼镜功能，用户只需点击太阳镜左角按钮即可开始录制时长为 10 秒的 Snapchat 视频。之后，该眼镜可以通过蓝牙或无线网络将视频传至手机。视频录制格式为 115 度圆形格式，也就是说，它更接近于人眼的自然视野。

作为一款应用，Snapchat 的最大问题之一就是它会让你失去当下。比如，你和朋友参加一个搞笑的舞会派对，或者仅仅是徒步欣赏美景，或者看到身穿奇装异服的人在街上跑来跑去。这时，你会停下来，拿出手机拍照、录视频，但游玩的乐趣也会偷偷溜走。更重要的是，由于你所有的朋友都在拍照，原本非常美妙的时刻就变得很丑陋了；而且，还有一半的朋友会在你拍照期间录制视频。但如果你和朋友都有 Snapchat 眼镜，那一切就不一样了。你可以立即录下有趣场景，然后添加滤镜、增强效果，稍后再发送。虽然内容分享不是实时的，但这没有关系，Snapchat 标榜的贴近生活的文化范式早已深入人心，人们仍会继续发布接近实时的内容。

2016 年 9 月，Snapchat 发布眼镜产品，并将华尔街以及其他地区所有标牌中的“鬼脸杀手”进行了更改：它的眼睛看上去就像是太阳镜的镜片。该产品最先在精美的《华尔街日报杂志》亮相：文中配有埃文戴着眼镜、身穿经典 V 领 T 恤的照片，摄影师是时尚大咖卡尔·拉格斐。

为将该产品同呆板的、具有侵略性的谷歌眼镜区分开来，也是为了避免人们对它持有过高期望。埃文在接受采访时刻意将 Snapchat 眼镜称为“有趣的玩具”。几年前，埃文曾指出 Snapchat 不会为谷歌眼镜开发应用，因为他发现该产品具有“侵略性”，就像“一支指着你的枪”。为避免人们对 Snapchat 眼镜产生这样一种被枪指着的感觉，同时也为解决人们对社交媒体的隐私关切，在用户开始拍照或录制视频时，眼镜侧前方的小光点就会闪烁发光。

在成长过程中，埃文曾希望他能参与个人计算机革命。该愿望虽未达成，但他足够幸运，成为移动革命的主要参与者。而且，他还有着更宏大的愿景，希望在接下来的革命中扮演更加重要的角色。

在新技术出现和平台发生转变（比如，从大型机到个人计算机平台然后到移动平台）时，原先占主导地位的技术公司就会陷入混乱。聪明的新兴公司可以利用这些平台转变的机会，从非市场主导公司发展成为市场主导公司。如果新兴公司在平台转变过程中扮演一定角色，那么这种升级对它们来说就会更容易一些。虽然 Snapchat 眼镜被定位为玩具，但它有着巨大的潜力。如果该产品能取得成功，那么它将取代苹果的 iPhone，成为人们最常用的相机和最私人化的设备。这将会成为埃文最大的成就——取代由他的偶像一手打造的传奇设备。现在，对他的公司来说，机会就在眼前。

第三十三章

智能眼镜

2016年12月31日

纽约，纽约州

坐在从费城前往纽约的火车上，我打开了 Snapchat 应用，心不在焉地和朋友闲聊。我点击查看了好友切尔西的一条信息：她正和高中时的好友在加利福尼亚州的猛犸山庆祝新年。我们之间有一个 5 天的“储火”标志；“储火”是 Snapchat 置于用户名一侧的一个表情符号，用以表示你和好友连续交流的天数。对高中生来说，他们和好友之间的“储火”天数多达几十天，乃至几百天、几千天。

我曾告诉自己要在车上写一些东西，但结果却是时不时地查看手机，查看朋友发布的故事以及 ESPN 发现频道的橄榄球赛集锦。抵达宾夕法尼亚车站后，我费力地穿过人群，然后搭乘地铁赶往第五大道。

在走近苹果旗舰店风景如画的玻璃屋时，我看到了 Snapchat 眼镜的标志：黄色背景，白圈内套着一个黑圈，最外为黑色边框，看起来就像一只大眼睛。该眼镜快闪店是一个小的临街店面，朴实无华，店面只有一个标牌，上面写着“眼镜”。

在公司内部，很多人认为Snapchat眼镜的亮相比该产品本身更为重要。9月下旬，公司宣布产品上市，但对消费者来说，购买这款太阳镜却很不容易，因为首批产品是通过一个名为Snapbot的自动贩卖机出售的。Snapbot首先设在威尼斯，公司在其落地前24小时宣布具体地点。之后，该自动贩卖机又出现在了加利福尼亚的很多地方，比如圣莫尼卡、帕萨迪纳、布伦特伍德和大苏尔等。但同时，它也会在一些看似非常随机的地方现身，比如俄克拉何马州卡图萨的66号公路、大峡谷和佛罗里达州立大学的校园等。为了买到眼镜，有人排了几个小时的队；通常，他们在排队期间会通过Snapchat、推特和Instagram分享他们的体验。这种人为创造的稀缺性，避免了人们对该产品销量的过多关注，同时也让这次活动成为近期最独特的营销事件之一。

该自动贩卖机避开了硅谷，并在一段时间内避开了纽约。11月，我去了在曼哈顿新开的那家Snapchat快闪店，就在第五大道苹果店的后面。那天很冷，大概40华氏度（约4.4摄氏度），但对12月的纽约来说，这样的温度是可以接受的。我听说排队的顾客多达几百人，而因为排队时间长，顾客会收到手环礼物，所以我期望也能排一个长队，但出人意料的是，今天店里几乎没有客户。

店内，墙上成排的电视在循环播放该眼镜产品的圆形录制格式，靠里的地方摆着三台Snapbot自动贩卖机，我走向其中一台，然后通过屏幕查看哪种颜色（共有三色，分别为黑色、蓝绿色和珊瑚色）更适合我。最终，我选择了黑色，然后刷卡付款，自动贩卖机释放出一副黑色眼镜。

随后，我赶往纽约西村会见朋友，急切地想向他们展示这次颇为荒谬的购物之行。我们将参加一个派对活动，然后再去酒吧。这将是一个有趣的夜晚，但与 Snapchat 往年举行的跨年派对活动还不能比。自 2013 年在威尼斯的蓝色海滨小屋与埃文和博比见过面之后，我感觉时间已经过去了很久，但实际上不过是短短的 4 年。

那时候，Snapchat 刚刚增加了令人兴奋的视频通信功能，如今，它已经开发出了故事、地理滤镜、透镜贴纸、现场故事和发现等众多产品；雇员人数从当时的 30 人扩大到了 1 500 人；公司名称从 Snapchat 变更为 Snap。再过几个月，埃文和博比将会在纽约证券交易所敲钟，届时，Snap 就会成为一家公开上市的公司。

几个星期之后，Snap 将会为 3 月份的 IPO 进行路演。迈克尔 · 林顿已经辞去了他在索尼的职务，专注于帮助埃文制定公司发展战略，并于 2016 年下半年出任公司董事长。参与 Snap 公司 IPO 的银行家表示，年仅 27 岁的埃文是该公司最重要的资产，是一位可与史蒂夫 · 乔布斯和马克 · 扎克伯格比肩的、有远见的梦想家。

这看起来就像一个神话般的结尾。但对 Snap 公司来说，IPO 远不是终点；相反，这是一个非常艰难的新篇章的起点。

“5 年前，我们开始意识到相机并不仅仅可以用于捕捉记忆。”埃文在公司发布眼镜时说，“现在，它也可以用于通话。我们的梦想就是扩大相机功能，让它在你的生活中发挥更大的作用。它的能力远不止为我们留下记忆。”

在 S-1 文件中，Snapchat 对这种可能性做了阐述：“就像光标是大多数台式计算机产品的起点一样，我们认为相机屏幕是大多数智能手机产品的起点。这是因为，相比于其他输入形式，如通过键盘输入的文本，智能手机相机创造的影像包含了更多的背景和更丰富的信息。这就意味着我们愿意冒险，力图开发创新的、差异化的相机产品，以便更好地反映和提升我们的生活体验。”

埃文正不遗余力地让 Snapchat 成为一整代互联网用户的起点，如同前几代人登录的主页和门户网站一样。在接下来的几年里，将会有数十亿人触网，而他们连接互联网的首要设备就是手机。届时，每个人都会手持联网的相机；当然，他们会不会使用 Snapchat 则另当别论，在一些国家，当前该应用是被屏蔽的。

对于 Snapchat，我们应该从三个角度来看，即运气，记录世界以及掌控世界。就第一点而言，Snapchat 是一个简单的照片和视频分享应用，它在最完美的时间出现并迅速爆红。就第二点而言，埃文和博比非常聪明地让 Snapchat 成为必备应用——既有有趣的滤镜和贴纸，也有有吸引力的故事和现场。如果他们能在第三点上取得成功，那么 Snapchat 将会再次实现跨越式发展。从“运气”到“记录世界”，Snapchat 的估值从 8 亿美元飙升至 160 亿美元，翻了 20 倍；如果能从“记录世界”成功跨到“掌控世界”，它的估值将会达到此前的 20 倍以上。

就第三点而言，Snapchat 正从一个能够捕捉和传播周围世界的记录应用向着能够影响周边世界的遥控应用发展。当前，我们所拥有的最好的遥控应用就是优步，用户拿出手机，按下按钮，就可以去任何你想去的地方。Snapchat 可以实现“扫描”应用的最初目标，在数字世界和物理世界之间架起一座桥梁。“扫描”是一家初创公司，早前已被 Snapchat 收购。

Snapchat 还大规模投资机器学习和图像识别技术，而且在它的训练下，用户已经习惯了时刻记录周围世界。该公司已经在开发图片搜索功能，如同谷歌搜索或视觉版的音乐神搜（Shazam），能够理解用户图片的内容和语境，并提供与之相关的信息。或者，用户在商店看到某个想要购买的商品，然后拍照（最初是条形码或二维码，但未来会发展成为商品本身），之后该功能便提供基于 Snapchat 平台的购买选项。

亚马逊的 Alexa 和苹果的 Siri 属于语音助手，很快，Snapchat 和其他相机应用就会推出视觉助手。

在各条战线上，Snapchat 仍将继续同脸书展开竞争。但到这个时候，如果你考虑的还仅仅是它能不能打败脸书的问题，那么你还没有从更大的角度看问题。埃文的抱负远不止于此。他并不仅仅想把 Snapchat 打造成一家伟大的科技公司，也就是说，打造一家伟大的科技公司并不能满足他的欲望。他想成为一个伟大人物，某一历史时期的伟大人物。现在，让我们来看一下他的整个抱负。历史上，无论是个人还是公司，取得超越所在领域伟大成就的屈指可数。显然，Snapchat 和埃文都还没有达到这个级别，但这也正是埃文想实现的目标。

著名商业顾问、作家吉姆·柯林斯写道，一家真正伟大的公司需要具备三个条件：一是一流的财务业绩；二是特殊的影响力，即便不进入这个具有特殊影响力的领域，你也很难被取代；三是持久的生命力，足以经得起技术周期、市场周期和人员更迭等诸多因素的考验。能够同时满足这三个标准的公司少而又少。需要特别指出的是，柯林斯是《基业长青》和《从优秀到卓越》等书的作者，而这两本书也被誉为“管理圣经”。

显然，Snapchat 需要实现一流的财务业绩，唯有如此才能对得起公司极高的市值。

你可以说他们公司已经有了特殊的影响力，但这种特殊的影响力会持续下去、深化下去吗？ Snapchat 会一直很酷吗？如果不会，那么它怎样才能生存下来？通过收购酷公司，通过成为非常有效的实用工具，脸书已经实现了艰难的中期转型。脸书能够成功转型的另一个原因是它的运营极为出色；Snapchat 要想与脸书抗衡，就必须以一种卓越的方式开展人员招聘和规模扩张，以免陷入推特那样的组织混乱之中。埃文是公司的核心人物，很难想象缺少了他公司会变成什么样子。但按照柯林斯的定义，要想让 Snapchat 成为一家真正伟大的公司，那么将来在人员构成上，它就必须要超越埃文以及当前的团队。

Snapchat 已经颠覆了我们的大多数假设，我们从中学到什么了吗？

移动平台是一个比桌面平台更大、更好的市场。我们希望仅仅依赖移动平台的亚马逊超过它先前的公司吗？从脸书到谷歌，从亚马逊到苹果，所有这些科技巨头都在寻求我们的数据，而且收集得越来越多；相比之下，Snapchat 则删除一切数据，对用户信息知之甚少。我们是否希望互联网上的大多数信息乃至所有信息都永久存在？

从根本上讲，Snapchat 是对 21 世纪第一个十年社交网络现状的反抗。此前，脸书和 Instagram 大行其道，这是因为在它们的平台上，我们可以塑造一个理想化的自己，并可获得即时认可。但随着时间的推移，对用户来说，对社交网络的好奇已开始渐渐转变为负担。而通过 Snapchat，年轻人可以以一种更真诚的方式表达自己，无须担心不完美的、更真实的自我会在将来成为一种困扰。

在某个地方，可能是唐纳楼的一间宿舍，也可能是在遥远的一个大洲，下一个埃文 · 斯皮格尔正在谋划一种新的互联网互动的方式。它会突然而至，就像你手机里突然弹出的 Snapchat 信息一样。

我们知道，它不像 Snapchat、Instagram 或脸书中的任何一个，无论是在外观上还是在感觉上。我们可能觉得它幼稚、任性，它看起来可能像个玩具，至少一开始是这样。

致 谢

这是一本非常有趣的书，也是一本写起来很有挑战性的书。非常感谢为本书而接受我采访的每一个人，特别是那些甘冒职业风险和个人关系风险的人。

2012 年 5 月，我接受了 TechCrunch 提供的一份暑期实习工作。在同我的新老板吉姆-麦·卡特勒交谈时，我说我准备就 Clinkle 和 Snapchat 写几篇报道文章，这也是当时斯坦福大学校园里两家极受追捧的初创公司。回过头来看，这是一个非常好的想法。对于 Snapchat，我跟踪报道了两年，从中获得了关于该公司的大量信息。

时间转瞬即逝。几年之后，我从斯坦福大学毕业，亦从 TechCrunch 离职。有一次，在同菲利普·塔布曼一起吃午饭时，他力劝我继续跟踪报道 Snapchat，并就该公司令人着迷的发展故事写一本书。塔布曼曾供职于《纽约时报》和《斯坦福日报》，在斯坦福大学时给我上过课，是我的良师益友。随后，他把我介绍给他的经纪人宾吉·厄本，厄本又把我介绍给了另外两位经纪人——阿米莉亚·阿特拉斯和理查德·派克。他们三位都是非常优秀的经纪人。在这里，我要特别感谢阿米莉亚，她不屈不挠的专业精神令我印象深刻，而正是在她的推动下，这本出师不利，又被多次退稿的作品最终面世。感谢不辞辛劳的编辑蒂姆·巴特利特，感谢圣马丁出版公司（St. Martin’s Press）团队的优秀成员，特别是艾丽斯·普法伊费尔、唐娜·彻丽和赖安·马斯特勒，感谢她们对本书手稿的编辑修订。感谢英国维珍书局（Virgin Books UK）的杰米·约瑟夫及其整个团队。

在撰写本书的过程中，最令人愉快的事情之一就是同其他作者交流各自经历。真心感谢所有为我提供建议的作者，感谢你们的慷慨，感谢你们付出的时间，尤其是亚历克斯·巴纳扬、尼克·比尔顿、马修·贝里、布莱克·哈里斯、凯文·鲁斯和阿什莉·万斯。特别感谢拉里·兰顿和兰顿传媒，感谢你们在本书写作中给我的启发，让我以一种新的方式构思人物。

感谢玛丽·里蒂和Snapchat公关团队，感谢你们在事实核查方面提供的帮助。

感谢我在斯坦福大学商学院研究生院的所有朋友和同学，感谢你们在过去一年里对我写作和编辑本书给予的持续支持。我在这里特别要感谢曼尼·阿贾伊、德鲁夫·阿明、阿什利·布拉西耶、杰克·布洛克、帕特里克·蔡斯、帕姆·奇拉蒂瓦特、戴维·德梅雷斯、卡罗琳·达菲、卡伦·恩格特、萨凡纳·英格利希、克莱尔·费舍尔、丹娜·金里奇、吉尔·格林伯格、扎克·霍拉特、戴文·凯尔西、萨姆·克里格、蒂姆·拉蒂默、杰夫·利昂、亚历克斯·马塞达、劳伦·马丁内斯、凯尔西·梅森、米希尔·梅塔、亚历克斯·蒙克、罗比·米奇尼克、泰勒·雷伊、安妮·罗伯逊、博比·塞缪尔斯、史蒂夫·斯科特、惠特·维珍–唐尼、弗朗西丝·韦尔文和梅甘·韦尔奇。

最重要的，是要感谢我的家人。能有这样一个给予我全力支持的美好大家庭，我感到非常幸运。感谢艾琳·麦克安尼·加拉格尔、尼克·加拉格尔、丹尼斯·加拉格尔、保罗和利萨·巴达姆、蒂姆·奥布莱恩、卡罗尔·奥布莱恩和肯·奥布莱恩、吉姆·奥布莱恩·兰顿、拉里·兰顿、罗斯·迪博诺和露西尔·迪博诺、罗斯·迪博诺二世、辛西娅·迪博诺·威弗、杰克·麦克纳梅牧师、罗·西维和杰伊·韦纳。感谢爸爸迈克，真希望能有更多的时间来陪他，愿您安息！

遗憾的是，这些致谢遗漏了太多人的名字。在撰写本书的过程中，有无数的人帮助了我，他们甚至可能都没有意识到这一点。但不管怎么说，感谢你们！

最后，我要谢谢你，读者。希望你阅读愉快！

参考文献

序 言

Bilton, Nick. "Why I Use Snapchat: It's Fast, Ugly and Ephemeral." *New York Times*, January 27, 2014. https://bits.blogs .nytimes.com/2014/01/27/why-i-use-snapchat-its-fast-ugly-and-ephemeral/

Dave, Paresh. "Exclusive Interview: How Snapchat Founder Evan Spiegel Feels after the Historic IPO." *Los Angeles Times*, March 2, 2017. http://www.latimes .com/business /technology/la-fi-tn-evan-spiegel-bobby-murphy-20170302-story.html

Farrell, Maureen, Corrie Driebusch, and Sarah Krouse. "Snapchat Shares Surge 44% in Market Debut." *Wall Street Journal*, March 2, 2017. https://www.wsj.com/articles/snapchat-parent-snap-opens-higher-in-market-debut-1488471695

Johnson, Hollis, Alex Heath, and Portia Crowe. "'Right Now We're Just Celebrating': Inside Snap's Crazy $33 Billion IPO." *Business Insider*, March 2, 2017. http://www.businessinsider.com/inside-snapchats-crazy-33-billion-ipo-2017-3?op=1/#a-giant-snap-inc-banner-adorned-the-the-new-york-stock-exchange-on-thursday-signaling-the-companys-hotly-anticipated-ipo-1

Mahler, Jonathan. "Campaign Coverage via Snapchat Could Shake Up the 2016 Elections." *New York Times*, May 3, 2015. https://www.nytimes .com/2015/05/04/business/media /campaign-coverage-via-snapchat-could-shake-up-the-2016-elections.html

New Yorker cartoon. "Looks like another case of someone over forty trying to understand Snapchat." *New Yorker*, April 22, 2016. http://www.newyorker .com/cartoon/a19868

Spiegel, Evan. "What Is Snapchat?" YouTube video, June 16, 2015. https://www.youtube.com / watch?v=ykGXIQAHLnA

第一章

Auletta, Ken. "Get Rich U." *New Yorker*, April 30, 2012. http://www.newyorker .com / magazine/2012/04/30/get-rich-u

Bowles, Nellie. "Three LA Boys: Snapchat's Evan Spiegel, Tinder's Sean Rad and Whisper's Michael Heyward." Recode, June 11, 2014. https://www.recode.net/2014/6/11/11627844 / three-la-boys-evan-spiegel-sean-rad-and-michael-heyward

Colao, J. J. "The Inside Story of Snapchat: The World's Hottest App or a $3 Billion Disappearing Act?" *Forbes*, January 6, 2014. https://www.forbes .com/sites/jjcolao/2014/01/06/the-inside-story-of-snapchat-the-worlds-hottest-app-or-a-3-billion-disappearing-act/#3961325c67d2

DiGiacomo, Frank. "School for Cool." *Vanity Fair*, March 2005. https://www.vanityfair.com / news/2005/03/crossroads-school200503

Spiegel, Evan. Keynote speech at "Design Yourself" Conference, Stanford Women in Business, April 7, 2013. https://download.docslide.net/documents/design-yourself-conference-opening-keynote-by-evan-spiegel-ceo-of-snapchat.html

Van Grove, Jennifer. "Snapchat's Evan Spiegel: Saying No to $3B, and Feeling Lucky." *CNET*, November 26, 2013. https://www.cnet.com/news/snapchats-evan-spiegel-saying-no-to-3b-and-feeling-lucky/

第二章

Colao, J. J. "The Inside Story of Snapchat: The World's Hottest App or a $3 Billion Disappearing Act?" *Forbes*, January 6, 2014. https://www.forbes .com/sites/jjcolao/2014/01/06/the-inside-story-of-snapchat-the-worlds-hottest-app-or-a-3-billion-disappearing-act/#3961325c67d2

Nguyen, An Le. "University Explains Kappa Sigma Decision." *Stanford Daily*, March 28, 2011. http://www.stanforddaily.com/2011/03/28/university-explains-kappa-sigma-decision/Spiegel, Evan, and Nikesh Arora. Interview, YouTube, October 12, 2015. https://www.youtube.com/watch?v=R-UAjGVPFIE

第三章

Colao, J. J. "The Inside Story of Snapchat: The World's Hottest App or a $3 Billion Disappearing Act?" *Forbes*, January 6, 2014. https://www.forbes .com/sites/jjcolao/2014/01/06/the-inside-story-of-snapchat-the-worlds-hottest-app-or-a-3-billion-disappearing-act/#3961325c67d2

Gallagher, Billy. "The Snapchat Lawsuit, Or How to Lose Your Best Friend over $70 Million." *TechCrunch*, March 7, 2013. https://techcrunch.com/2013/03/07/snapchat-lawsui/

Shontell, Alyson. "These Leaked Videos Could Lead to a Huge Payday for Ousted Snapchat Co-Founder." *Business Insider*, November 20, 2013. http://www.businessinsider .com /snapchat-lawsuit-video-depositions-2013-11

———. "SNAPCHAT LAWSUIT VIDEOS: After a 37-Second Pause, Snapchat's CEO Describes Regrets about the Friend He Ousted." *Business Insider*, November 25, 2013. http://www. businessinsider.com/snapchat-lawsuit-videos-2013-11

Spiegel, Evan. Keynote speech at "Design Yourself" Conference, Stanford Women in Business, April 7, 2013. https://download.docslide.net/documents/design-yourself-conference -opening-keynote-by-evan-spiegel-ceo-of-snapchat.html

第四章

Alden, William, and David Gelles. "In WhatsApp Deal, Sequoia Capital May Make 50 Times Its Money." *New York Times*, Auletta, Ken. "Get Rich U." *New Yorker*, April 30, 2012. http://www.newyorker.com/magazine/2012/04/30/get-rich-u

Constine, Josh. "Flaming Wreckage of Clinkle Rebuilds as a Referral Service." *TechCrunch*, December 29, 2015. https://techcrunch.com/2015/12/29/i-know-you-thought-it-was-dead-but/

———. "Clinkle Implodes as Employees Quit in Protest of CEO." *TechCrunch*, May 15, 2015. https://techcrunch.com/2015/05/15/clunk/

Del Rey, Jason. "Clinkle's Still a Hot Mess as Its Big Shot COO Departs (Updated)." Recode, March 13, 2014. http://www .recode.net/2014/3/13/11624542/clinkles-still-a-hot -mess-as-its-big-shot-coo-departs

———. "Why Longtime Netflix CFO Barry McCarthy Just Agreed to Work for Clinkle's 22-Year-Old CEO." AllThingsD, October 22, 2013. http://allthingsd.com/20131022 /why-longtime-netflix-cfo-barry-mccarthy-just-agreed-to-work-for-a-22-year-old -ceo/

Efrati, Amir. "Startup's Deep Roots: Stanford." *Wall Street Journal*, April 3, 2013. http://www.wsj.com/article_email/SB10001424127887324020504578396912443242512-lMyQjAxMTAzMDAwMzEwNDMyWj.html

Fitchard, Kevin. "Clinkle Becomes a Tech Celebrity Magnet, Landing Richard Branson as an Investor." GigaOm, September 26, 2013. https://gigaom.com/2013/09/26/clinkle-becomes-a-tech-celebrity-magnet-landing-richard-branson-as-an-investor/

Gallagher, Billy. "Stanford University Is Going to Invest in Student Startups Like a VC Firm." *TechCrunch*, September 4, 2013. http://techcrunch.com/2013/09/04/stanford-university-is-going-to-invest-in-student-startups-like-a-vc-firm/

———. "Clinkle Raises Celebrity-Filled $25M Round as It Gears Up to Eliminate the Physical Wallet." *TechCrunch*, June 27, 2013. http://techcrunch.com/2013/06/27/clinkle-raises-celebrity-filled-25m-round-as-it-gears-up-to-eliminate-the-physical-wallet/

Mac, Ryan. "Clinkle up in Smoke as Investors Want Their Money Back." *Forbes*, January 22, 2016. http://www.forbes.com/sites/ryanmac/2016/01/22/clinkle-up-in-smoke-as-investors -want-their-money-back/#5dced7db35b6

Rowley, Jason D. “The Startup Funding Graduation Rate Is Surprisingly Low.” Mattermark, September 28, 2016. https://mattermark.com/startup-graduation-rate-surprisingly-low/

Shontell, Alyson. “a silicon valley disaster: A 21-Year-Old Stanford Kid Got $30 Million, Then Everything Blew Up.” *Business Insider*, April 14, 2014. http://www.businessinsider.com/inside-story-of-clinkle-2014-4?op=1

Thompson, Nicholas. “Stanford and Its Startups.” *New Yorker*, September 11, 2013. http:// www.newyorker.com/business/currency/stanford-and-its-start-ups

———. “The Trouble with Stanford.” *New Yorker*, April 12, 2013. http://www.newyorker.com/tech/elements/the-trouble-with-stanford

———. “The End of Stanford?” *New Yorker*, Apri l8, 2013. http://www.newyorker .com/tech / elements/the-end-of-stanford

Tiku, Nitasha. “Clinkle Is Bribing College Students with a Vending Machine Full of Cash.” Valleywag, November 25, 2014. http://valleywag .gawker.com/clinkle-is-bribing-college-students-with-a-vending-mach-1663325836

第五章

Colao, J. J. “The Inside Story of Snapchat: The World’s Hottest App or a $3 Billion Disappearing Act?” *Forbes*, January 6, 2014. https://www.forbes .com/sites/jjcolao/2014/01/06/the-inside-story-of-snapchat-the-worlds-hottest-app-or-a-3-billion-disappearing-act/#3961325c67d2

Driver, Carol. “cannes lions: Entrepreneur Evan Spiegel Reveals He Drew Ghost Logo for Snapchat on His Computer in His Dorm Bedroom.” *Daily Mail*, June 22, 2015. http:// www.dailymail.co.uk/tvshowbiz/article-3134555/CANNES-LIONS-Billionaire-Evan-Spiegel-reveals-drew-ghost-logo-Snapchat-computer-dorm-bedroom.html

Gallagher, Billy. “The Snapchat Lawsuit, Or How to Lose Your Best Friend over $70 Million.” *TechCrunch*, March 7, 2013. https://techcrunch.com/2013/03/07/snapchat-lawsui/

Wenerd, Brando. July 31, 2014 tweet, Twitter. https://twitter .com/brandonwenerd/status/494895839467147265/photo/1

第六章

Gallagher, Billy. “The Snapchat Lawsuit, Or How to Lose Your Best Friend over $70 Million.” *TechCrunch*, March 7, 2013. https://techcrunch.com/2013/03/07/snapchat-lawsui/

第七章

"Now That's a Historical Selfie! A Teen Grand Duchess Anastasia Is Seen Capturing Her Own Reflection in 1913 Russia." *Daily Mail*, November 26, 2013. http://www.dailymail.co.uk/femail/article-2514069/Russian-Grand-Duchess-Anastasia-seen-capturing-reflection-1913-Russia.html

"TigerText." Crunchbase, n.d. https://www.crunchbase.com/organization/tigertext#/entity Auletta, Ken. "Get Rich U." *New Yorker*, April 30, 2012. http://www.newyorker .com/magazine/2012/04/30/get-rich-u

———. "Get Rich U." *New Yorker*,Bonanos, Christopher. "The Man Who Inspired Jobs." *New York Times*, October 7, 2011. http://www.nytimes .com/2011/10/07/opinion/the -man-who-inspired-jobs.html

Colao, J. J. "The Inside Story of Snapchat: The World's Hottest App or a $3 Billion Disappearing Act?" *Forbes*, January 6, 2014. https://www.forbes .com/sites/jjcolao/2014/01/06/the-inside-story-of-snapchat-the-worlds-hottest-app-or-a-3-billion-disappearing-act/#3961325c67d2

Cornelius, Robert. "Robert Cornelius, Self-Portrait; Believed to Be the Earliest Extant American Portrait Photo," c. 1839. Library of Congress. http://www.loc.gov/pictures/item /2004664436/

Eggers, Barry. "Lightspeed's Snap Story." Medium, March 2, 2017. https://medium.com / lightspeed-venture-partners/lightspeeds-snap-story-5d3723e97667

Gallagher, Billy. "No, Snapchat Isn't about Sexting, Says Co-Founder Evan Spiegel." *Tech-Crunch*, May 12, 2012. https://techcrunch.com/2012/05/12/snapchat-not-sexting/

Kahney, Leander. "John Sculley on Steve Jobs, the Full Interview Transcript." Cult of Mac, October 14, 2010. https://www.cultofmac.com/63295/john-sculley-on-steve-jobs-the-full-interview-transcript/63295/

Kaplan, Dan. "Real Engines of Growth Have Nothing to Do with Growth." *TechCrunch*, March 22, 2014. https://techcrunch.com/2014/03/22/the-real-engines-of-growth-on-the-internet/

Pace, Eric. "Edwin H. Land Is Dead at 81; Inventor of Polaroid Camera." *New York Times*, March 2, 1991. http://www.nytimes .com/1991/03/02/obituaries/edwin-h-land-is-dead-at-81-inventor-of-polaroid-camera.html?pagewanted=all

Sharaf, Shirin. "All the Cool Kids Are Doing It." *Stanford Daily*, March 5, 2004. http://stanforddailyarchive.com/cgi-bin/stanford?a=d&d=stanford20040305-01.2.13#

Spiegel, Evan, and Nikesh Arora. Interview, YouTube, October 12, 2015. https://www.youtube.com/watch?v=R-UAjGVPFIE

Swisher, Kara. "Full Transcript: Venture Capitalist Jeremy Liew on Recode Decode." Recode, March 5, 2017. https://www.recode.net/2017/3/5/14809104/transcript-venture-capitalistjeremy-liew-innovation-silicon-valley-recode-decode

Wortham, Jenna. "A Growing App Lets You See It, Then You Don't." *New York Times*, February 8, 2013. http://www.nytimes .com/2013/02/09/technology/snapchat-a-growing-app -lets-you-see-it-then-you-dont.html

第八章

"Study Reveals Majority of Adults Share Intimate Details via Unsecured Digital Devices." McAfee, February 4, 2014. https://www.mcafee.com/us/about/news/2014/q1/20140204 -01.aspx?culture=en-us&affid=0&cid=140622&pir=1

"What They're Saying about Sexting." *New York Times*, March 26, 2011. http://www.ny-times.com/2011/03/27/us/27sextingqanda.html

Bilton, Nick. "Disruptions: Indiscreet Photos, Glimpsed then Gone." *New York Times*, May 6, 2012. https://bits.blogs .nytimes.com/2012/05/06/disruptions-indiscreet-photos -glimpsed-then-gone/

Bonanos, Christopher. "Before Sexting, There Was Polaroid." *The Atlantic*, October 1, 2012. https://www.theatlantic.com/technology/archive/2012/10/before-sexting-there-was-polaroid/263082/

boyd, danah. "Let Kids Run Wild Online." *Time*, March 13, 2014. http://time.com/23031 /danah-boyd-let-kids-run-wild-online/

———. "Teen Sexting and Its Impact on the Tech Industry." Read Write Web 2WAY Conference 2011, June13, 2011. http://www.danah.org/papers/talks/2011/RWW2011.html

Colbert, Stephen. "Evan Spiegel and Bobby Murphy." *The Colbert Report*, April 30, 2013. http://www.cc.com/video-clips/z5q514/the-colbert-report-evan-spiegel—-bobby -murphy

Drouin, Michelle, and Carly Landgraff. "Texting, Sexting, and Attachment in College Students' Romantic Relationships." Computers in Human Behavior (via Science Direct), March 2012. http://www .sciencedirect.com/science/article/pii/S0747563211002329 ?via%3Dihub

Gallagher, Billy. "The Snapchat Lawsuit, Or How to Lose Your Best Friend over $70 Million." March 7, 2013. *TechCrunch*, https://techcrunch.com/2013/03/07/snapchat-lawsui/

———. "No, Snapchat Isn't about Sexting, Says Co-Founder Evan Spiegel." *TechCrunch*, May 12, 2012. http://techcrunch.com/2012/05/12/snapchat-not-sexting/

Hill, Kashmir. "Snapchat Tells Teen Users: No Nudes!" Splinter, February 20, 2015. http://fusion.kinja.com/snapchat-tells-teen-users-no-nudes-1793845467

Honan, Mat. "Your Dick Pics Are about to Be All Over the Internet." *Wired*, February 17, 2015. https://www.wired.com/2015/02/dick-pics/

Lacy, Sarah. "Calling Snapchat 'the Sexting App' Misses a Huge Shift in Mobile, Photos, and Communication." Pando, December 16, 2012. https://pando .com/2012/12/16/calling-snapchat-the-sexting-app-misses-a-huge-shift-in-mobile-photos-and-communication/ Namuo, Clynton. "UNH Study Finds 'Sexting' Not so Prevalent." *New Hampshire Union Leader*, December 4, 2011. http://www.unionleader .com/article/20111205/NEWS04/712059957

Vogels, Josey. "Textual Gratification: Quill or Keypad, It's All about Sex." *Globe and Mail*, May 3, 2004. https://www.theglobeandmail.com/technology/textual-gratification-quill-or-keypad-its-all-about-sex/article1136823/?page=all

第九章

Ballhaus, Rebecca, Peter Nicholas, and Alexandra Berzon. "Two Top Sony Movie Executives Are Longtime Obama Supporters." *Wall Street Journal*, December 19, 2014. https:// www.wsj.com/articles/two-top-sony-movie-executives-are-longtime-obama-supporters -1419033876

Bertet, Elsa. "Michael Lynton Timeline." *Variety*, September 6, 2007. http://variety.com/2007 / film/news/michael-lynton-timeline-1117971490/

Colao, J. J. "Snapchat: The Biggest No-Revenue Mobile App since Instagram." *Forbes*, November 27, 2012. https://www.forbes .com/sites/jjcolao/2012/11/27/snapchat-the-biggest-no-revenue-mobile-app-since-instagram/#57abce9d7200

Flynn, Kerry M. "Michael M. Lynton." *Harvard Crimson*, May 23, 2012. http://www. thecrimson.com/article/2012/5/23/Lynton-CEO-Sony/

Hempel, Jessi, and Adam Lashinsky. "Countdown to the Snapchat Revolution." *Fortune*, December 18, 2013. http://fortune.com/2013/12/18/countdown-to-the-snapchat -revolution/

Isaac, Mike. "Snapchat Closes $60 Million Round Led by IVP, Now at 200 Million Daily Snaps." AllThingsD, June 24, 2013. http://allthingsd.com/20130624/snapchat-closes-60-million-round-led-by-ivp-now-at-200-million-daily-snaps/

Spiegel, Evan. "Evan Spiegel USC Commencement Speech | USC Marshall School of Business Commencement 2015." YouTube video, May 15, 2015. https://www.youtube.com /watch?v=-Ng0fXIITt0

———. "How Did David Kravitz and Daniel Smith Get Recruited to Snapchat?" Quora, April 17, 2013. https://www.quora.com/How-did-David-Kravitz-and-Quora-User-get-recruited-to-Snapchat

———. Keynote speech at "Design Yourself" Conference, Stanford Women in Business, April 7, 2013. https://download.docslide.net/documents/design-yourself-conference-opening-keynote-by-evan-spiegel-ceo-of-snapchat.html

Stevenson, Seth. "Snapchat Releases First Hardware Product, Spectacles." *Wall Street Journal*, September 24, 2016. https://www.wsj.com/articles/snapchat-releases-first-hardware-product-spectacles-1474682719

Vega, Sebastian. "CEO of Snapchat Discusses New Media." *Daily Trojan*, February 19, 2015. http://dailytrojan.com/2015/02/19/ceo-of-snapchat-discusses-new-media/

Wagner, Kurt. "Inside Evan Spiegel's Very Private Snapchat Story." Recode, May 9, 2016. https://www.recode.net/2016/5/9/11594144/evan-spiegel-snapchat

Wallenstein, Andrew. "Sony's Michael Lynton Poised to Hit Jackpot with Snapchat Investment (Exclusive)." *Variety*, December 12, 2013. http://variety.com/2013/biz/news /sonys-michael-lynton-poised-to-hit-jackpot-with-snapchat-investment-exclusive -1200947334/

第十章

"Mitch Lasky." Crunchbase. https://www.crunchbase.com/person/mitch-lasky#/entity Carlson, Nicholas. "Zuckerberg's Huge Win: Instagram Proves to Be a Bargain at $1 Billion." *Business Insider*, September 11, 2012. http://www.businessinsider .com/facebook-instagram-zucerberg-growth-9-2012

Colao, J. J. "The Inside Story of Snapchat: The World's Hottest App or a $3 Billion Disappearing Act?" *Forbes*, January 6, 2014. https://www.forbes .com/sites/jjcolao/2014/01/06/the-inside-story-of-snapchat-the-worlds-hottest-app-or-a-3-billion-disappearing-act/#3961325c67d2

Eldon, Eric. "Sources: Snapchat Raising 'North of $10M' at around $70M Valuation, Led by Benchmark's Mitch Lasky." *TechCrunch*, December 12, 2012. https://techcrunch. com /2012/12/12/sources-snapchat-raising-north-of-10m-at-around-70m-valuation-led-by-benchmarks-mitch-lasky/

Gallagher, Billy. "Facebook and Snapchat Go Toe to Toe: Why It's Good for Both Companies." *TechCrunch*, December 17, 2012. http://techcrunch.com/2012/12/17/facebook-and -snapchat/

———. "Snapchat Releases Video Sharing, Is Prototyping Monetization Features (Oh, and It's Still Not for Sexting)." *TechCrunch*, December 14, 2012. http://techcrunch.com/2012 /12/14/snapchat-does-video/

———. "You Know What's Cool? A Billion Snapchats: App Sees over 20 Million Photos Shared per Day, Releases on Android." *TechCrunch*, October 29, 2012. http://techcrunch. com/2012/10/29/billion-snapchats/

McLaughlin, Kelly. "The original Venice Canals in LA That Have Vanished Forever beneath a Sea of Concrete." *Daily Mail*, June 8, 2015. http://www.dailymail.co .uk/news/article-3114848/Venice-America-s-history-shows-canals-hidden-pavement.html

Takahashi, Dean. "Benchmark's Mitch Lasky: Game Publishers Will Evolve or Die (Interview)." VentureBeat, July 17, 2012. https://venturebeat.com/2012/07/17/mitch-lasky-game-publishers-will-evolve-or-die-interview/view-all/

Tzu, Sun. *The Art of War*. date unknown. https://www.amazon.com/Art-War-Sun-Tzu/dp/1599869772/ref=sr_1_1?s=books&ie=UTF8&qid=1501497433&sr=1-1&keywords=the+art+of+war

第十一章

Carlson, Nicholas. "Zuckerberg's Huge Win: Instagram Proves to Be a Bargain at $1 Billion." *Business Insider*, September 11, 2012. http://www.businessinsider .com/facebook -instagram-zuckerberg-growth-9-2012

Colao, J. J. "The Inside Story of Snapchat: The World's Hottest App or a $3 Billion Disappearing Act?" *Forbes*, January 6, 2014. https://www.forbes .com/sites/jjcolao/2014/01/06 / the-inside-story-of-snapchat-the-worlds-hottest-app-or-a-3-billion-disappearing-act/#3961325c67d2

Constine, Josh. "Facebook Launches Snapchat Competitor 'Poke,' an iOS App for Sending Expiring Text, Photos, and Videos." *TechCrunch*, December 21, 2012. https://techcrunch.com/2012/12/21/facebook-poke-app/

———. "Mark Zuckerberg Is the Voice Behind the 'Poke' Notification Sound and Wrote Code for the App." *TechCrunch*, December 21, 2012. https://techcrunch.com/2012/12 /21/mark-zuckerberg-voice-of-poke/

Gallagher, Billy. "Snapchat Co-Founder Evan Spiegel Responds to Poke: 'Welcome, Facebook. Seriously.' " *TechCrunch*, December 21, 2102. http://techcrunch.com/2012/12/21 /snapchat-co-founder-evan-spiegel-responds-to-poke-welcome-facebook-seriously/

———. "Facebook and Snapchat Go Toe to Toe: Why It's Good for Both Companies." *TechCrunch*, December 17, 2012. http://techcrunch.com/2012/12/17/facebook-and-snapchat/

———. "Snapchat Releases Video Sharing, Is Prototyping Monetization Features (Oh, and It's Still Not for Sexting)." December 14, 2012. *TechCrunch*, http://techcrunch.com/2012 /12/14/snapchat-does-video/

Malik, Om. "Snapchat Rises: Why Poke's Decline Shows Facebook's Inability to Invent." GigaOm, December 26, 2012. https://gigaom.com/2012/12/26/snapchat-rises-why-pokes-decline-shows-facebooks-inability-to-invent/

Panzarino, Matthew. "Facebook's Poke: A Snapchat-like App That Lets You Send Messages That Expire after 1, 3, 5 or 10 Seconds." Next Web, December 21, 2012. https://thenextweb.com/facebook/2012/12/21/facebook-announces-poke-a-snapchat-like-app-that-lets-people-send-private-messages-that-expire-after-1-3-5-or-10-seconds/#.tnw_0pq4RGGG

Rusli, Evelyn M. "In Rejecting Facebook, Snapchat Still Extracts Value." *Wall Street Journal*, November 15, 2013. https://blogs.wsj.com/digits/2013/11/15/in-rejecting-facebook-snapchat-still-extracts-value/

Siegler, M. G. Untitled. Paris Lemon, December 21, 2012. http://parislemon.com/post/38489227402/facebook-poke-for-mobile

Taylor, Colleen. "Data Shows Online Buzz about Snapchat Is Skyrocketing after the Launch of Facebook Poke." *TechCrunch*, December 28, 2012. https://techcrunch.com/2012/12 /28/data-shows-online-buzz-about-snapchat-is-skyrocketing-after-the-launch-of -facebook-poke/

Wingfield, Nick, and Mike Isaac. "Mark Zuckerberg, in Suit, Testifies in Oculus Intellectual Property Trial." *New York Times*, January 17, 2017. https://www.nytimes .com/2017 /01/17/technology/mark-zuckerberg-oculus-trial-virtual-reality-facebook.html?_r=0

第十二章

Gallagher, Billy. "Snapchat Founders Face New Twist in Legal Battle as Alleged Co-Founder Files to Disqualify Their Lawyers." *TechCrunch*, July 1, 2013. http://techcrunch.com/2013/07/01/ephemeral-representation/

———. "Snapchat's Spiegel Admits Brown 'Came up with the Idea for Disappearing Picture Messages' in New Court Documents." *TechCrunch*, July 1, 2013. http://techcrunch.com/2013/07/01/new-snapchat-docs/

Mac, Ryan. "Want to Sue a Startup? Hire This Man." *Forbes*, April 14, 2015. https://www. forbes.com/sites/ryanmac/2015/04/14/cofounder-lawsuits-luan-tran-snapchat-yik-yak/#79c96b6f3398

Shontell, Alyson. "snapchat lawsuit videos: After a 37-Second Pause, Snapchat's CEO Describes Regrets about the Friend He Ousted." *Business Insider*, November 25, 2013. http://www.businessinsider.com/snapchat-lawsuit-videos-2013-11

———. "These Leaked Videos Could Lead to a Huge Payday for Ousted Snapchat Co-Founder." *Business Insider*, November 20, 2013. http://www.businessinsider .com /snapchat-lawsuit-video-depositions-2013-11

第十三章

Benner, Katie. "Snap's Chief Taps into the 'Right Now.'" *New York Times*, February 1, 2017. https://www.nytimes.com/2017/02/01/technology/snapchat-snap-ceo-evan-spiegel.html?rref=collection%2Fsectioncollection%2Ftechnology&action=click&contentCollection=technology&region=stream&module=stream_unit&version=latest&contentPlacement=1&pgtype=sectionfront

Bezos, Jeffrey P. Letter to shareholders, US Security and Exchange Commission, April 2016. https://www.sec.gov/Archives/edgar/data/1018724/000119312516530910/d168744dex991.

htm

Colao, J. J. "In Less Than Two Years, Snapchat Is an $860 Million Company." *Forbes*, June 24, 2013. https://www.forbes .com/sites/jjcolao/2013/06/24/snapchat-raises-60-million-from-ivp-at-800-million-valuation/#506ba341677d

———. "In Less Than Two Years, Snapchat Is an $860 Million Company." *Forbes*, June 24, 2013. https://www.forbes.com/sites/jjcolao/2013/06/24/snapchat-raises-60-million-from -ivp-at-800-million-valuation/#506ba341677d

Drimal, Chloe. "drimal: Newest Diet: Facebook Cleanse." *Yale Daily News*, March 27, 2013. http://yaledailynews.com/blog/2013/03/27/drimal-newest-diet-facebook-cleanse/

———. "drimal: Snapchat: The Phenomenon." *Yale Daily News*, December 7, 2012. http://yaledailynews.com/blog/2012/12/07/drimal-snapchat-the-phenomenon/

———. "drimal: Profile of a SWUG." *Yale Daily News*, September 24, 2012. http://yaledailynews.com/blog/2012/09/24/drimal-profile-of-a-swug/

Elman, Josh. " 'How Will They Make Money?' Is the Wrong Question." Medium, June 11, 2013. https://medium.com/i-m-h-o/how-will-they-make-money-is-the-wrong-question-a5890c2c2cc0

Gallagher, Billy. "Taco Bell Asks Twitter Followers to Add Them on Snapchat, Users May Soon See Snaps from Brands." *TechCrunch*, May 1, 2013. http://techcrunch.com/2013 /05/01/taco-bell-joins-snapchat/

Herrman, John. "Meet the Man Who Got inside Snapchat's Head." BuzzFeed, January 27, 2014. https://www.buzzfeed.com/jwherrman/meet-the-unlikely-academic-behind -snapchats-new-pitch?utm_term=.njpqz3oO87#.suoBzJA67M

Jurgenson, Nathan. "Pics and It Didn't Happen." New Inquiry, February 7, 2013. https://thenewinquiry.com/pics-and-it-didnt-happen/

———. "Digital Dualism versus Augmented Reality." Cyborgology, February 24, 2011. https://thesocietypages.org/cyborgology/2011/02/24/digital-dualism-versus-augmented-reality/

Levy, Steven. "Snapchat's Non-Vanishing Message: You Can Trust Us." Backchannel, April 2, 2015. https://medium.com/backchannel/snapchat-s-non-vanishing-message-you-can-trust-us-6606e6774b8b

Morris, Betsy and Seetharaman, Deepa. "The New Copycats: How Facebook Squashes Competition From Startups" *Wall Street Journal*, August 9, 2017. https://www.wsj.com/articles/the-new-copycats-how-facebook-squashes-competition-from-startups -1502293444

McDermott, John. "Brands Experiment with Photo-Messaging Service Snapchat, Facebook Poke." *Advertising Age*, January 4, 2013. http://adage.com/article/digital/brands-experiment-photo-messaging-service-snapchat-facebook-poke/238979/

Primack, Dan. "What Is Behind Snapchat's Massive Valuation?" *Fortune*, June 24, 2013. http://fortune.com/2013/06/24/what-is-behind-snapchats-massive-valuation/

Silverman, Justin Rocket. "Meet the SWUGs of Yale: Women 'Washed Up' at 21." The Cut, April 10, 2013. https://www.thecut.com/2013/04/meet-the-swugs-of-yale-women-washed-up-at-21.html

Stevenson, Seth. "Snapchat Releases First Hardware Product, Spectacles." *Wall Street Journal*, September 24, 2016. https://www.wsj.com/articles/snapchat-releases-first-hardware-product-spectacles-1474682719

Tiku, Nitasha. "Source: Snapchat Cofounders Unloaded Personal Stock for $20 M." Valleywag, June 25, 2013. http://valleywag .gawker.com/source-snapchat-cofounders -unloaded-personal-stock-for-574730704

Wasserman, Todd. "Is Snapchat the Next Frontier for Marketers?" Mashable, January 3, 2013. http://mashable.com/2013/01/02/snapchat-marketers/#wgdSNMg2aEq3

Wortham, Jenna. "A Growing App Lets You See It, Then You Don't." *New York Times*, February 8, 2013. http://www.nytimes .com/2013/02/09/technology/snapchat-a-growing-app-lets-you-see-it-then-you-dont.html

第十四章

Anderson, Tom. "Technology Advancing Art: Photo Apps Are the Folk Art of Our Generation." *TechCrunch*, September 30, 2011. https://techcrunch.com/2011/09/30/technology-advancing-art-photo-apps/

Constine, Josh. "Facebook Admits Some Decrease of Usage amongst Young Teens for the First Time." *TechCrunch*, October 30, 2013. https://techcrunch.com/2013/10/30 /facebook-teens-drop/

Crook, Jordan. "With an Eye on Revenue, Snapchat 'Experiments' with a Click-to-Buy Button." October 3, 2013. *TechCrunch*, https://techcrunch.com/2013/10/03/with-an-eye-on -revenue-snapchat-experiments-with-a-click-to-buy-button/

Gallagher, Billy. "A Tale of Two Patents: Why Facebook Can't Clone Snapchat." *TechCrunch*, June 22, 2014. http://techcrunch.com/2014/06/22/facebook-slingshot-snapchat-patents/

———. "Snapchat Now Sees 350M Photos Shared Daily, Up from 200M in June." *TechCrunch*, September 9, 2013. https://techcrunch.com/2013/09/09/snapchat-now-sees-350m -photos-shared-daily-up-from-200m-in-june/

———. "What's Ahead for Snapchat? CEO Evan Spiegel Drops Clues in Disrupt Talk." *TechCrunch*, September 9, 2013. http://techcrunch.com/2013/09/09/snapchat-future -disrupt-hints/

Hamburger, Ellis. “Snapchat’s Next Big Thing: ‘Stories’ That Don’t Just Disappear.” *Verge*, October 3, 2013. https://www.theverge.com/2013/10/3/4791934/snapchats-next-big-thing-stories-that-dont-just-disappear

Kan, Justin. “Why I Love Snapchat.” Medium, November 13, 2016. https://justinkan.com /why-i-love-snapchat-23d31ea87d3c

Swisher, Kara. “Instagram Business Lead Emily White to Be Named COO of Snapchat.” AllThingsD, December 3, 2013. http://allthingsd.com/20131203/exclusive-instagram -business-lead-emily-white-to-be-named-coo-of-snapchat/

Vega, Sebastian. “CEO of Snapchat Discusses New Media.” *Daily Trojan*, February 19, 2015. http://dailytrojan.com/2015/02/19/ceo-of-snapchat-discusses-new-media/

第十五章

“Makers of Snapchat Turn Down $3 Billion.” *Good Morning America*, November 15, 2013. https://gma.yahoo.com/video/makers-snapchat-turn-down-3-232317879.html

Blodget, Henry. “exclusive: How Snapchat Plans to Make Money.” *Business Insider*, November 20, 2013. http://www.businessinsider.com/how-snapchat-will-make-money-2013-11

Colao, J. J. “The Inside Story of Snapchat: The World’s Hottest App or a $3 Billion Disappearing Act?” *Forbes*, January 6, 2014. https://www.forbes .com/sites/jjcolao/2014/01/06/the-inside-story-of-snapchat-the-worlds-hottest-app-or-a-3-billion-disappearing-act/#3961325c67d2

Constine, Josh. “Snapchat Snags Facebook’s Mike Randall as Monetization VP.” *TechCrunch*, June 24, 2014. https://techcrunch.com/2014/06/24/facebook-steals-features -snapchat-steals-talent/

Hempel, Jessi. “Snapchat Doesn’t Think It Needs an Adult Like Facebook Did.” *Wired*, March 18, 2015. https://www.wired.com/2015/03/snapchat-doesnt-think-needs-adult-like-facebook/

MacMillan, Douglas. “Snapchat Poaches Google Veteran in Engineering Push,” *Wall Street Journal*, February 18, 2014. https://blogs.wsj.com/digits/2014/02/18/snapchat-poaches-google-veteran-in-engineering-push/

Primack, Dan. “Ex-Snapchat COO Emily White Has a New Startup.” *Fortune*, March 2, 2016. http://fortune.com/2016/03/02/ex-snapchat-coo-emily-white-new-startup/

Rusli, Evelyn M. “In Rejecting Facebook, Snapchat Still Extracts Value.” *Wall Street Journal*, November 15, 2013. https://blogs.wsj.com/digits/2013/11/15/in-rejecting-facebook-snapchat-still-extracts-value/

———, and Douglas MacMillan. “Snapchat Spurned $3 Billion Acquisition Offer from Facebook.” *Wall Street Journal*, November 13, 2013. https://blogs.wsj.com/digits/2013/11 /13/

snapchat-spurned-3-billion-acquisition-offer-from-facebook/

Slutsky, Irina. "Meet the Ex-Googlers Running Facebook." *Advertising Age*, June 1, 2011. http://adage.com/article/digital/meet-googlers-running-facebook/227833/

Spiegel, Evan. "Evan Spiegel USC Commencement Speech | USC Marshall School of Business Commencement 2015," YouTube, May 15, 2015. https://www.youtube.com/watch ?v=-Ng0fXIITt0

———, and Nikesh Arora. Interview, YouTube, October 12, 2015. https://www.youtube.com / watch?v=R-UAjGVPFIE

Thompson, Ben. "The Facebook Epoch." Stratechery, September 30, 2015. https://stratechery.com/2015/the-facebook-epoch/

———. "Old Fashioned Snapchat." February 24, 2015. Stratechery, https://stratechery.com/2015/old-fashioned-snapchat/

Tsotsis, Alexia. "Monetization TBD . . . Instagram Hires Facebook's Emily White as Director of Business Operations." *TechCrunch*, April 2, 2013. https://techcrunch.com/2013 /04/02/instagram-hires-facebooks-emily-white-as-director-of-business-operations/

Wagner, Kurt. "Inside Evan Spiegel's Very Private Snapchat Story." Recode, May 9, 2016. https://www.recode.net/2016/5/9/11594144/evan-spiegel-snapchat

Wortham, Jenna. "Rejecting Billions, Snapchat Expects a Better Offer." *New York Times*, November 13, 2013. http://www.nytimes .com/2013/11/14/technology/rejecting-billions-snapchat-expects-a-better-offer.html

第十六章

Swann, Elaine. "What's the Etiquette of 'Selfies' at Funerals?" CNN, December 12, 2013. http://edition.cnn.com/2013/12/11/opinion/swann-selfie-funeral-etiquette/

Wallop, Harry. "Oscars 2014: The Most Famous 'Selfie' in the World (Sorry Liza)." *The Telegraph*, March 3, 2014. http://www.telegraph.co .uk/culture/film/oscars/10674655/Oscars-2014-The-most-famous-selfie-in-the-world-sorry-Liza.html

第十七章

"Finding Friends with Phone Numbers." Snapchat, December 27, 2013. https://www.snap.com/en-US/news/post/finding-friends-with-phone-numbers/

Blue, Violet. "Researchers Publish Snapchat Code Allowing Phone Number Matching after Exploit Disclosures Ignored." ZDNet, December 25, 2013. http://www.zdnet.com/article/researchers-publish-snapchat-code-allowing-phone-number-matching-after-exploit-disclosures-ignored/

Kastrenakes, Jacob. "Snapchat Dismisses Concerns over Exploit That May Compromise User Phone Numbers." *Verge*, December 27, 2013. https://www.theverge.com/2013/12/27/5249304/snapchat-dismisses-concerns-over-phone-number-finder-exploit

Lane, Randall. "Snapchat's Evan Spiegel and the Antics of a 23-Year-Old Novice." *Forbes*, January 6, 2014. https://www.forbes .com/sites/randalllane/2014/01/06/snapchats-evan-spiegel-and-the-antics-of-a-23-year-old-novice/#34abcb031a51

McCormick, Rich. "4.6 Million Snapchat Phone Numbers and Usernames Leaked." *Verge*, January 1, 2014. https://www.theverge.com/2014/1/1/5262740/4-6-million-snapchat-phone-numbers-and-usernames-leaked

Panzarino, Matthew. "Snapchat Says It's Improving Its App, Service to Prevent Future User Data Leaks." *TechCrunch*, January 2, 2014. https://techcrunch.com/2014/01/02/snapchat-says-its-improving-its-app-service-to-prevent-future-leaks/

Primack, Dan. "Does Snapchat's CEO Need to Go?" *Fortune*, January 3, 2014. http://fortune.com/2014/01/03/does-snapchats-ceo-need-to-go/

Roberts, Jeff. "Feds Issue Final Order over Snapchat Privacy Incidents, but No Fine." GigaOm, December 31, 2014. https://gigaom.com/2014/12/31/feds-issue-final-order-over-snapchat-privacy-breach-but-no-fine/

Stump, Scott. "Snapchat CEO: 'We Thought We Had Done Enough' to Prevent Hack." *Today*, January 3, 2014. https://www.today.com/money/snapchat-ceo-we-thought-we-had-done-enough-prevent-hack-2D11848259

Wortham, Jenna. "Off the Record in a Chat App? Don't Be Sure." *New York Times*, May 8, 2014. https://www.nytimes.com/2014/05/09/technology/snapchat-reaches-settlement-with-federal-trade-commission.html

Ziegler, Chris. "Alleged Snapchat Hackers Explain How and Why They Leaked Data on 4.6 Million Accounts." *Verge*, January 1, 2014. https://www.theverge.com/2014/1/1/5263156 / alleged-snapchat-hackers-explain-how-and-why-they-leaked-data-on-accounts

第十八章

"Snap Inc." Crunchbase. https://www.crunchbase.com/organization/snapchat#/entity "Uber." Crunchbase. https://www.crunchbase.com/organization/uber#/entity

Biddle, Sam. "Snapchat Lost a Ton of Money Last Year." Gawker, August 19, 2015. http://gawker.com/snapchat-lost-a-ton-of-money-last-year-1706957414

Gallagher, Billy. "Facebook's WhatsApp Acquisition Leaves Snapchat Hanging." *TechCrunch*, February 19, 2014. http://techcrunch.com/2014/02/19/facebooks-whatsapp-acquisition-snapchat/

Kawamoto, Dawn. "Amazon.com IPO Skyrockets." *CNET*, May 15, 1997. http://www.cnet.com/news/amazon-com-ipo-skyrockets/

Morris, Betsy and Seetharaman, Deepa. "Facebook's Onavo Gives Social-Media Firm Inside Peek at Rivals' Users" *Wall Street Journal*, August 13, 2017. https://www.wsj.com/articles / facebooks-onavo-gives-social-media-firm-inside-peek-at-rivals-users-1502622003

Morris, Betsy and Seetharaman, Deepa. "The New Copycats: How Facebook Squashes Competition From Startups" *Wall Street Journal*, August 9, 2017. https://www.wsj.com /articles/ the-new-copycats-how-facebook-squashes-competition-from-startups -1502293444

Rowan, David. "WhatsApp: The Inside Story." *Wired*, February 19, 2014. http://www.wired.co.uk/article/whatsapp-exclusive

Spiegel, Evan. "2014 AXS Partner Summit Keynote." Scribd, January 25, 2014. https://www.scribd.com/doc/202195145/2014-AXS-Partner-Summit-Keynote

Stevenson, Seth. "Snapchat Releases First Hardware Product, Spectacles." *Wall Street Journal*, September 24, 2016. https://www.wsj.com/articles/snapchat-releases-first-hardware-product-spectacles-1474682719

Swisher, Kara, and Walt Mossberg. "Snapchat CEO Evan Spiegel on Diversity, Features for the Olds and More at Code Conference 2015." Recode, June 8, 2015. https://www.recode.net/2015/6/8/11563322/snapchat-ceo-evan-spiegel-on-diversity-features-for-the-olds-and-more

Webb, Cynthia L. "Google's IPO: Grate Expectations." *Washington Post*, August 19, 2004. http://www.washingtonpost.com/wp-dyn/articles/A14939-2004Aug19.html

Winkler, Rolfe, and Matt Jarzemsky. "Silicon Valley: Feel the Froth." *Wall Street Journal*, October 27, 2013. https://www.wsj.com/articles/tech-valuations-stir -memories-of-the-dotcom-bust-1382916515

第十九章

Constine, Josh. "Snapchat Plans Music Feature, Acquired QR Scan.me for $50M and Vergence Eyeglass Cam for $15M." *TechCrunch*, December 16, 2014. https://techcrunch.com/2014/12/16/snapchat-emails-not-so-ephemeral/

Dave, Paresh. "Snapchat Has Changed through Acquisitions, and It's Hunting for More People and Tech to Buy." *Los Angeles Times*, May 10, 2017. http://www.latimes .com /business/ technology/la-fi-tn-snapchat-acquisitions-20170510-htmlstory.html

Gallagher, Billy. "What's Ahead for Snapchat? CEO Evan Spiegel Drops Clues in Disrupt Talk." *TechCrunch*, September 9, 2013. http://techcrunch.com/2013/09/09/snapchat-future-disrupt-hints/

Hamburger, Ellis. "Real Talk: The New Snapchat Brilliantly Mixes Video and Texting." *Verge*, May 1, 2014. https://www.theverge.com/2014/5/1/5670260/real-talk-the-new-snapchat-makes-texting-fun-again-video-calls

Heath, Alex. "How Snapchat Secretly Bought a Struggling Startup, Then Bet the Future on It." *Business Insider*, November 23, 2016. http://www.businessinsider .com/untold-story-vergence-labs-snapchat-acquired-spectacles-2016-11?op=1

Hollister, Sean. "SnapGlass? HoloChat? Snapchat Is Secretly Hiring Wearable Technology Experts." *CNET*, March 11, 2016. https://www.cnet.com/news/snapchat-glasses-vergence-snap-labs-hints-wearable/

Krishnan, Sriram. "Building Something No One Else Can Measure." Sriram Krishnan, April 23, 2017. http://sriramk.com/building-unmeasurable-things

Panzarino, Matthew. "How a Startup Accidentally 'Hacked' Shark Tank with a QR Code." *TechCrunch*, February 4, 2014. https://techcrunch.com/2014/02/04/how-a-startup-accidentally-hacked-shark-tank-with-a-qr-code/

Wadhwa, Vivek. "Wearable Tech and the Futurists' Conundrum." *Washington Post*, April 23, 2013. https://www.washingtonpost.com/news/innovations/wp/2013/04/23/wearable-tech -and-the-futurists-conundrum/?utm_term=.1326d8c366e7

Wagner, Kurt. "Inside Evan Spiegel's Very Private Snapchat Story." Recode, May 9, 2016. https://www.recode.net/2016/5/9/11594144/evan-spiegel-snapchat

Walker, Alissa. "Google's Marissa Mayer Assaults Designers with Data." Fast Company, October 13, 2009. https://www.fastcompany.com/1403230/googles-marissa-mayer-assaults-designers -data

Yarow, Jay, Alyson Shontell, and James Cook. "It Looks Like Snapchat Paid $15 Million to Buy a Google Glass-Like Startup." *Business Insider*, December 17, 2014. https://www.businessinsider.com.au/snapchat-acquires-vergence-labs-2014-12

第二十章

Biddle, Sam. "'Fuck Bitches Get Leid,' the Sleazy Frat Emails of Snapchat's CEO." Valleywag, May 28, 2014. http://valleywag .gawker.com/fuck-bitches-get-leid-the-sleazy-frat-emails-of-snap-1582604137

Casti, Taylor. "You Must Read Stanford's Response to the Snapchat CEO's 'Demeaning' Emails." *Huffington Post*, May 30, 2014. http://www.huffingtonpost.com/2014/05/30 / stanford-snapchat-email-response_n_5419628.html

Chang, Andrea. "Snapchat CEO 'Mortified' by Leaked Stanford Frat E-Mails." *Los Angeles Times*, March 28, 2014. http://www.latimes .com/business/technology/la-fi-tn -snapchat-evan-spiegel-20140528-story.html

Crook, Jordan. “Confirmed: Snapchat’s Evan Spiegel Is Kind Of an Ass.” *TechCrunch*, May 28, 2014. https://techcrunch.com/2014/05/28/confirmed-snapchats-evan-spiegel-is-kind-of-an-ass/

Frier, Sarah. “Snapchat CEO Apologizes for His Frat Boy E-mails.” *SF Gate*, May 29, 2014. http://www.sfgate.com/technology/article/Snapchat-CEO-apologizes-for-his-frat-boy-e-mails-5514514.php

Maheshwari, Sapna. “Snapchat Concedes in Settlement: Ousted Co-Founder Came Up with App Idea.” BuzzFeed, September 9, 2014. https://www .buzzfeed.com/sapna/snapchat-concedes-in-settlement-ousted-co-founder-came-up-wi?utm_term=.roWblYWXQL#.asqRgMv2d7

McGregor, Jena. “Snapchat, Sexism and the Reason Women Don’t Stay in Tech.” *Washington Post*, May 30, 2014. https://www.washingtonpost.com/news/on-leadership/wp/2014 /05/30/snapchat-sexism-and-the-reason-women-dont-stay-in-tech/?utm_term =.caad6d740c9d

第二十一章

Carr, Austin. “Inside Snapchat CEO Evan Spiegel’s Entertainment Empire.” Fast Company, October 19, 2015. https://www.fastcompany.com/3051612/media-tech-and-advertising-to-snapchat-i-aint-afraid-of-no-ghost

Constine, Josh. “Snapchat’s ‘Our Story’ Is a Genius, Collaborative Reinvention of the Livestream.” *TechCrunch*, June 21, 2014. https://techcrunch.com/2014/06/21/snapchat-our-story/

Crook, Jordan. “Snapchat Launches Collaborative Timelines Based on Events.” *TechCrunch*, June 17, 2014. https://techcrunch.com/2014/06/17/snapchat-launches-collaborative-timelines-based-on-events/

Dave, Paresh. “How Illusionist David Blaine Helped Inspire Snapchat’s Live Stories.” *Los Angeles Times*, September 16, 2015. http://www.latimes .com/business/technology/la-fi-tn-snapchat-nick-bell-20150916-story.html

———. “Snapchat Turns Geofilter Digital Stickers into Revenue Source.” *Los Angeles Times*, June 15, 2015. http://www.latimes .com/business/la-fi-0613-snapchat-geofilters-20150616-story.html

Etherington, Darrell. “Snapchat Adds Geofilters for Quick Image Location Tags, and a New Revenue Possibility.” *TechCrunch*, July 15, 2014. https://techcrunch.com/2014/07/15 / snapchat-adds-geofilters-for-quick-image-location-tags-and-a-new-revenue-possibility/

Gallagher, Billy. “A Tale of Two Patents: Why Facebook Can’t Clone Snapchat.” *TechCrunch*, June 22, 2014. http://techcrunch.com/2014/06/22/facebook-slingshot-snapchat-patents/

Kircher, Madison Malone. “The Real Story behind That Viral College Snapchat Love Story.” *New York Magazine*, May 3, 2016. http://nymag.com/selectall/2016/05/the-real-story-behind-that-viral-college-snapchat-love-story.html

Steel, Emily. “Snapchat Plans a Global View of New Year’s Festivities.” *New York Times*, December 31, 2014. https://www.nytimes .com/2014/12/31/business/media/Snapchat-Plans-a-Global-View-of-New-Years-Festivities.html

Webster, Andrew. “Snapchat’s Geofilters Are Now Open to Everyone.” *Verge*, December 2, 2014. https://www.theverge.com/2014/12/2/7319317/snapchat-geofilters-community

第二十二章

“Advertising on Snapchat.” Snapchat, October 17, 2014. https://www.snap.com/en-US/news / post/advertising-on-snapchat/.

Carr, Austin. “Inside Snapchat CEO Evan Spiegel’s Entertainment Empire.” Fast Company, October 19, 2015. https://www.fastcompany.com/3051612/media-tech-and-advertising-to-snapchat-i-aint-afraid-of-no-ghost

Chemi, Eric. “Advertising’s Century of Flat-Line Growth.” Bloomberg, March 3, 2014. http://www.bloomberg.com/news/articles/2014-03-03/advertisings-century-of-flat-line-growth

Colao, J. J. “In Less Than Two Years, Snapchat Is an $860 Million Company.” *Forbes*, June 24, 2013. https://www.forbes .com/sites/jjcolao/2013/06/24/snapchat-raises-60-million-from-ivp-at-800-million-valuation/#506ba341677d

Constine, Josh. “Snapchat’s Newest Money Maker Is a Sponsored Our Story for Samsung and the AMAs.” *TechCrunch*, November 23, 2014. https://techcrunch.com/2014/11/23 /snapchat-sponsored-our-story/

DeAmicis, Carmel. “Snapchat’s ‘Our Stories’ Are Generating Tens of Millions of Views.” GigaOm, February 24, 2015. https://gigaom.com/2015/02/24/snapchats-our-stories-are-generating-tens-of-millions-of-views/

Donnelly, Matt. “Snapchat, Conde Nast Team for Live Events Including Vanity Fair Oscar and GQ Grammy Parties.” The Wrap, October 2, 2015. http://www.thewrap.com /snapchat-lands-vanity-fair-oscar-party-invite-conde-nast-and-social-platform-team-for-live-events/

Marshall, Jack. “Snapchat Will Feature Weekly Content from MLB and Baseball Fans.” *Wall Street Journal*, May 13, 2015. https://blogs.wsj.com/cmo/2015/05/13/snapchat-will-feature-weekly-content-from-mlb-and-baseball-fans/

McDermott, John. “Coming to Snapchat: Live Sports Broadcasting.” DigiDay, March 11, 2015. https://digiday.com/media/madness-snapchat-moves-closer-becoming-sports-broadcaster/

Thompson, Ben. “The Facebook Epoch.” Stratechery, September 30, 2015. https://stratechery.

com/2015/the-facebook-epoch/

Wagner, Kurt. "Snapchat Inks NFL Deal to Bring Football into Its Live Stories." Recode, September 17, 2015. https://www.recode.net/2015/9/17/11618660/snapchat-inks-nfl-deal-to-bring-football-into-its-live-stories

———. "Snapchat to Let You Send Money to Friends, Thanks to Square." Recode, November 17, 2014. https://www.recode.net/2014/11/17/11632930/snapchat-to-let-you-send-money-to-friends-thanks-to-square

Wortham, Jenna. "Rejecting Billions, Snapchat Expects a Better Offer." *New York Times*, November 13, 2013. http://www.nytimes .com/2013/11/14/technology/rejecting-billions-snapchat-expects-a-better-offer.html

Zeitlin, Matthew, and Matthew Lynley. "This Is What Snapchat's First Ad Looks Like." BuzzFeed, October 19, 2014. https://www .buzzfeed.com/matthewzeitlin/this-is-what-snapchats-first-ad-looks-like?utm_term=.nhjA7ZDWKa#.ufr1qavmN6

第二十三章

Buerger, Megan. "Exclusive: Madonna to Premiere Music Video from 'Rebel Heart' on Snapchat Discover Today." *Billboard*, February 5, 2015. http://www.billboard.com/biz /articles/news/digital-and-mobile/6465179/exclusive-madonna-to-premiere-rebel-heart-music-video

Carr, Austin. "Inside Snapchat CEO Evan Spiegel's Entertainment Empire." Fast Company, October 19, 2015. https://www.fastcompany.com/3051612/media-tech-and-advertising-to-snapchat-i-aint-afraid-of-no-ghost

Carson, Biz. "Snapchat to Lease Part of Santa Monica Airport, Including 8 Hangars." *Business Insider*, May 16, 2016. http://www.businessinsider .com/snapchat-to-lease-part-of-santa-monica-airport-including-eight-airport-hangars-2016-5

Connolly, Kevin. "Snapshot Affair: The Enduring Power of the Polaroid." BBC, June 22, 2010. http://www.bbc.com/news/10355526

Constine, Josh. "Snapchat Plans Music Feature, Acquired QR Scan.me for $50M and Vergence Eyeglass Cam For $15M." *TechCrunch*, December 16, 2014. https://techcrunch.com/2014/12/16/snapchat-emails-not-so-ephemeral/

Crook, Jordan. "With an Eye on Revenue, Snapchat 'Experiments' with a Click-to-Buy Button." *TechCrunch*, October 3, 2013. https://techcrunch.com/2013/10/03/with-an-eye-on-revenue-snapchat-experiments-with-a-click-to-buy-button/

Dave, Paresh. "Is Snapchat's Rapid Growth Changing Venice's Funky Vibe?" *Los Angeles Times*, March 31, 2015. http://www.latimes .com/business/la-fi-snapchat-real-estate-20150331-story.html

Flanagan, Andrew. “Sony Hack Reveals Snapchat Wanted a Record Label, Too Much Money from Vevo.” *Billboard*, December 17, 2014. http://www.billboard.com/articles/business/6406613/sony-leaks-snapchat-record-label-vevo

Gallo, Carmine. “Steve Jobs: Get Rid Of The Crappy Stuff.” *Forbes*, May 16, 2011. https://www.forbes.com/sites/carminegallo/2011/05/16/steve-jobs-get-rid-of-the-crappy-stuff /#76edac507145

McIntyre, Hugh. “This Musician Is Releasing His New Album on Snapchat, a First for the Platform.” *Forbes*, May 19, 2015. https://www.forbes .com/sites/hughmcintyre/2015 /05/19/this-artist-is-releasing-his-new-ep-on-snapchat-a-first-for-the-platform /#3e529dc26010

Stone, Brad, and Sarah Frier. “Evan Spiegel Reveals Plan to Turn Snapchat into a Real Business.” Bloomberg, May 26, 2015. https://www.bloomberg.com/news/features/2015-05-26 / evan-spiegel-reveals-plan-to-turn-snapchat-into-a-real-business

Stone, Madeline. “Meet the Street Artist Whose ‘Selfie Portraits’ Line the Walls of Snapchat HQ.” *Business Insider*, June 4, 2015. http://www.businessinsider.com/thankyoux-art-at-snapchat-offices-2015-6

Swisher, Kara, and Walt Mossberg. “Snapchat CEO Evan Spiegel on Diversity, Features for the Olds and More at Code Conference 2015.” Recode, June 8, 2015. https://www.recode.net/2015/6/8/11563322/snapchat-ceo-evan-spiegel-on-diversity-features-for-the-olds-and-more

———. “Snapchat CEO Evan Spiegel on Diversity, Features for the Olds and More at Code Conference 2015.” Recode, June 8, 2015. https://www.recode.net/2015/6/8/11563322 / snapchat-ceo-evan-spiegel-on-diversity-features-for-the-olds-and-more

Vega, Sebastian. “CEO of Snapchat Discusses New Media.” *Daily Trojan*, February 19, 2015. http://dailytrojan.com/2015/02/19/ceo-of-snapchat-discusses-new-media/

第二十四章

Carr, David. “Facebook Offers Life Raft, but Publishers Are Wary.” *New York Times*, October 26, 2014. https://www.nytimes .com/2014/10/27/business/media/facebook-offers-life-raft-but-publishers-are-wary.html?mtrref=www.google.com&gwh=D0442AB8606 21BD4CEEC3808C3FF0CE3&gwt=pay&assetType=nyt_now

Constine, Josh, and Jordan Crook. “Hands-On with Snapchat Discover: Fun Content for Short Attention Spans.” *TechCrunch*, January 27, 2015. https://techcrunch.com/2015/01 /27/hands-on-with-snapchat-discover-fun-content-for-short-attention-spans/

Jarvey, Natalie. “Sasha Spielberg, Emily Goldwyn to Star in Snapchat Web Series.” *Hollywood Reporter*, January 30, 2015. http://www.hollywoodreporter .com/news/sasha -spielberg-emilygoldwyn-star-768501

McDermott, John. “Inside Snapchat’s Original Media Ambitions.” DigiDay, January 22, 2015. https://digiday.com/media/snapchat-start-producing-original-media/

Perlberg, Steven. “Why the BuzzFeed-Snapchat Discover Deal Fell Through.” *Wall Street Journal*, February 4, 2015. https://blogs.wsj.com/cmo/2015/02/04/buzzfeed-snapchat-discovery/

Roose, Kevin. “Snapchat Discover Could Be the Biggest Thing in News since Twitter.” Splinter, February 11, 2015. http://splinternews .com/snapchat-discover-could-be-the-biggest-thing-in-news-si-1793845256

Stone, Brad, and Sarah Frier. “Evan Spiegel Reveals Plan to Turn Snapchat into a Real Business.” Bloomberg, May 26, 2015. https://www.bloomberg.com/news/features/2015-05-26 / evan-spiegel-reveals-plan-to-turn-snapchat-into-a-real-business

Vega, Sebastian. “CEO of Snapchat Discusses New Media.” *Daily Trojan*, February 19, 2015. http://dailytrojan.com/2015/02/19/ceo-of-snapchat-discusses-new-media/

第二十五章

Berlinger, Max. “Meet YesJulz, Snapchat Royalty.” *New York Times*, June 28, 2016. https:// www.nytimes.com/2016/06/30/fashion/-yesjulz-snapchat-celebrity-julieanna-goddard.html

Bilton, Nick. “Strippers Go Undercover on Snapchat.” *New York Times*, February 25, 2015. https://www.nytimes.com/2015/02/26/style/strippers-go-undercover-on-snapchat.html ?mtrref=www.google.com&gwh=B4C830408DAF3958B3EE60A444F09B0E&gwt=pay

Chafkin, Max, and Sarah Frier. “How Snapchat Built a Business by Confusing Olds.” Bloomberg, March 3, 2016. https://www.bloomberg .com/features/2016-how-snapchat-built-a-business/

Kan, Justin. “Why I Love Snapchat.” Medium, November 13, 2016. https://justinkan.com /why-i-love-snapchat-23d31ea87d3c

Madrigal, Alexis C. “Dark Social: We Have the Whole History of the Web Wrong.” *Atlantic*, October 12, 2012. http://www.theatlantic .com/technology/archive/2012/10/dark -social-we-have-the-whole-history-of-the-web-wrong/263523/

Yapalater, Lauren. “This Guy Is the Van Gogh of Snapchat.” BuzzFeed, January 16, 2014. https://www.buzzfeed.com/lyapalater/this-guy-is-the-van-gogh-of-snapchat?utm_term =.wlXBXPRomL#.ooNao96AYx

第二十六章

Biddle, Sam. "Snapchat Founder Requires Controversy-Free Interview." Valleywag, October 7, 2013. http://valleywag .gawker.com/snapchat-founder-requires-controversy-free-interview-1442160637

Colao, J. J. "The Inside Story of Snapchat: The World's Hottest App or a $3 Billion Disappearing Act?" *Forbes*, January 6, 2014. https://www.forbes .com/sites/jjcolao/2014/01/06 /the-inside-story-of-snapchat-the-worlds-hottest-app-or-a-3-billion-disappearing-act /#3961325c67d2

Constine, Josh. "Snapchat Is Paying Ex-Apple Exec Scott Forstall 0.11% to Be an Advisor." April 16, 2015. *TechCrunch*, https://techcrunch.com/2015/04/16/scottchat/

DiGiacomo, Frank. "School for Cool." *Vanity Fair*, March 2005. https://www.vanityfair .com / news/2005/03/crossroads-school200503

Driver, Carol. "cannes lions: Entrepreneur Evan Spiegel Reveals He Drew Ghost Logo for Snapchat on His Computer in His Dorm Bedroom." *Daily Mail*, June 22, 2015. http:// www.dailymail.co.uk/tvshowbiz/article-3134555/CANNES-LIONS-Billionaire-Evan-Spiegel-reveals-drew-ghost-logo-Snapchat-computer-dorm-bedroom.html

Flynn, Kerry. "How Snapchat CEO Evan Spiegel Speaks Millennial—Not Just by Using the Popular Mobile App." *International Business Times*, May 1, 2016. http://www.ibtimes.com/how-snapchat-ceo-evan-spiegel-speaks-millennial-not-just-using-popular-mobile-app-2362380

Holmes, David. "Snapchat's Evan Spiegel: Our Secrets Are Sacred, but Yours Aren't." Pando Daily, December 17, 2014. https://pando .com/2014/12/17/snapchats-evan-spiegel-our-secrets-are-sacred-but-yours-arent/

Ignatius, Adi. " 'They Burned the House Down': An Interview with Michael Lynton." *Harvard Business Review*, July–August 2015. https://hbr.org/2015/07/they-burned-the-house-down

Spiegel, Evan. "2014 LA Hacks Keynote." Scribd, April 11, 2014. https://www.scribd.com / doc/217768898/2014-LA-Hacks-Keynote

Stone, Brad, and Sarah Frier. "Evan Spiegel Reveals Plan to Turn Snapchat into a Real Business." Bloomberg, May 26, 2015. https://www.bloomberg.com/news/features/2015-05-26 / evan-spiegel-reveals-plan-to-turn-snapchat-into-a-real-business

Swisher, Kara, and Walt Mossberg. "Snapchat CEO Evan Spiegel on Diversity, Features for the Olds and More at Code Conference 2015." Recode, June 8, 2015. https://www.recode.net/2015/6/8/11563322/snapchat-ceo-evan-spiegel-on-diversity-features-for-the-olds-and-more

Wagner, Kurt. "Inside Evan Spiegel's Very Private Snapchat Story." Recode, May 9, 2016. https://www.recode.net/2016/5/9/11594144/evan-spiegel-snapchat

第二十七章

Carr, Austin. “What Snapchat’s High-Profile Exec Departures Really Tell Us about CEO Evan Spiegel.” Fast Company, October 20, 2015. https://www.fastcompany.com/3052436/what-snapchats-high-profile-exec-departures-really-tell-us-about-ceo-evan-spiegel

Chaykowski, Kathleen, and Ryan Mac. “Snapchat Sneakily Uses Its Own App to Poach Uber, Airbnb Engineers.” *Forbes*, April 15, 2015. https://www.forbes .com/sites/kathleen chaykowski/2015/04/15/snapchat-sneakily-uses-its-own-app-to-poach-uber-engineers/#1e45881673ec

Dotan, Tom. “Snapchat’s Adult in the Room.” The Information, September 29, 2015. https://www.theinformation.com/snapchats-adult-in-the-room.

Hempel, Jessi. “Take It from Snapchat—Messaging Is the Medium.” *Wired*, April 21, 2015. https://www.wired.com/2015/04/imran-khan/

———. “Snapchat Doesn’t Think It Needs an Adult Like Facebook Did.” *Wired*, March 18, 2015. https://www.wired.com/2015/03/snapchat-doesnt-think-needs-adult-like-facebook/

MacMillan, Douglas. “Snapchat Poaches Star Tech Banker Imran Khan from Credit Suisse.” *Wall Street Journal*, December 8, 2014. https://blogs.wsj.com/digits/2014/12/08/snapchat-poaches-star-tech-banker-imran-khan-from-credit-suisse/

Perez, Sarah. “Snapchat VP of Engineering Peter Magnusson Departs Startup after Just 6 Months.” *TechCrunch*, July 31, 2014. https://techcrunch.com/2014/07/31/snapchat-vp-of-engineering-peter-magnusson-departs-startup-after-just-6-months/

Primack, Dan. “Ex-Snapchat COO Emily White Has a New Startup.” *Fortune*, March 2, 2016. http://fortune.com/2016/03/02/ex-snapchat-coo-emily-white-new-startup/

Shao, Heng. “Snapchat CSO Imran Khan Was Key to $200 Million Investment by Alibaba.” *Forbes*, March 12, 2015. https://www.forbes .com/sites/hengshao/2015/03/12/alibaba-invests-200-mil-in-snapchat-cso-imran-khan-is-key-to-the-deal/#4a9e502dfcfc

Slutsky, Irina. “Meet the Ex-Googlers Running Facebook.” Advertising Age, June 1, 2011. http://adage.com/article/digital/meet-googlers-running-facebook/227833/

Spiegel, Evan, and Nikesh Arora. Interview, YouTube, October 12, 2015. https://www.youtube.com/watch?v=R-UAjGVPFIE

Stevenson, Seth. “Snapchat Releases First Hardware Product, Spectacles.” *Wall Street Journal*, September 24, 2016. https://www.wsj.com/articles/snapchat-releases-first-hardware -product-spectacles-1474682719

Swisher, Kara, and Kurt Wagner. “Exclusive: Snapchat COO Emily White to Depart Ephemeral Messaging Phenom.” Recode, March 13, 2015. https://www.recode.net/2015/3/13 /11560196/exclusive-snapchat-coo-emily-white-to-depart-ephemeral-messaging

Wagner, Kurt. "Inside Evan Spiegel's Very Private Snapchat Story." Recode, May 9, 2016. https://www.recode.net/2016/5/9/11594144/evan-spiegel-snapchat

———. "Snapchat Revenue Boss Mike Randall Departs after Seven Months." Recode, January 20, 2015. https://www.recode.net/2015/1/20/11557912/snapchat-revenue-boss-mike-randall-departs-after-seven-months

第二十八章

Bonanos, Christopher. "The Man Who Inspired Jobs." *New York Times*, October 7, 2011. http://www.nytimes.com/2011/10/07/opinion/the-man-who-inspired-jobs.html

Bowles, Nellie. "Three LA Boys: Snapchat's Evan Spiegel, Tinder's Sean Rad and Whisper's Michael Heyward." Recode, June 11, 2014. https://www.recode.net/2014/6/11/11627844 / three-la-boys-evan-spiegel-sean-rad-and-michael-heyward

Carr, Austin. "Inside Snapchat CEO Evan Spiegel's Entertainment Empire." Fast Company, October 19, 2015. https://www.fastcompany.com/3051612/media-tech-and-advertising-to-snapchat-i-aint-afraid-of-no-ghost

———. "Inside Snapchat CEO Evan Spiegel's Entertainment Empire." Fast Company, October 19, 2015. https://www.fastcompany.com/3051612/media-tech-and-advertising-to-snapchat-i-aint-afraid-of-no-ghost

Carson, Biz. "Snapchat Users Now Spend 25 to 30 Minutes Every Day on the App, and It's Trying to Attract the TV Money because of It." *Business Insider*, March 25, 2016. http://www.businessinsider.com/how-much-time-people-spend-on-snapchat-2016-3

Chafkin, Max, and Sarah Frier. "How Snapchat Built a Business by Confusing Olds." Bloomberg, March 3, 2016. https://www.bloomberg.com/features/2016-how-snapchat-built-a-business/

Chemi, Eric. "Advertising's Century of Flat-Line Growth." Bloomberg, March 3, 2014. http://www.bloomberg.com/news/articles/2014-03-03/advertisings-century-of-flat-line-growth

Constine, Josh. "Snapchat Paves Way to IPO with Ads API and Inserts between Stories." *TechCrunch*, June 13, 2016. https://techcrunch.com/2016/06/13/snapchat-ads/

Heine, Christopher. "Snapchat Launches a Colossal Expansion of Its Advertising, Ushering in a New Era for the App." Ad Week, June 13, 2016. http://www.adweek.com/digital /snapchat-launches-colossal-expansion-its-advertising-ushering-new-era-app-171924/

Herrman, John. "Media Websites Battle Faltering Ad Revenue and Traffic." *New York Times*, April 17, 2016. https://www.nytimes .com/2016/04/18/business/media-websites-battle-falteringad-revenue-and-traffic.html

Kahney, Leander. "John Sculley on Steve Jobs, the Full Interview Transcript." Cult of Mac,

October 14, 2010. https://www.cultofmac.com/63295/john-sculley-on-steve-jobs-the-full-interview-transcript/63295/

O'Reilly, Lara. "Here's What People Are Saying about What It's Like to Work with Snapchat Right Now." *Business Insider*, July 26, 2015. http://www.businessinsider .com/what-snapchat-is-like-as-an-ad-sales-organization-2015-7

Perlberg, Steven. "Viacom to Sell Snapchat Ads in Multiyear Deal." *Wall Street Journal*, February 8, 2016. https://www.wsj.com/articles/viacom-to-sell-snapchat-ads-in-multi-year-deal-1454988604

Sloane, Garrett. "Snapchat's New Audience-Based Ad Strategy Could Wrest Control from Discover Publishers." DigiDay, February 29, 2016. https://digiday.com/media/snapchats-new-ad-strategy-means-discover-publishers/

———. "Snapchat Is Building an Ad Technology Platform." DigiDay, January 5, 2016. https://digiday.com/media/snapchat-api/

Stone, Brad, and Sarah Frier. "Evan Spiegel Reveals Plan to Turn Snapchat into a Real Business." Bloomberg, May 26, 2015. https://www.bloomberg.com/news/features/2015-05-26 / evan-spiegel-reveals-plan-to-turn-snapchat-into-a-real-business

Swisher, Kara, and Walt Mossberg. "Snapchat CEO Evan Spiegel on Diversity, Features for the Olds and More at Code Conference 2015." Recode, June 8, 2015. https://www.recode.net/2015/6/8/11563322/snapchat-ceo-evan-spiegel-on-diversity-features-for-the-olds-and-more

Wagner, Kurt. "Snapchat Is Making Some Pretty Serious Money from Live Stories." Recode, June 17, 2015. https://www .recode.net/2015/6/17/11563634/snapchats-making-some-pretty-serious-money-from-live-stories

第二十九章

Andreeva, Nellie. "Snapchat to Shut Down Snap Channel, Laying Off Team, Changing Content Plans." Deadline, October 12, 2015. http://deadline.com/2015/10/snapchat-snap-channel-shut-down-layoffs-original-content-strategy-1201577855/

Byers, Dylan. "Peter Hamby Leaving CNN for Snapchat." Politico, April 27, 2015. http:// www.politico.com/blogs/media/2015/04/peter-hamby-leaving-cnn-for-snapchat -206178

Corasaniti, Nick. "Snapchat Bets Big on Quick-Fire Approach to Campaign Coverage." *New York Times*, February 12, 2016. https://www.nytimes .com/2016/02/13/us/politics /snapchat-bets-big-on-quick-fire-approach-to-campaign-coverage.html

Flynn, Kerry. "President Trump Takes to Snapchat on Inauguration Day." Mashable, January 20, 2017. http://mashable.com/2017/01/20/donald-trump-snapchat/#COriFAOfl5qR

Levine, Sam. "Hillary Clinton Trolls Donald Trump with Custom Snapchat Filter at His Own Rally." *Huffington Post*, May 25, 2016. http://www.huffingtonpost.com/entry/hillary-clinton-donald-trump-snapchat_us_5745f017e4b0dacf7ad3be36

Mahler, Jonathan. "Campaign Coverage via Snapchat Could Shake Up the 2016 Elections." *New York Times*, May 3, 2015. https://www.nytimes .com/2015/05/04/business/media /campaign-coverage-via-snapchat-could-shake-up-the-2016-elections.html

Perlberg, Steven. "Snapchat Debuts Political Campaign Show." *Wall Street Journal*, January 28, 2016. https://www.wsj.com/articles/snapchat-debuts-political-campaign-show-1454015686

Schroeder, Stan. "Snapchat Positions Itself as Breaking News Platform with San Bernardino Coverage." Mashable, December 3, 2015. http://mashable.com/2015/12/03/snapchat-san-bernardino/#COriFAOfl5qR

Shields, Mike. "Bernie Sanders Is Running a 9-Day Snapchat Ad Campaign in Iowa." *Wall Street Journal*, January 26, 2016. https://www.wsj.com/articles/bernie-sanders-is -running-a-9-day-snapchat-ad-campaign-in-iowa-1453806001

Vincent, James. "Ted Cruz Trolled Donald Trump with a Snapchat Filter at Last Night's Debate." *Verge*, January 29, 2016. https://www.theverge.com/2016/1/29/10867830/ted -cruz-donald-trump-snapchat-filter

Wagner, Kurt. "Hillary Clinton Gets a Snapchat Interview, but Donald Trump Doesn't Want One." Recode, October 17, 2016. https://www.recode.net/2016/10/17/13310114/snapchat-hillary-clinton-interview

第三十章

Adair, Bill. "What Happens when a 50-Something Journalist Gets a Week's Worth of News from Snapchat Discover?" Nieman Lab, June 6, 2016. http://www.niemanlab.org/2016 /06/what-happens-when-a-50-something-journalist-gets-a-weeks-worth-of-news-from-snapchat-discover/

Carr, Austin. "Inside Snapchat CEO Evan Spiegel's Entertainment Empire." Fast Company, October 19, 2015. https://www.fastcompany.com/3051612/media-tech-and-advertising-to-snapchat-i-aint-afraid-of-no-ghost

Chafkin, Max, and Sarah Frier. "How Snapchat Built a Business by Confusing Olds." Bloomberg, March 3, 2016. https://www.bloomberg.com/features/2016-how-snapchat-built-a -business/

Frier, Sarah. "Snapchat Scores Unique Deal with NBC to Showcase Olympics." Bloomberg, April 29, 2016. https://www .bloomberg.com/amp/news/articles/2016-04-29/snapchat-scoresunprecedented-deal-with-nbc-to-showcase-olympics

Koh, Yoree. "NFL to Get Snapchat Discover Channel This Fall." *Wall Street Journal*, August 2, 2016. https://www.wsj.com/articles/nfl-to-get-snapchat-discover-channel-this-fall-1470150001

Kuchler, Hannah. "Snapchat Strikes Olympic Gold." *Financial Times*, August 15, 2016. https://www.ft.com/content/c463c9fe-6279-11e6-8310-ecf0bddad227

MacMillan, Douglas, and Shalini Ramachandran. "Snapchat Redesign Puts Spotlight on 'Discover' News Portal." *Wall Street Journal*, July 13, 2015. https://blogs.wsj.com/digits/2015/07/13/snapchat-redesign-puts-spotlight-on-discover-news-portal/

Newton, Casey. "Snapchat Redesigns Discover and Lets You Subscribe to Your Favorite Publishers." *Verge*, June 7, 2016. https://www.theverge.com/2016/6/7/11871782/snapchat-discover-redesign-publisher-following

Owen, Laura Hazard. "The *Wall Street Journal* Is the First American Newspaper to Get a Spot on Snapchat Discover." Nieman Lab, January 6, 2016. http://www.niemanlab.org /2016/01/the-wall-street-journal-is-the-first-american-newspaper-to-get-a-spot-on -snapchat-discover/.

Perlberg, Steven. August 12, 2016. "BuzzFeed Has the Keys to NBC's Rio Olympics Snapchat Channel." *Wall Street Journal*, https://www.wsj.com/articles/buzzfeed-has-the-keys-to-nbcs-rio-olympics-snapchat-channel-1470997804

———. "NBCU Signs Deal to Make Snapchat Shows." *Wall Street Journal*, August 8, 2016. https://www.wsj.com/articles/nbcu-signs-deal-to-make-snapchat-shows-1470650401

Peterson, Tim. "Snapchat Is Making Its Own Original Content for Discover Again." Advertising Age, December 28, 2015. http://adage.com/article/digital/snapchat-making -original-content-discover/301942/

Shields, Mike. "Inside Refinery 29's Snapchat Discover Operation." *Wall Street Journal*, De-cember 4, 2015. https://www.wsj.com/articles/inside-refinery29s-snapchat-discover-operation-1449226800

Slefo, George. "Snapchat Adds Brit & Co to Its Discover Publishers, for Holidays Only." Advertising Age, March 25, 2016. http://adage.com/article/media/snapchat-partners-brit -holiday-discover-content/303278/

Sloane, Garrett. "Snapchat's Redesigning Discover to Make It More Like a Newsstand." DigiDay, June 1, 2016. https://digiday.com/media/snapchat-publishers-get-redesign-help-goose-traffic/

———. "Snapchat Finally Enables Publishers to 'Deep Link' to Their Discover Content." DigiDay, November 30, 2015. https://digiday.com/media/snapchat-publishers-promote-discover-links-facebook-twitter/

第三十一章

"Bitmoji!" Snapchat, July 19, 2016. https://www.snap.com/en-US/news/post/bitmoji/

Christensen, Clayton M. *The Innovator's Dilemma: When New Technologies Cause Great Firms to Fail*. Brighton, MA: Harvard Business Review Press, 1997.

Constine, Josh. "Instagram CEO on Stories: Snapchat Deserves All the Credit." *TechCrunch*, August 2, 2016. https://techcrunch.com/2016/08/02/silicon-copy/

Efrati, Amir, and Cory Weinberg. "Facebook and Twitter Pressure Partners over Snapchat." The Information, April 14, 2016. https://www.theinformation.com/facebook-and-twitter-pressure-partners-over-snapchat

Etherington, Darrell. "Snapchat Now Lets You Use Bitmojis in Chat or on Snaps." *TechCrunch*, July 19, 2016. https://techcrunch.com/2016/07/19/snapchat-bitmoji/

Garcia Martinez, Antonio. *Chaos Monkeys: Obscene Fortune and Random Failure in Silicon Valley*. New York: HarperCollins, 2016.

Kafka, Peter. "Facebook Wants Celebrities for Its Live Streaming Service, and It's Willing to Pay Cash." Recode, March 1, 2016. https://www.recode.net/2016/3/1/11586612/facebook-wants-celebrities-for-its-live-streaming-service-and-its

Morris, Betsy and Seetharaman, Deepa. "Facebook's Onavo Gives Social-Media Firm Inside Peek at Rivals' Users." *Wall Street Journal*, August 13, 2017. https://www.wsj.com /articles/facebooks-onavo-gives-social-media-firm-inside-peek-at-rivals-users -1502622003

Morris, Betsy and Seetharaman, Deepa. "The New Copycats: How Facebook Squashes Competition From Startups." *Wall Street Journal*, August 9, 2017. https://www.wsj.com/articles/the-new-copycats-how-facebook-squashes-competition-from-startups-1502293444

Perlberg, Steven, and Deepa Seetharaman. "Facebook Signs Deals with Media Companies, Celebrities for Facebook Live." *Wall Street Journal*, June 22, 2016. https://www.wsj.com /articles/facebook-signs-deals-with-media-companies-celebrities-for-facebook-live-1466533472

Pierce, David. "Facebook Live Video Is Facebook at Its Most Facebook." *Wired*, December 4, 2015. https://www.wired.com/2015/12/facebook-live-video-is-facebook-at-its-most -facebook/

Snap Inc. "Snap Inc. Form S-1." US Securities and Exchange Commission, February 2, 2017. https://www.sec.gov/Archives/edgar/data/1564408/000119312517029199/d270216ds1.htm

Wagner, Kurt. "Snapchat Hires Exec Who Ran Facebook's Ad Network." Recode, February 29, 2016. https://www.recode.net/2016/2/29/11588316/snapchat-hires-exec-who-ran-facebooks-ad-network

第三十二章

Carman, Ashley. "Snapchat Will Let You Buy Temporary, On-Demand Geofilters for Your Next Party." *Verge*, February 22, 2016. https://www.theverge.com/2016/2/22/11092406 /snapchat-rent-custom-geofilter-launch

———. "Snapchat Is Killing Its Lens Store." *Verge*, January 6, 2016. https://www.theverge.com/2016/1/6/10722868/snapchat-lens-store-shutdown

Constine, Josh. "Snapchat Seamlessly Combines Video, Audio, GIFs, Stickers in 'Chat 2.0.'" *TechCrunch*, March 29, 2016. https://techcrunch.com/2016/03/29/snapphone/

Dave, Paresh. "Snapchat Turns Geofilter Digital Stickers into Revenue Source." *Los Angeles Times*, June 15, 2015. http://www.latimes.com/business/la-fi-0613-snapchat-geofilters-20150616-story.html

Del Rey, Jason, and Kurt Wagner. "Shopping Is Coming to Snapchat, Board Member Joanna Coles Says." Recode, February 17, 2016. https://www .recode.net/2016/2/17 /11587960/shopping-is-coming-to-snapchat-board-member-joanna-coles-says

Dotan, Tom, and Amir Efrati. "Snapchat Explores New Scannable Ads." The Information, August 2, 2016. https://www.theinformation.com/snapchat-explores-new-scannable-ads Hamedy, Saba. "You Can Now Buy Your 'X-Men: Apocalypse' Tickets on Snapchat." Mashable, May 23, 2016. http://mashable.com/2016/05/23/x-men-apocalypse-snapchat-takeover/

Heath, Alex. "Snapchat Comes under Fire for 'Digital Blackface' Filter That Turns You into Bob Marley." *Business Insider*, April 20, 2016. http://www.businessinsider .com/snapchat-faces-backlash-for-bob-marley-filter-2016-4

Heath, Alex. "The cult of Evan: What life is like inside Snap right now" *Business Insider*, August 1, 2017. http://www.businessinsider .com/snapchat-employees-prepare-sell-stock-lock-up-ipo-2017-7

Isaac, Mike. "AMC Unveils 'Preacher' Clip on Snapchat." *New York Times*, May 16, 2016. https://www.nytimes.com/2016/05/17/business/media/amc-unveils-preacher-clip-on-snapchat.html

Johnson, Lauren. "Taco Bell's Cinco de Mayo Snapchat Lens Was Viewed 224 Million Times." Ad Week, May 11, 2016. http://www .adweek.com/digital/taco-bells-cinco-de-mayo-snapchat-lens-was-viewed-224-million-times-171390/

Kokalitcheva, Kia. "Cosmopolitan's Editor-In-Chief Joins Snapchat's Board." *Fortune*, January 26, 2016. http://fortune.com/2016/01/26/snapchat-joanna-coles/

Primack, Dan. "Exclusive: Snapchat Buys Bitmoji Maker." *Fortune*, March 24, 2016. http://fortune.com/2016/03/24/exclusive-snapchat-buys-bitmoji-maker/

Shields, Mike. "Publishers Flock to New Instagram Stories." *Wall Street Journal*, August 12, 2016. https://www.wsj.com/articles/publishers-flock-to-new-instagram-stories-1470999602

Snap Inc. "Snap Inc. Form S-1." US Securities and Exchange Commission, February 2, 2017. https://www.sec.gov/Archives/edgar/data/1564408/000119312517029199/d270216ds1.htm

Stevenson, Seth. "Snapchat Releases First Hardware Product, Spectacles." *Wall Street Journal*, September 24, 2016. https://www.wsj.com/articles/snapchat-releases-first-hardware-product-spectacles-1474682719

Swisher, Kara, and Walt Mossberg. "Snapchat CEO Evan Spiegel on Diversity, Features for the Olds and More at Code Conference 2015." Recode, June 8, 2015. https://www.recode.net/2015/6/8/11563322/snapchat-ceo-evan-spiegel-on-diversity-features-for-the-olds-and-more

Thompson, Ben. "Snapchat's Ladder." Stratechery, March 30, 2016. https://stratechery.com/2016/snapchats-ladder/

Wagner, Kurt. "Inside Evan Spiegel's Very Private Snapchat Story." Recode, May 9, 2016. https://www.recode.net/2016/5/9/11594144/evan-spiegel-snapchat

———. "Snapchat Hires Longtime Pandora Executive Tom Conrad as VP of Product." Recode, March 15, 2016. https://www.recode.net/2016/3/15/11587006/snapchat-hires-longtime-pandora-exec-tom-conrad-as-vp-of-product

———. "Snapchat's New Money-Maker: Discover Channels for Advertisers." Recode, October 26, 2015. https://www.recode.net/2015/10/26/11620050/snapchats-new-money -maker-discover-channels-for-advertisers

第三十三章

Connolly, Kevin. "Snapshot Affair: The Enduring Power of the Polaroid." BBC, June 22, 2010. http://www.bbc.com/news/10355526

Dave, Paresh. "Snapchat Has Changed through Acquisitions, and It's Hunting for More People and Tech to Buy." *Los Angeles Times*, May 10, 2017. http://www.latimes .com /business/technology/la-fi-tn-snapchat-acquisitions-20170510-htmlstory.html

———. "Exclusive Interview: How Snapchat Founder Evan Spiegel Feels after the Historic IPO." *Los Angeles Times*, March 2, 2017. http://www.latimes .com/business/technology /la-fi-tn-evan-spiegel-bobby-murphy-20170302-story.html

Evans, Benedict. "Imaging, Snapchat and Mobile." Benedict Evans, August 15, 2016. http:// ben-evans.com/benedictevans/2016/8/15/imaging-snapchat-and-mobile

Farrell, Maureen, and Corrie Driebusch. "Snap's IPO Roadshow Message: We're the Next

Facebook, Not the Next Twitter." *Wall Street Journal*, December 29, 2016. https://www.wsj.com/articles/snaps-ipo-roadshow-message-were-the-next-facebook-not-the-next-twitter-1483007406

Flynn, Kerry. "Snapchat Spectacles Latest Vending Machine Drops in Los Angeles." Mashable, December 1, 2016. http://mashable.com/2016/12/01/snapbot-spectacles-/ #hKfNS8 KrXSq9

Frier, Sarah. "Snapchat Passes Twitter in Daily Usage." Bloomberg, June 2, 2016. https:// www.bloombergquint.com/business/2016/06/02/snapchat-passes-twitter-in-daily-usage

Singer, Daniel. "A Real Teen's Take on Snapchat's Hot New Spectacles." *TechCrunch*, November 14, 2016. https://techcrunch.com/2016/11/14/a-real-teens-take-on-snapchats-hot-new-spectacles/

Swisher, Kara, and Walt Mossberg. "Snapchat CEO Evan Spiegel on Diversity, Features for the Olds and More at Code Conference 2015." Recode, June 8, 2015. https://www.recode.net/2015/6/8/11563322/snapchat-ceo-evan-spiegel-on-diversity-features-for-the-olds-and-more

致 谢

Bilton, Nick. *Hatching Twitter: A True Story of Money, Power, Friendship, and Betrayal*. New York: Portfolio, 2013.

boyd, danah. *It's Complicated: The Social Lives of Networked Teens*. New Haven, CT: Yale University Press, 2014.

Burrough, Bryan, and John Helyar. *Barbarians at the Gate: The Fall of RJR Nabisco*. New York: Harper and Row, 1990.

Carlson, Nicholas. *Marissa Mayer and the Fight to Save Yahoo!* New York: Twelve, 2015.

Christensen, Clayton M. *The Innovator's Dilemma: When New Technologies Cause Great Firms to Fail*. Brighton, MA: Harvard Business Review Press, 1997.

Fagan, Kate. *What Made Maddy Run: The Secret Struggles and Tragic Death of an All- American Teen*. New York: Little, Brown and Company, 2017.

Gottschall, Jonathan. *The Storytelling Animal: How Stories Make Us Human*. New York: Houghton Mifflin Harcourt, 2012.

Grove, Andrew S. *Only the Paranoid Survive: How to Exploit the Crisis Points That Challenge Every Company*. New York: Doubleday, 1996.

Harris, Blake J. *Console Wars: Sega, Nintendo, and the Battle that Defined a Generation*. New York: It Books, 2014.

Isaacson, Walter. *Steve Jobs*. New York: Simon and Schuster, 2011.

Knight, Phil. Shoe Dog: A Memoir by the Creator of Nike. New York: Scribner, 2016.

Lamott, Anne. *Bird by Bird: Some Instructions on Writing and Life*. New York: Anchor, 1995.

Lowenstein, Roger. *When Genius Failed: The Rise and Fall of Long-Term Capital Management*. New York: Random House, 2000.

Martinez, Antonio Garcia. *Chaos Monkeys: Obscene Fortune and Random Failure in Silicon Valley*. New York: HarperCollins, 2016.

Mezrich, Ben. *The Accidental Billionaires: The Founding of Facebook; A Tale of Sex, Money, Genius and Betrayal*. New York: Anchor Books, 2010.

Miller, James Andrew. *Powerhouse: The Untold Story of Hollywood's Creative Artists Agency*. New York: Custom House, 2016.

Miller, James Andrew, and Tom Shales. *Those Guys Have All the Fun: Inside the World of ESPN*. New York: Little, Brown and Company, 2011.

———. *Live From New York: The Complete, Uncensored History of Saturday Night Live as Told by Its Stars, Writers, and Guests*. New York: Little, Brown and Company, 2016.

Moritz. Michael. *Return to the Little Kingdom: How Apple and Steve Jobs Changed the World*. New York: Overlook Press, 2009.

Reis, Eric. *The Lean Startup: How Today's Entrepreneurs Use Continuous Innovation to Create Radically Successful Businesses*. New York: Crown Business, 2011.

Roose, Kevin. *Young Money: Inside the Hidden World of Wall Street's Post-Crash Recruits*. New York: Grand Central Publishing, 2014.

Rose, Todd. *The End of Average: How We Succeed in a World That Values Sameness*. New York: HarperOne, 2016.

Schlender, Brent, and Rick Tetzeli. *Becoming Steve Jobs*. New York: Crown Business, 2015.

Sorkin, Andrew Ross. *Too Big to Fail: The Inside Story of How Wall Street and Washington Fought to Save the Financial System—and Themselves*. New York: Viking, 2009.

Stone, Brad. *The Everything Store: Jeff Bezos and the Age of Amazon*. New York: Little, Brown and Company, 2013.

———. *The Upstarts: How Uber, Airbnb, and the Killer Companies of the New Silicon Valley Are Changing the World*. New York: Little, Brown and Company, 2017.

Taleb, Nassim Nicholas. *The Black Swan: The Impact of the Highly Improbable*. New York: Random House, 2007.

Thompson, Derek. *Hit Makers: The Science of Popularity in an Age of Distraction*. New York: Penguin, 2017.

Tzu, Sun. *The Art of War*. date unknown; https://www.amazon.com/Art-War-Sun-Tzu/dp/1599869772/ref=sr_1_1?s=books&ie=UTF8&qid=1501497433&sr=1-1&keywords=the+art+of+war

Vance, Ashlee. *Elon Musk: Tesla, SpaceX, and the Quest for a Fantastic Future*. New York: HarperCollins, 2015.

Walsh, Bill, Steve Jamison, and Craig Walsh. *The Score Takes Care of Itself: My Philosophy of Leadership*. New York: Portfolio, 2009.

Walton, Sam. *Sam Walton: Made in America*. New York: Doubleday, 1992.

Wu, Tim. The Attention Merchants: The Epic Scramble to Get inside Our Heads. New York: Knopf, 2016.